LA
COMÉDIE EN FRANCE

19034-87. — CORBEIL. Imprimerie CRÉTÉ.

LA
COMÉDIE EN FRANCE
AU XVIIIe SIÈCLE

PAR

C. LENIENT

PROFESSEUR A LA FACULTÉ DES LETTRES DE PARIS

TOME PREMIER

PARIS
LIBRAIRIE HACHETTE ET Cie
79, BOULEVARD SAINT-GERMAIN, 79

1888

LA

COMÉDIE EN FRANCE

AU XIXe SIÈCLE

PAR

[illegible]

[illegible]

TOME PREMIER

PARIS

[illegible]

[illegible]

PRÉFACE

En offrant au public une histoire de la Comédie en
France au dix-huitième siècle, nous avons cru devoir
remonter au lendemain de la mort de Molière, rappeler le vide que laisse cette mort au théâtre, et l'éclosion tardive d'une génération nouvelle qui vient égayer
les dernières tristesses du grand règne. Le dix-septième siècle, partageant pour ainsi dire la longévité
de Louis XIV, s'étend et déborde sur le siècle suivant jusqu'en 1715 : le couchant et l'aurore se mêlent
dans une sorte de crépuscule vague et indécis, où les
souvenirs du passé s'associent aux aspirations de l'avenir. Les hommes placés sur la limite des deux âges,
appartenant à l'un par la naissance et l'éducation, à
l'autre par la maturité et les productions, comme
Regnard, Dufresny, Dancourt et Le Sage, forment la
véritable avant-garde du dix-huitième siècle. Aussi
n'avons-nous point hésité à leur consacrer les premiers chapitres de cette histoire.

Avec eux déjà nous assistons aux préludes de la
révolution qui va s'opérer dans les mœurs et dans les
idées, à cette grande descente de la Courtille où la

vieille société française s'achemine si gaiment, sans y
songer, vers la catastrophe finale. Du premier jusqu'au dernier jour, la Comédie précède ou accompagne les démonstrations de l'esprit nouveau, le rapprochement ou la confusion des classes, les hardiesses
philosophiques et sociales, les maximes de politique
humanitaire, les principes de liberté et d'égalité, les
conseils de bon sens pratique et de morale bourgeoise
associés aux témérités du paradoxe; tout un four-
millement d'idées et de théories qui travaille les cer-
veaux, quelquefois à leur insu. Piron, en écrivant son
Arlequin-Deucalion; Marivaux son, *Ile des Esclaves*, se
doutent-ils qu'ils frayent la voie à ce *Figaro* dont la
main hardie sonnera bientôt le premier coup de tocsin
précurseur de 89. Beaumarchais lui-même sait-il bien
où il va?

C'est ainsi que l'histoire de la Comédie devient
pour nous celle de la société contemporaine, non seulement par les personnages qu'elle met en scène, par
les ridicules et les travers qu'elle décrit, mais encore
par les idées dont elle se fait l'écho. Nulle branche de
la littérature, peut-être, ne reproduit d'une façon plus
sûre et plus saisissante l'état mental et moral d'une
époque. Quel historien ancien, fût-ce Thucydide, vaut
Aristophane comme peintre de la démocratie athé-
nienne, des mœurs publiques et privées, des discussions politiques, philosophiques et littéraires? Il suffit
de rappeler les *Guêpes,* les *Oiseaux,* les *Nuées* et les
Grenouilles. A Rome même, sans parler des *Atellanes*
(ce vieux fonds national aujourd'hui perdu), n'est-ce
pas à Plaute et à Térence, simples imitateurs des
Grecs, que nous devons plus d'une révélation intéres-
sante sur la vie intime de la famille romaine si soi-

gneusement murée, sur la condition des esclaves, sur les rapports des pères et des fils, des femmes et des maris? Enfin, chez nous, quel auteur de Mémoires, quel sermonnaire ou quel moraliste fait, mieux que Molière, revivre cette société du dix-septième siècle avec ses étages si bien marqués, ses élégances, ses délicatesses, ses nuances de toute sorte : grands seigneurs, belles dames, bourgeois, valets, paysans, savants, médecins, gens de lettres et comédiens? Quelle incomparable galerie [1]!

Le dix-huitième siècle se retrouve ainsi en grande partie dans son théâtre comique avec toutes les passions, les impressions, les types, les idées et les modes du jour. Sans doute, bon nombre de ces peintures ont subi le sort des figures éphémères qu'elles représentaient : elles se sont, comme elles, fanées, flétries et décolorées avec le temps, surtout quand la main d'un grand artiste n'est pas venue leur donner le sceau de l'immortalité. Mais, pour l'historien du passé, elles n'en gardent pas moins cette actualité rétrospective qui en fait des témoins plus ou moins précieux à consulter. Elles nous replacent dans le milieu où l'œuvre est née, et nous aident à mieux comprendre les hommes et les choses d'autrefois.

Tel est le genre d'intérêt qui s'ajoute à d'autres jouissances plus littéraires, à l'agrément que peuvent

---

1. « La véritable comédie a pour but, dit Lope de Véga, d'imiter les actions des hommes et de peindre les mœurs du siècle où ils ont vécu. » (*Nouvel art dramatique*.)

« J'étudie le siècle de Louis XIV dans ses poètes dramatiques, écrit Geoffroy. Les comédies de ce temps-là sont pour moi des histoires, et les auteurs qui méritent peu d'attention comme écrivains me semblent toujours curieux comme monuments. » (*Cours de littérature dramatique*.)

offrir les saillies de l'esprit et les grâces du style, l'étude des caractères et la conduite habile d'une action ; en un mot à tout ce qui peut nous rendre et nous faire partager pour un moment les joies et les rires des spectateurs contemporains.

C'est un plaisir qu'il nous a été donné de goûter parfois, et nous serions trop payé de nos peines s'il nous arrivait de le communiquer à nos lecteurs.

LA
COMÉDIE EN FRANCE

AU XVIIIe SIÈCLE.

CHAPITRE PREMIER

LA COMÉDIE APRÈS MOLIÈRE. — L'AVANT-GARDE
DU XVIIIe SIÈCLE.

REGNARD (1656-1710).

Son caractère, sa vie, ses voyages et ses aventures. — Premiers
essais littéraires. — Son génie comique.

I

Molière, en mourant, semblait avoir emporté dans la
tombe la fortune et le génie de l'art comique.

> Sous ce tombeau gisent Plaute et Térence ;
> Et cependant le seul Molière y gît.
> Leurs trois talents ne formaient qu'un esprit
> Dont le bel art réjouissait la France.
> Ils sont partis ! et j'ai peu d'espérance
> De les revoir. Malgré tous nos efforts,
> Pour un long temps, selon toute apparence,
> Térence, et Plaute, et Molière, sont morts [1].

Ces vers de La Fontaine expriment bien le vide im-

—————

1. 1673.

mense que laissait après lui, sur la scène française, l'auteur du *Misanthrope* et du *Tartufe*. Qui donc allait ressaisir désormais cette souveraineté du rire mise au service de la raison ? Qui donc associerait aux généreuses indignations d'Alceste les sublimes bouffonneries du *Bourgeois Gentilhomme* et du *Malade Imaginaire* ? Descendue de ces hautes cimes où le grand comique avait porté la farce elle-même par un vol tout naturel, la comédie allait-elle retomber dans le burlesque de Scarron, dans les imbroglios du théâtre espagnol et de la farce italienne, ou dans les minces combinaisons des pièces à tiroir comme le *Mercure Galant* de Boursault ?

Boileau vieillissant, chagrin et mécontent de tout ce qui se faisait autour de lui, voyait finir le siècle [1] sans que rien parût à l'horizon. « Depuis Molière, disait-il à Brossette, le confident et le secrétaire de ses dernières pensées, il n'y a point eu de bonne pièce sur le théâtre français ; ce sont des pauvretés qui font pitié. » Les premiers essais de Regnard, simples fusées dramatiques lancées au hasard, les succès faciles et la grosse gaieté populaire et villageoise de Dancourt, les esquisses rapides et incohérentes de Dufresny, les traductions espagnoles par lesquelles débutait Le Sage, n'étaient guère faits pour le rassurer. A propos de l'expulsion des *Gelosi* et d'une publication récente du répertoire de Gherardi, il ajoutait : «On m'a envoyé le théâtre italien ; j'y ai trouvé de fort bonnes choses et de véritables plaisanteries ; il y a du sel partout. Je plains ces pauvres Italiens ; il valait mieux chasser les Français [2] ». Boileau semble bien dur ici pour des

1. 1700.
2. Mémoires inédits de Brossette sur Boileau.

compatriotes qui s'appelaient Regnard, Dancourt, Le Sage et Dufresny. Étaient-ce donc là des gens à dédaigner? — Il le croyait à cette époque. Malgré son attachement au passé et ses défiances contre l'avenir, il était d'avis qu'après Molière la comédie devait s'ouvrir des voies nouvelles, et il pensait que ce rajeunissement ne pouvait se faire que par le théâtre italien.

Les temps, du reste, ne prêtaient guère à une rénovation. Molière, le poète de la *Semaine des délices*, n'avait connu du grand siècle que les splendeurs; il avait eu le bonheur d'en ignorer les abaissements et les misères. Après les ivresses de la bonne fortune, allaient venir les retours contraires, les dernières années sombres d'un règne si longtemps heureux, s'éteignant dans le monotone tête-à-tête de Louis XIV avec Mme de Maintenon, son épouse clandestine, et le P. Le Tellier, son confesseur reconnu. La dévotion et la pruderie devenaient plus que jamais à l'ordre du jour dans le monde officiel. Cependant les jeunes gens, qui se sentaient peu disposés à s'ensevelir dans la pénitence de leurs aînés, protestaient contre ce rigorisme chagrin de la Cour et s'en allaient chercher ailleurs, dans la société des Vendôme, des La Fare et des Chaulieu, les distractions et les plaisirs que Versailles n'offrait plus. Il y eut ainsi dans toute la fin du dix-septième siècle une sorte d'opposition latente, un avant-goût de *Régence*, dont la Comédie se fit en partie l'interprète et la complice. Ce fut elle qui se chargea de sauver et d'entretenir la gaieté française prête à s'éteindre. Regnard devint un de ses interprètes, le plus spirituel, le plus aimable et le plus brillant. Il apparaît sur la frontière des deux siècles comme le génie du rire triomphant.

Homme de plaisir avant tout, s'il est une chose qu'il déteste et redoute, c'est l'ennui. Pour y échapper, il est capable de s'en aller au bout du monde; et ceci n'est point une métaphore, mais une réalité, comme nous le verrons bientôt.

Regnard, fils d'un riche marchand de salaisons, était né sous les piliers des halles, non loin de la maison où fut élevé Molière et de cette place fameuse où Gringore avait dressé les tréteaux de *Mère Sotte.* En d'autres temps, il eût pris, sans doute, le capuchon et la marotte pour s'enrôler dans la joyeuse bande des Fous et des Enfants sans soucy. A la fin du dix-septième siècle, dans ce monde imprégné d'aristocratie, un jeune homme de famille, même bourgeoise, ne pouvait mieux faire que d'adopter l'habit brodé avec l'épée, pour se donner l'air cavalier. Regnard n'a pas, comme Chaulieu et La Fare, ni même comme le fils du chapelier Oudart, dit de La Motte, ni comme le fils du notaire Arouet, dit de Voltaire, une particule devant son nom. Mais les grâces de son esprit et de sa personne, aussi bien que l'état de sa fortune, l'ont bientôt mis en faveur dans les meilleures sociétés. S'il ne va pas à Versailles, il est reçu dans les cours étrangères, en Danemark, en Suède, en Pologne, fêté, choyé par les dames et les souverains. A la liberté d'un Enfant sans soucy il joint les belles manières et les vices élégants d'un gentilhomme : il est grand joueur, aventureux, galant, tant soit peu débauché et franc buveur, en un mot, ayant tous les titres à la considération. Rappelonsnous son buste au foyer de la Comédie française : cette physionomie franche, ouverte et rieuse, ayant dans sa distinction même je ne sais quoi de libre, de dégagé, d'aisé en tout, et exprimant deux choses qui vivent dans son style comme dans sa personne, la jeunesse et la gaieté.

Lui-même s'est peint dans la *Provençale* sous les traits de Zelmis, avec l'indulgence d'un homme qui n'a pas trop mauvaise opinion de sa propre personne : « Zelmis, comme vous savez, Mesdames, est un cavalier qui plaît d'abord ; c'est assez de le voir une fois pour le remarquer, et sa bonne mine est *si avantageuse* qu'il ne faut pas chercher avec soin *des endroits dans sa personne* pour le trouver aimable. Il faut seulement se défendre de le trop aimer. » La Harpe critique Regnard sur cette *bonne mine avantageuse* et sur *ces endroits de sa personne*, qui lui semblent de mauvais goût et de mauvais style. C'est se montrer bien sévère pour une plaisanterie et pour des expressions qui sont de la langue courante du dix-septième siècle.

Même au milieu de ses élégances d'homme du monde, Regnard restera toujours au fond l'espiègle enfant de Paris. Avant de mettre la comédie sur la scène, il la jouera lui-même en action. Sa vie, qui finira par s'asseoir, se régler et se fixer solidement, a tout d'abord l'air d'une farce entremêlée d'accidents tragi-comiques, qu'il a pris soin de nous raconter en les brodant et les embellissant. A vingt ans il se trouve libre et maître d'une belle fortune. Il part pour l'Italie. Que va-t-il y chercher et y trouver ? des émotions d'artiste, des souvenirs littéraires ou érudits, des inscriptions à déchiffrer, des monuments et des statues antiques à exhumer ? — C'est là le moindre de ses soucis. — De quoi s'occupe-t-il tout d'abord ? — De fêtes, de jeux, de bals, de mascarades, de sérénades et d'intrigues galantes. — Qu'en rapportera-t-il ? — Un roman dont il est lui-même le héros, et dans lequel il mêle la fable et la réalité, le sérieux et le plaisant [1]. Le dix-septième siècle avait un goût particulier pour ces mascarades romanesques, où figurent, sous des noms imaginaires, les personnages du monde réel. Les *Amours du Grand Alcandre*, la *Princesse de Paphlagonie*, *Zaïde* et la *Princesse de Clèves* ont été composés de cette façon, avec des données et des talents très divers. Regnard s'est souvenu de ces modèles, en riant plus d'une fois de cette langue du sentiment qu'il emploie comme un style de convention, et se rappelant sans doute aussi certains chapitres du *Roman Comique* de Scarron. C'est là encore une parenté que nous aurons à signaler dans le génie de Regnard.

Pour lui, le roman avait commencé à Bologne, où il fit la rencontre d'une belle Provençale, d'une Arlésienne qu'il nomme Elvire, escortée d'un mari assez désagréable appelé de Prade. Une femme tendre de complexion et de sentiment, d'un accueil si avenant *qu'elle semblait demander le cœur*; un mari jaloux pour la forme, assez tolérant au fond; des résistances apparentes bientôt vaincues, des obstacles nécessaires à l'intérêt du roman, mais qu'on franchit sans peine; c'en était assez pour fournir un imbroglio amusant, à la mesure de la patience et de la constance de Zelmis. Après avoir vu de l'Italie ce qu'il voulait en voir, la bonne société, les salons, les fêtes, les jeux et les plaisirs, Regnard songeait à rentrer en France avec Elvire et son mari. Le roman était fort avancé et près de finir; mais la Fortune, qui l'avait si bien servi jusque-là, au jeu comme en amour, lui réservait encore d'autres surprises.

1. C'est ainsi qu'Edmond About rapportera de Grèce, non des inscriptions ou des mémoires savants, mais son *Roi des Montagnes*.

Au sortir du port de Civita-Vecchia, la frégate anglaise sur laquelle il s'était embarqué fut assaillie par deux corsaires algériens. Après une sanglante bataille, où Zelmis trouva l'occasion de faire admirer son courage par la belle Elvire, il fallut se rendre. Les captifs, conduits à Alger, furent vendus à différents maîtres sur la place publique : Regnard 1500 livres, Elvire 1000, et de Prade un peu moins sans doute. Si triste que soit l'aventure, Regnard trouve encore moyen de l'égayer. Le pathétique même dont il l'assaisonne finit par nous divertir. On est tenté de rire quand on entend Zelmis recommander au Turc acquéreur d'Elvire la vertu et l'innocence de sa captive. Touché des paroles de Zelmis, ce Turc, honnête homme, s'il faut en croire le témoignage de l'héroïne, se conduisit avec la discrétion d'un galant chevalier. Moins bien partagé, Zelmis tomba aux mains du lourd et brutal Achmet-Talem, qui l'employa d'abord à ramer. Bientôt son expérience de la bonne chère lui valut la direction de la cuisine. En vrai personnage de théâtre, Regnard, armé de son invincible bonne humeur, troqua son habit brodé de gentilhomme contre la veste et le tablier de maître-queux, jouant ainsi la comédie au naturel. Achmet-Talem ne se doutait guère qu'il allait avoir dans son cuisinier un rival. Ce Turc, si mal taillé pour l'amour, avait chez lui quatre épouses ou plutôt quatre recluses, auxquelles la bonne mine de l'esclave ne pouvait échapper. Zelmis se trouvait exposé à de terribles tentations, dont le souvenir seul d'Elvire le préserva, dit-il. Mais la jalousie d'une autre Putiphar, furieuse de se voir dédaignée, faillit livrer ce nouveau Joseph aux fureurs d'Achmet-Talem. L'innocent allait être empalé ou rôti, selon la rigueur de la loi musulmane, quand l'intervention du consul français et l'envoi d'une forte somme d'argent vinrent à propos le tirer de cette galère. Devenu libre, il racheta Elvire. Quant au mari, on le croyait, ou on le disait mort. A ce sujet, le conteur prête à la veuve des larmes plus ou moins sincères, qui ont trop l'air d'une parodie. Cette habitude de jouer avec les sentiments nous explique ce qu'il y a de superficiel dans la passion, chez les personnages de Regnard. L'auteur ne se moque-t-il pas un peu de ses lecteurs et de sa maîtresse lorsqu'il l'appelle *cette vertueuse personne*, et nous dit : « Son air libre était plutôt un effet de son tempérament que de l'inclination de son cœur » ?

Les deux amants, rentrés en France, se reposèrent de leurs émotions et de leurs épreuves au sein de la famille d'Elvire. La comédie allait-elle se terminer cette fois, comme au théâtre, par un mariage? Regnard pouvait le craindre, quand la Fortune lui vint encore en aide. Le mari qu'on croyait mort s'avisa de ressusciter et reparut un beau matin. Elvire était fort embarrassée et se posait à elle-même ces délicates questions : « Faut-il oublier mon mari? Dois-je ne plus aimer Zelmis? Mais aimons-les tous les deux, puisque je l'ai pu : aimons de Prade par devoir, et Zelmis par inclination. Donnons la personne à l'un, et le cœur à l'autre; que le premier rentre dans ses droits, que le second n'en sorte point; et concilions enfin dans un même cœur deux amours, que personne ne peut condamner. » Le problème de la bigamie était ainsi résolu à l'amiable. Mais Regnard, trouvant Elvire trop généreuse, voulut avoir le mérite du sacrifice, et se condamna lui-même à l'exil. Il partit donc, résolu d'éteindre, fût-ce sous les glaces du pôle, les feux dont il était consumé. Valère ne renoncera pas avec moins de résignation à l'amour d'Angélique, en allant, non pas au pôle, mais au cabaret.

Revenu à Paris, toujours possédé de ce besoin de mouvement et d'aventures, qui le pousse encore plus que le désespoir amoureux, il se remet en route avec deux gentilshommes de ses amis, MM. de Fercourt et de Corberon. Tous trois se dirigent vers la Hollande, sans savoir au juste où ils s'arrêteront. « On sort souvent de chez soi, dit le conteur, pour n'aller qu'en Hollande, qu'on se trouve, je ne sais comment, jusqu'au bout du monde. » C'est là l'histoire des voyages de Regnard : sans parti pris, il va où le caprice, le hasard, une indication fortuite, une rencontre agréable l'entraînent. Il pousse toujours devant lui, en promeneur désœuvré, tant qu'enfin il touche à l'essieu du pôle, et, comme un autre Alexandre, grave sur un rocher du mont Métavara cette inscription destinée à être lue seulement par les ours blancs :

Hic tandem stetimus, nobis ubi defuit orbis.

Ces nouveaux voyages lui offrent une nouvelle matière de récits divertissants, où il se donne à lui-même et donne aux autres la comédie. Ce qu'il en rapporte, comme Montaigne et Bernier, c'est un fond de scepticisme indifférent sur les mœurs et les croyances des divers peuples :

> Or, dis-moi quelle chose est d'un goût général
> Ici-bas reconnue ou pour bien ou pour mal ?
> Chaque peuple, à son gré, conduit par ses caprices,
> N'a-t-il pas ordonné des vertus et des vices[1] ?

Dans cette vie nomade, en dépit d'Elvire, Regnard n'a pas l'air d'un Orphée pleurant son Eurydice. Il

____

1. Épître IV.

boit, vit, joue, cause, fait la cour aux dames, fréquente
le beau monde, la noblesse, les ambassadeurs : il baise
la main du roi de Danemark, dont il devient le commensal et presque l'ami. En Suède, même accueil.
Qu'a-t-il fallu pour le décider à passer la mer ? « Le
séjour que je fis à Copenhague me fut infiniment
agréable, et j'y trouvai les dames si spirituelles et si
bien faites, que j'aurais eu bien de la peine à les quitter
si on ne m'eût assuré que j'en trouverais en Suède
d'aussi aimables. » Regnard est trop galant homme
pour ne pas être tenté d'aller leur offrir ses civilités.

L'aspect d'un monde nouveau, de ces vastes forêts de
sapins où roulent en mugissant des torrents mêlés de
cascades, ces immenses souterrains, ces mines où il
descend, un jour, croyant y retrouver les antres des
Cyclopes, éveillent en lui un accès poétique de courte
durée. On sent que Regnard est encore un poète du dix-
septième siècle, peu fait pour comprendre et peindre
la nature.

> Tranquilles et sombres forêts,
> Où le soleil ne luit jamais
> Qu'au travers de mille feuillages,
> Que vous avez pour moi d'attraits !
> Et qu'il est doux, sous vos ombrages,
> De pouvoir respirer en paix !

Est-ce la peine d'aller en Suède pour nous décrire un
paysage qui ressemble tant à ceux de Meudon ou de
Marly ? L'intérêt, chez Regnard, n'est pas là : il est bien
plutôt dans l'étude de l'être humain, dans l'examen des
mœurs, des usages, dans la description plaisante du
Lapon, « petit animal dont on peut dire qu'après le
singe, il n'y en a point qui approche plus de l'homme ».
La question du mariage telle qu'on la comprend dans

ces pays, la complaisance singulière des maris offrant
leurs femmes à leurs hôtes et à leurs pasteurs, et se
trouvant fort honorés de ce qu'on regarde ailleurs
comme une honte, lui fournissent une série de réflexions philosophiques dont nous retrouvons la trace
dans ses épîtres et ses comédies. On comprend que Regnard soit devenu, comme Chaulieu, un partisan de la
morale aisée, et que son théâtre en offre tant d'exemples.

La religion des Lapons, mêlée de christianisme et
d'idolâtrie, ne le divertit pas moins, et lui fournit l'occasion de montrer son peu de respect pour les croyances.
Il vole aux pauvres adorateurs, ébahis et consternés,
leurs fétiches de pierre, les enfants du dieu Seyta, un
bonhomme de dieu qu'il enlèverait lui-même s'il n'était
pas si lourd ; au sorcier il dérobe son tambourin et
sa chaudière magique : vrais tours de gamin de Paris,
qui rappellent celui de Villon escamotant le panier du
marchand de poisson entre les mains du pénitencier de
Notre-Dame. Cette longue suite de facéties, qui remplit
le voyage de Laponie, se termine par une scène à la
fois lugubre et comique, celle des funérailles du savant
Joannès Tornœus mort à Torno depuis deux mois, et qui
semblait attendre la venue des étrangers pour les réga-
ler de ce beau spectacle. « C'est la mode en Suède de
garder les corps des défunts fort longtemps. Ce temps
se mesure suivant la qualité des personnes ; et plus la
condition du défunt est relevée, plus aussi les funérailles sont reculées. » La description du repas mor-
tuaire, les libations copieuses auxquelles s'associent
vigoureusement les prêtres, comme les meilleurs amis
de la maison ; les santés portées en l'honneur du défunt ; l'oraison funèbre dont il est l'objet, fournissent
plus d'un trait au crayon satirique de Regnard. Les

trois compagnons sont pris d'un fou rire éveillé par un mot plaisant, au moment où les convives, bien repus, s'apprêtent à terminer le festin par une prière. La gaieté intempérante et irrévérencieuse est ici, comme elle l'a été trop souvent, le défaut capital des Français : les bons Suédois en sont justement scandalisés.

Pourtant, au milieu de toutes ces folies, les idées sérieuses se faisaient jour. Une fois entre autres, se trouvant seul dans une île de la Baltique, assis sur un rocher escarpé, Regnard s'était mis à rêver, à faire son examen de conscience, en se demandant compte à lui-même de l'emploi de son temps et de sa fortune. Il arrivait à conclure « que le bonheur de la vie consiste dans le repos, et que cette tranquillité d'âme si heureuse se trouve dans une douce profession qui vous arrête comme l'ancre fait un vaisseau retenu au milieu de la tempête ». L'homme qui raisonnait ainsi s'apprêtait à devenir sage et rangé. Après une courte pause en Pologne et en Allemagne, il rentrait en France : à trente ans, il avait achevé son Odyssée.

Regnard pense alors à se fixer. Les ardeurs et les folies de la jeunesse n'avaient point effacé en lui le fonds d'esprit pratique et positif qu'il tenait de ses ancêtres, marchands et bourgeois. Il achetait une charge de trésorier de France et un petit hôtel situé au bout de la rue Richelieu, près de la porte Montmartre, à l'extrémité du Paris d'alors. Ce quartier, devenu, depuis, le centre de l'élégance et du bon goût, était à cette époque peu fréquenté, entouré d'une vaste campagne et de jardins maraîchers. Une curieuse épître de Regnard à l'un de ses amis nous décrit la vue dont il jouissait de sa maison. Nous y trouvons ce qu'était alors le futur boulevard des Italiens.

Peut-être ignores-tu dans quel coin reculé
J'habite dans Paris, citoyen exilé,
Et me cache aux regards du profane vulgaire?
Si tu le veux savoir, je vais te satisfaire.
Au bout de cette rue, où ce grand Cardinal,
Ce prêtre conquérant, ce prélat amiral,
Laissa pour monument une triste fontaine,
Qui fait dire au passant que cet homme, en sa haine,
Qui du trône ébranlé soutint tout le fardeau,
Sut répandre le sang plus largement que l'eau,
S'élève une maison modeste et retirée,
Dont le chagrin surtout ne connaît point l'entrée.
L'œil voit d'abord ce mont dont les antres profonds [1]
Fournissent à Paris l'honneur de ses plafonds,
Où, de trente moulins, les ailes étendues
M'apprennent chaque jour quel vent chasse les nues [2].

Remarquons ici, je ne dis pas le talent descriptif,
mais la libre allure du vers facile et coulant d'abondance comme le vin qu'il verse à ses hôtes. Et ces hôtes
sont parfois des plus illustres : Enghien, Conti ne dédaignent pas de venir s'asseoir à sa table bourgeoise.
De bonne heure, en épicurien expert, Regnard a su
régler l'emploi de son temps et de sa fortune, faire la
part du travail et du plaisir, du faste et de l'économie.

Selon mes revenus je règle ma dépense,
        Et je ne vivrais pas content,
        Si toujours en argent comptant,
    Je n'en avais au moins deux ans d'avance.
        Les dames, le jeu ni le vin
        Ne m'arrachent point à moi-même;
Et cependant je bois, je joue et j'aime.
Faire tout ce qu'on veut, vivre exempt de chagrin,
Ne se rien refuser, voilà tout mon système,
Et de mes jours ainsi j'attraperai la fin [3].

L'égoïsme, il faut l'avouer, tient une large place
dans sa conduite comme dans son théâtre : ses per-

1. Carrières Montmartre.
2. Épître V.
3. *Le Mariage de la Folie.*

sonnages l'imiteront et songeront tout d'abord à eux. Mais cet égoïsme ne l'empêche pas d'être le plus aimable et le plus sociable des amphitryons.

A la charge de trésorier il joignit bientôt celle de lieutenant des eaux et forêts, et plus tard celle de bailli de Dourdan. En même temps, il acquérait le château de Grillon dont il faisait une autre abbaye de Thélème, sous l'invocation de son patron Rabelais :

> Pour passer doucement la vie,
> Avec mes petits revenus,
> Ici je fonde une abbaye,
> Et je la consacre à Bacchus :

une dévotion qui s'était fort répandue chez les hommes, et même chez les femmes, à la fin du siècle.

> Je veux qu'en ce lieu chaque moine
> Qui viendra pour prendre l'habit,
> Apporte pour tout patrimoine
> Grande soif et bon appétit.
>
> . . . .
>
> Afin qu'aucun frère n'en sorte,
> Et fasse sans peine ses vœux,
> Il sera gravé sur la porte :
> « Ici l'on fait ce que l'on veut [1]. »

Avec cette plénitude de bonne humeur et de santé, cette large dose d'égoïsme conservateur qui préserve des émotions et des passions trop violentes, Regnard semblait devoir fournir une longue carrière comme son contemporain Fontenelle. Une imprudence ou un défi jeté à la médecine, dont il ne se croyait pas justiciable, vint brusquement abréger ses jours. Voltaire, sans preuves certaines, a cru pouvoir lui attribuer une fin tragique, en inventant que ce rieur intarissable, pris

---

1. Chanson faite à Grillon pour Mlles Loyson en 1703.

tout à coup d'hypocondrie, s'était lui-même donné la
mort. La chose est peu probable, et nous préférons la
légende d'après laquelle Regnard, comptant trop sur la
force de son tempérament, s'administra une médecine
qu'un vétérinaire du voisinage donnait à ses chevaux.
La médecine se vengea en l'emportant.

II

De toutes les aventures, la dernière qui tenta Regnard,
fut celle de la gloire littéraire. Ce n'est qu'après s'être
assis, pourvu, installé solidement et commodément
dans ses fonctions de trésorier et dans son hôtel de la
rue Richelieu, qu'il commence à y songer sérieusement.
Elle ne sera d'ailleurs pour lui, comme le jeu, les
voyages et les intrigues galantes, qu'une distraction et
un passe-temps. Il n'est pas de ces pauvres dupes qui
se martyrisent, s'essoufflent et s'épuisent par amour
de l'art et de l'idéal, ni de ces *mâche-lauriers* qui, sa-
tisfaits de leur maigre pitance de renommée,

> *S'en* vont bizarrement en poste à l'hôpital [1].

S'il écrit, c'est d'abord pour s'amuser lui-même et aussi
pour amuser les autres; car Regnard est avant tout
un homme de société. Il n'aime pas plus à rire qu'à
boire seul.

Bien qu'il ait, nous dit-il, fait des vers à l'âge de
douze ans et que le démon de la rime soit venu plus
d'une fois troubler son sommeil [2], la poésie n'a jamais été chez lui une de ces maîtresses impérieuses et
jalouses qui absorbent et dominent toute la vie d'un

1. Régnier, *Satires*, iv, 140.
2. *Épitre à M. de Bentivoglio.*

écrivain. Elle a son heure et sa place comme les autres passions, sans qu'il soit obligé de lui sacrifier ni ses plaisirs ni ses affaires. Du reste, elle lui réussit non moins que le jeu. Il y gagne, sans trop de peine, un bien que tant d'autres poursuivent au prix de longues veilles sans l'atteindre, l'immortalité.

Ses débuts d'apprenti poète consistaient sans doute en pièces légères oubliées et disparues pour la plupart, chansons, madrigaux, sonnets, épîtres et satires. Parmi ces dernières, il nous faut rappeler un coup de tête de sa muse, encore juvénile, contre Boileau. Celui-ci venait de publier, comme un fruit tardif de sa veine épuisée, la *Satire contre les Femmes*. Regnard trouva piquant de riposter au vieil athlète du genre satirique en prenant la défense des femmes contre les maris. Pour lui, en effet, il n'avait jamais eu à se plaindre d'elles : il les avait trouvées toujours aimables, parfois sensibles et complaisantes :

> Ce sexe plein d'attraits, sans secours et sans armes,
> Peut assez se défendre avec ses propres charmes ;
> Et les traits d'un critique affaibli par les ans
> Sont tombés de ses mains sans force et languissants.

Il n'a pu souffrir, s'écrie-t-il, de voir Boileau,

> ..... *Venant* en cheveux gris,
> D'un esprit peu chrétien, blâmer de chastes flammes,
> Et par des vers malins nous faire horreur des femmes.

N'en dégoûtez pas les autres, semble-t-il dire au morose critique, assez désintéressé dans la question. Il va donc à son tour reprendre le bilan des maris, laids, jaloux, avares, dépensiers, grondeurs, libertins, etc. En somme, la satire de Regnard ne vaut guère mieux que celle de Boileau et semble trop en être une copie.

Le vieux maître punit le jeune audacieux en le clouant
un moment au pilori de ses vers [1], dans un des nombreux hémistiches qu'il tenait toujours prêts pour ses
ennemis.

Regnard aggrava sa faute en composant une nouvelle
satire, intitulée *Le tombeau de Boileau-Despréaux*, prétendant enterrer le poète de son vivant et lui donner
le spectacle de ses propres funérailles :

> De pédants mal peignés un bataillon crotté
> Descendait à pas lents de l'Université :
> Leurs longs manteaux de deuil traînaient jusques à terre ;
> A leurs crêpes flottants les vents faisaient la guerre ;
> Et chacun, à la main, avait pris pour flambeau
> Un laurier jadis vert pour orner un tombeau.
>
> . . . .
>
> Deux Grecs et deux Latins escortaient le cercueil,
> Et, le mouchoir en main, Barbin menait le deuil.

Jadis Boileau s'était diverti aux dépens de Chapelain
et de sa perruque. Regnard lui rendait la pareille, en
faisant de lui, avec moins de raison, il est vrai, une caricature grotesque, une vieille gloire fanée et flétrie,
bonne tout au plus pour les régents et les écoliers. Il
couronnait sa pièce par cette épitaphe, véritable bou-
quet d'orties :

> Ci-gît maître Boileau, qui vécut de médire,
> Et qui mourut aussi par un trait de satire :
> Le coup dont il frappa lui fut enfin rendu.
> Si par malheur un jour son livre était perdu,
> A le chercher bien loin, passant, ne t'embarrasse,
> Tu le retrouveras tout entier dans Horace.

Ce n'était là qu'une espièglerie de novice contre un
vétéran dont il sentait au fond tout le mérite, et
qu'il imitait encore pour le combattre. Aussi la récon-

____

1. Épître X.

ciliation eut-elle bientôt lieu. Boileau effaça le nom de Regnard de la Xe épître où il l'avait placé d'abord en compagnie de Saulocque et de Belloc. Regnard, de son côté, se déclarait le disciple et l'admirateur de Boileau dans une épître réparatrice, et lui dédiait une de ses meilleures comédies, les *Ménechmes*, imités de Plaute, hommage doublement agréable au défenseur des anciens.

Le théâtre devait naturellement séduire Regnard : il y trouvait un moyen de s'amuser en commun : auteur, acteurs, public, tout le monde en avait sa part. Regnard a le don de l'hilarité intarissable ; il le doit à son humeur et à son tempérament. Ailleurs, en parlant de Molière et de son génie comique, nous avons rappelé les tortures de son âme et de son estomac. De là ce fonds de tristesse et de mélancolie qui se mêle chez lui aux explosions du rire. C'est aller trop loin sans doute que de voir dans *George Dandin* un drame sombre, et de comparer à ce benêt de mari, victime de sa vanité et des roueries impudentes de sa femme, le malheureux époux d'Armande Béjart. Mais enfin il y a ici quelque chose d'amer et de profond, même dans le comique :

Surgit amari aliquid [1].

Regnard, au contraire, est doué de la plus radieuse santé qui fut jamais, capable de résister à tout, excepté à une médecine de cheval. Son cœur n'a guère été plus affligé ni plus endolori que son estomac. Enfant gâté de la nature et de la fortune, il n'a eu qu'à jouir en ce monde, et ce flux de gaieté coule à pleins bords dans ses comédies.

---

1. *Lucrèce*, liv. IV.

Il y joint une verve pétillante, étincelante, dont les saillies éclatent comme un feu d'artifice perpétuel : ce ne sont que fusées et pétards de tous côtés. Valets, soubrettes, gentilshommes, luttent de vives ripostes. L'auteur a tant d'esprit qu'il peut en donner à tous ses personnages, même au *Distrait*, qui se trouve parfois très piquant sans y songer. Le rôle de la Comtesse dans la *Critique du Légataire universel* est une véritable boîte à malices qui fait explosion comme dans certains proverbes d'Alfred de Musset. Boileau, d'abord prévenu contre Regnard, finit par reconnaître qu'*il n'est pas médiocrement plaisant*. Un tel aveu a son prix. Voltaire complète ce jugement en disant : *Qui ne se plaît avec Regnard, n'est point digne d'admirer Molière*. Pourtant, il ne faudrait pas exagérer ni prétendre les égaler ou même les rapprocher : la distance est grande entre eux.

Regnard n'est point un contemplateur, un observateur silencieux et pensif comme Molière, sondant et fouillant les abîmes de la nature humaine. Il peint les physionomies extérieures, les masques et les costumes plus encore que les âmes. Cette anatomie du cœur humain, si fort admirée de Mme de Sévigné chez les hommes de Port-Royal, et reprise avec tant d'art et de pénétration par Molière et Racine, est une étude trop délicate et trop savante à laquelle Regnard n'a pas le temps de s'arrêter. Ailleurs nous avons défini ce qu'on appelait le rire en dedans chez Térence et le rire en dehors chez Plaute : nous avons montré comment ces deux sources du comique se trouvent réunies dans Molière. Le rire extérieur éclatant en boutades, en bons mots, en folles échappées, voilà ce qui domine chez Regnard. Par là, il est l'héritier de Plaute et aussi, malgré sa distinction native, tant soit peu le cousin germain de Scarron. On connaît ces vers de *Don Japhet* devenus célèbres :

> . . . . Don Zapata Pascal
> Ou Pascal Zapata, car il n'importe guère
> Que Pascal soit devant ou Pascal soit derrière.

Dans Regnard, quand un des *Ménechmes* furieux contre le marchand fripier, syndic et marguillier qui lui réclame de l'argent, parle de lui couper le nez, son valet lui répond avec sang-froid :

> Que feriez-vous, Monsieur, du nez d'un marguillier ?

« Le trait est lâché, dit Sainte-Beuve, le rire est parti du même coup. Pourquoi ? Aristote ne le sait pas mieux que nous [1]. » Telle est encore cette question du valet Hector à son maître :

> Ce Sénèque, Monsieur, est un excellent homme,
> Était-il de Paris ?
>
> VALÈRE.
>
> Non ! il était de Rome.

Le rire pour le rire, spontané, irréfléchi, d'autant plus irrésistible et contagieux parfois qu'il est moins raisonné et même moins raisonnable, constitue un des éléments principaux de ce comique extérieur, qui roule souvent plus sur les mots que sur les idées.

Le but moral, qui semble avoir été la dernière ambition de Molière dans les régions de la haute comédie, dans le *Tartufe*, le *Misanthrope*, l'*Avare*, le *Festin de Pierre*, n'est jamais entré dans le plan de Regnard ; il ne vise pas si haut. De la fameuse maxime *Castigat ridendo*

---

1 *Causeries du lundi*, t. VII.

mores, il n'a gardé que le *ridendo*. Pour ce qui est de moraliser, d'instruire, de combattre les vices ou même les ridicules de son temps, de soutenir une thèse, comme on le fait si volontiers de nos jours, en faveur du divorce, pour ou contre l'adultère, Regnard s'en inquiète peu. Il eût trouvé sans doute nos comédies philosophico-sociales bien graves, bien solennelles, et parfois bien ennuyeuses.

Aristote dit quelque part que les mœurs de la comédie doivent être médiocres. Regnard va au delà : il les peint volontiers mauvaises ou très relâchées. Lui-même s'intitule *Cynique mitigé*. Mitigé par quoi ? par les bonnes manières, la politesse de l'homme du monde et le beau langage. Mais le cynisme s'étale quelquefois crûment dans la bouche de ses héros. Ainsi le Chevalier du *Distrait*, après avoir parlé de sa mère et de sa sœur plus que légèrement, arrive à dire en parlant de son père et des leçons qu'il en a reçues :

> Quand mon père mourut, il me laissa pour vivre
> Ses dettes à payer et son exemple à suivre.

Molière, si malheureux qu'il ait été dans son ménage, n'en tient pas moins pour le mariage, ainsi que Gorgibus : il comprend les joies de la famille comme cette bonne et franche Mme Jourdain, comme cette charmante Henriette, si droite, si sensée, répondant au superbe dédain d'Armande que le seul mot de mariage révolte :

> Les suites de ce mot, quand je les envisage,
> Me font voir un mari, des enfants, un ménage,
> Et je ne vois rien là, si j'en puis raisonner,
> Qui blesse la pensée et fasse frissonner.

Regnard semble être un peu de l'avis d'Armande, pour

des motifs différents, il est vrai. Célibataire obstiné, il s'est dit plus d'une fois, sans doute, avec Valère :

> Des parents, des enfants, une femme, un ménage,
> Tout cela me fait peur....

L'amour conjugal est présenté comme une chimère et presque une anomalie. Cléanthis, se retrouvant en présence de son mari après dix ou quinze ans de séparation, se prend à l'aimer sans le reconnaître, puis s'écrie tout effrayée :

> Je ressentais pour lui les transports les plus doux.
> Hélas! qu'allais-je faire? Il était mon époux!

On peut dire, il est vrai, qu'il n'y a là ni théorie ni système ; que Regnard plaisante et n'a pas la prétention d'être un peintre fidèle de la réalité. Le monde dans lequel il nous transporte est un monde de fantaisie et de carnaval, dont il se plaît à grossir les traits à l'exemple de la vieille comédie :

> *Oraque corticibus sumunt horrenda cavatis* [1].

Au lieu de caractères profondément étudiés comme dans Molière, nous avons là une série de caricatures, dessins à la plume ou légers pastels esquissés d'une main vive et leste. Chez Molière, la classe, le rang, le ton des personnages sont nettement distincts. Dorante reste toujours marquis en face de M. Jourdain, qu'il gruge et vole impudemment. Don Juan, si scélérat qu'il soit, tient à distance et fait trembler et rentrer sous terre le pauvre Sganarelle, qui s'avise un moment de lui adresser des observations sur l'indigne conduite

---

1. Virg., *Georg.*, liv. ii.

qu'il tient envers son père. Le gentilhomme peut devenir fourbe, menteur, voleur, parjure, athée, hypocrite
et même assassin : il garde toujours une certaine tenue
extérieure et ne tombe pas dans les vices infimes des
laquais. On ne le voit pas sur la scène ivre et chan-
celant. Chez Regnard toutes les conditions semblent
déjà se mêler et se confondre : la distance et le respect
s'effacent. Le valet dit ouvertement à son maître :

> Vous jurez dans la chambre, et moi sur l'escalier ;
> Je vous imite en tout.

Il lui rappelle combien de fois il a dû lui venir en aide
après souper :

> Assez souvent d'un vin bien pris et mal cuvé
> Je vous ai vu le chef plus lourd qu'à l'ordinaire :
> J'ai même quelquefois prêté mon ministère
> Pour vous donner la main et vous conduire au lit [1].

Bien que Regnard soit un fantaisiste, il y a là malheureusement une part de réalité, une trace de la décom-
position sociale qui commence et va s'accroître avec la
Régence. Le valet de Regnard fait, sans le savoir,
les mêmes réflexions que Massillon sur les *Exemples des
grands*. Les classes dirigeantes ou supérieures perdent
le droit de commander, quand elles n'ont pas su conserver le prestige de leur naissance et de leur fortune.

Sans doute Regnard ne songe point à une révolution
possible ni à l'avénement des couches nouvelles, qui
l'aurait probablement très effrayé dans sa vie paisible
de trésorier de France et de lieutenant des chasses.
Pourtant le valet de la *Sérénade* se permet déjà d'é-
tranges remarques sur l'inégalité des conditions. Par-

---

1. *Les Ménechmes*, acte I, sc. II.

lant de ses maîtres, il s'écrie comme plus tard Figaro :

« On s'acoquine à servir ces gredins-là, je ne sais pourquoi. Ils ne paient point de gages, ils querellent, ils rossent quelquefois; on a plus d'esprit qu'eux, on les fait vivre. Il faut avoir la peine d'inventer mille fourberies, dont ils ne sont tout au plus que de moitié; et, avec tout cela, nous sommes les valets, et ils sont les maîtres. Cela n'est pas juste. Je prétends à l'avenir travailler pour mon compte ; ceci fini, je veux devenir maître à mon tour [1]. »

Encore une fois, il ne faut pas exagérer le sens de ces paroles, dont ni l'auteur ni l'acteur ne prévoient alors la portée. Mais enfin ni les Mascarille, ni les Scapin de Molière, malgré tout leur génie, n'ont rêvé pareille transformation.

A travers ses fantaisies et ses farces humoristiques, Regnard nous laisse entrevoir ce monde interlope et ambigu des anoblis et des enrichis, des parvenus déjà signalés par La Bruyère, des fausses grandes dames et des faux marquis, maîtres de trictrac et tricheurs au jeu, bien différents et bien au-dessous des Acaste et des Clitandre. De là naîtra la société dissolue et tripoteuse de la Régence, où va briller Turcaret.

L'échelle morale a baissé. Un sensualisme grossier remplace l'élégance précieuse et l'idéalisme sentimental de l'âge précédent. Les passions chez Regnard sont peu profondes et peu durables. L'amour, comme il le comprend, est

> Un petit feu léger, vagabond, volatile.

Les *affaires de cœur*, tel est le mot qu'il emploie,

____

1. Sc. XII.

sont toujours plus ou moins des affaires, qui se nouent et se dénouent comme un contrat passé, puis rompu, entre les deux parties. Valère et Angélique, dans le *Joueur*, renoncent réciproquement à leur amour sans beaucoup de larmes ou de regrets. Rappelons-nous les brouilles et les raccommodements des amants dans Molière, et cette jolie scène du *Dépit amoureux* si souvent renouvelée. Quel agréable mélange de tendresse et de naïveté ! et ces éclats de passion violente chez Arnolphe et chez Alceste, et ces tortures de la jalousie que Molière a connues lui-même, et dont Regnard ne s'est jamais douté !

On nous a donné tant de comédies larmoyantes, depuis quelques années, qu'il serait mal à propos de se plaindre de l'excès du rire. Mais le rire perpétuel et à outrance sur tout et partout arrive aussi à nous lasser. Il y a en nous une part de sensibilité qui veut être satisfaite et que Regnard a trop oubliée. On peut dire qu'il lui manque d'avoir un peu souffert et pleuré. Juvénal lui-même n'a-t-il pas reconnu ce don précieux des larmes dans ces beaux vers :

> *Mollissima corda*
> *Humano generi dare se natura fatetur,*
> *Quæ lacrymas dedit : hæc nostri pars optima sensus* [1].
>
> (Sat. xvᵉ.)

Comme poëte, malgré sa verve et son entrain, Regnard ne brille pas précisément par l'invention. Écrivant pour son plaisir, il ne se met pas à la torture pour trouver des sujets ou des situations nouvelles. Au début surtout, il emprunte sans façon à Molière, à Rotrou, à

---

1. « La nature témoigne assez qu'elle a donné au genre humain un cœur compatissant en lui donnant les larmes : c'est la meilleure part de l'être sensible en nous. »

Plaute, aux anciens et aux modernes, aux étrangers et aux Français. Il commence par la collaboration et s'associe tour à tour comme auxiliaires Dufresny, Campistron, Boursault, Quinault, et même ce manœuvre et gâcheur littéraire qui s'appelle Gaçon. Dufresny l'accusera un jour de lui avoir dérobé le sujet du *Joueur*. L'aimable trésorier partage si volontiers sa fortune, sa vie, son esprit avec ses amis qu'il croit pouvoir user également du bien d'autrui. D'ailleurs il a, pour s'approprier ce qu'il emprunte, un instrument qui n'est qu'à lui, son style. La langue de Regnard tient à la fois de celle de Molière et de Racine : elle a de l'un, sinon la force, au moins la franchise et la verdeur; de l'autre la souplesse et l'harmonie. Cet art de bien dire, si goûté au dix-septième siècle, est une de ses préoccupations. Sans prendre trop à la lettre ses confidences à l'abbé de Bentivoglio sur ses fureurs poétiques ou amoureuses, il faut bien reconnaître en lui un artiste qui, comme Régnier, comme Molière, comme La Fontaine, comme André Chénier, comme les poètes les plus primesautiers et comme les plus grands écrivains, est à la poursuite du mot propre et en sent le prix :

> Il me semble toujours, lorsque je viens d'écrire,
> Que tout ce que j'ai dit, on le pouvait mieux dire

Regnard, malgré son insouciance, a gardé le culte et la religion du style, qui fait la personnalité de l'auteur. Il y joint par-dessus tout l'*air aisé*. Un rondeau du temps l'en félicite :

> De notre scène il sait l'art enchanteur,
> Il y fait rire, il badine avec grâce,
> Il est aisé.

Il a retrouvé ce tour vif, alerte et libre du vers comique, qui jaillit de source comme le rire. C'est par là que Regnard a duré, qu'il a mérité d'occuper le second rang, bien loin sans doute, après Molière, et qu'il a été autre chose qu'un amuseur pour devenir un maître dans l'art d'écrire.

A ce mérite capital du style ajoutons celui de l'action. Ce besoin de mouvement que Regnard apporte dans ses voyages, ses affaires et ses plaisirs, se retrouve dans ses comédies. Les intrigues en sont habilement conduites : les *Folies amoureuses*, le *Légataire universel*, nous offrent une série de tableaux, de volte-face et de surprises assez heureusement amenés. Ses dénouements sont regardés comme supérieurs à ceux de Molière, qui s'occupe avant tout de la peinture des caractères. Mais toutes les considérations générales en diront moins que les exemples puisés dans les œuvres elles-mêmes.

CHAPITRE II

Ses débuts : la *Sérénade*. — Le *Bal*. — Le *Joueur*. — Le *Distrait*.
Démocrite.

I

Regnard n'aborde pas du premier coup la grande
comédie en vers : il débute par la farce et par la prose.
Tout plein de ses souvenirs de Rome et de Bologne,
c'est pour Arlequin et Colombine qu'il écrit d'abord :
il compose avec Dufresny un certain nombre de pièces
ou plutôt de divertissements entremêlés de français,
d'italien, de danses, de musique et de mascarades [1].
Jusqu'alors rien ne promettait à Molière un successeur,
à la France un écrivain.

En 1694, il fait représenter sa première pièce au
Théâtre-Français, la *Sérénade*, écrite en prose et composée d'abord pour le Théâtre Italien. L'auteur en est
encore aux canevas, aux réminiscences et aux pasti-
ches. Sa comédie, qui obtint un succès de gros rire, est
un faible décalque de quelques scènes de l'*Avare* rame-
nées aux proportions de la farce italienne. Ce Monsieur
Grifon qui veut épouser la maîtresse de son fils et qui
demande une sérénade au meilleur marché possible,

1. Les *Chinois*, 1692. — La *Baguette de Vulcain*, 1693. — La
Foire Saint-Germain, 1695.

qui se laisse voler un collier de diamants par un valet
fripon, et qui consent à tout pour reprendre son cher
collier, dont sa bru doit hériter bientôt, rappelle trop
Harpagon et sa cassette. Les frères Parfaict jugent sé-
vèrement cette farce, dont ils trouvent l'intrigue misérable et les personnages n'ayant pas le sens commun.
L'action a pu la faire passer : la lecture en est insi-
gnifiante. La seule chose à noter est la tirade de Scapin
déjà citée, sur l'inégalité des conditions entre les maîtres
et les valets.

Le *Bal*, qui vint après, joué d'abord sous le titre du
Bourgeois de Falaise, est encore une farce burlesque,
mais cette fois en vers alexandrins, et cependant très
inférieure à la *Sérénade* pour le comique. L'auteur
semble avoir voulu racheter ou aggraver par la hardiesse et la crudité des expressions la faiblesse de
l'intrigue et l'invraisemblance des personnages : on
dirait du piment jeté à haute dose sur une *olla podrida*
espagnole ou sur une *macaronée* italienne. Sotencour,
un misérable pastiche de Pourceaugnac, venu pour
épouser Léonore, a toute la grossièreté d'un maqui-
gnon normand mal appris, débitant à sa future des
compliments comme celui-ci :

> Mon cœur tout pantelant, comme un cerf aux abois,
> Par avance à vos pieds vient apporter son bois [1].

Bel hommage et de bon augure pour un galant !

Fijac ouvre l'interminable série de ces gascons
bretteurs et parasites dont le théâtre va se trouver
encombré pendant un siècle, et qui remplacent le *Pan-
talon* italien et le *Matamore* espagnol. C'est encore le
comique de Scarron : une certaine verve triviale et

1. Sc. VIII.

libertine, sans nul souci de la décence, de la vérité et du bon goût. On comprend la mauvaise humeur de Boileau, l'ennemi du burlesque, qui ne pouvait s'empêcher d'éclater contre les platitudes et les turlupinades de *Don Japhet*, même en face de Mme de Maintenon. Peut-être le dépit qu'éprouva Regnard de se voir rangé par lui dans la classe des mauvais auteurs, le poussa-t-il à tenter une œuvre plus sérieuse et à faire acte d'écrivain. Dans ce cas, il faudrait compter un service de plus rendu aux lettres par Despréaux, si utile déjà à Racine et à Molière ses amis.

Le *Joueur* vint enfin révéler à la France un talent nouveau. Nous sommes en 1696 : l'auteur a quarante ans, le même âge que Molière à l'époque où il écrit l'*École des femmes*. Un mauvais poète dont Regnard avait daigné faire plus d'une fois son commensal et même son collaborateur, Gacon, lui adressait une épître où il le célébrait comme le restaurateur de la vraie comédie :

> Enfin, par ton *Joueur*, tu fais voir, cher Regnard,
> Que tu sais accorder la raison avec l'art.
> Au parterre attentif jetant le sel attique,
> Tu remets en honneur le théâtre comique,
> Qui jadis par les soins de Molière ennobli,
> Avec lui pour jamais semblait enseveli.
>
> . . . .
>
> Cachez-vous désormais, auteurs grossiers et fades,
> Qui n'offrez à nos yeux que des turlupinades,
> Et qui, vous copiant vous-mêmes traits pour traits,
> Ne donnez au public que d'informes portraits.
> Aujourd'hui le bon sens, remportant la victoire,
> Sans pitié, pour toujours, vous relègue à la *Foire*.

Regnard pouvait y renvoyer lui-même sans regret le *Bal* et la *Sérénade*. Le *Joueur*, en effet, est d'une tout autre école et le plaçait hors de pair entre ses collaborateurs et ses rivaux.

Comme Molière après l'*École des Femmes*, comme Racine après *Andromaque*, Regnard, malgré sa réputation de bon camarade et de bon enfant, voit se former une cabale puissante contre son œuvre, cortège obligé de tous les triomphes en ce monde. On lui reproche d'avoir dérobé le sujet et l'intrigue à Dufresny, qui criait très fort *au voleur!* d'avoir emprunté une bonne partie de ses vers à Gacon, détestable poète, qui n'aurait eu de talent que le jour où il rimait sous le nom de Regnard. L'accusation était ridicule. Il est possible, probable même que Dufresny eut le premier l'idée de la pièce : mais de l'idée à l'exécution quelle distance ! La représentation et la chute du *Chevalier joueur* donné plus tard par Dufresny le prouvent bien. Quant à Gacon, il ne s'est jamais avisé de refaire des vers pareils à ceux du *Joueur* : ce qui montre assez qu'ils ne sont pas de lui.

Outre le charme du style, d'une gaieté franche et de bon goût, le *Joueur* avait encore un certain mérite d'actualité. Le jeu était devenu une des passions à la mode dans la seconde moitié du dix-septième siècle. Mazarin en avait donné l'exemple, et pratiquait même l'art de tricher. Mme de Montespan, jouant en maîtresse royale, perdait cent mille écus dans une soirée. Cette passion s'accroît à mesure que les finances s'épuisent, que la misère augmente et que le goût des plaisirs délicats s'en va. Les cartes et le trictrac vous dispensent d'avoir de l'esprit. La Bruyère [1], Mme de Maintenon, Saint-Simon, Dangeau, Bourdaloue, nous signalent les progrès de ce mal. Le Dauphin et la duchesse de Bourgogne surtout s'y adonnent avec fu-

---

1. Chapitre « *de la Cour* ».

reur, au grand désespoir de Mme de Maintenon. La duchesse d'Orléans, princesse Palatine, s'exprime ainsi
dans une de ses lettres : « Ici en France, aussitôt qu'on
est réuni, on ne fait que jouer au lansquenet.... On
joue des sommes effrayantes, et les joueurs sont comme
des insensés. L'un hurle, l'autre frappe si fort la table
du poing que toute la salle en retentit; le troisième
blasphème d'une façon qui fait dresser les cheveux
sur la tête : tous paraissent hors d'eux-mêmes et sont
effrayants à voir [1]. »

Regnard déjà, dans la satire contre les maris, nous
a tracé le portrait du joueur :

> . . . . Vois cette table ronde,
> Autel que l'avarice éleva dans le monde,
> Où tous ces forcenés semblent avoir fait vœu
> De se sacrifier au noir démon du jeu.
> Vois-tu sur cette carte un contrat disparaître ?
> Sur cette autre un château prêt à changer de maître ?
> Quel soudain désespoir saisit ce malheureux
> Que vient d'assassiner un *coupe-gorge* affreux ?
> Mais fuyons : sous ses pieds tous les parquets gémissent,
> De serments tout nouveaux les plafonds retentissent ;
> Et, par le sort cruel d'une fatale nuit,
> Je vois enfin Galet à l'aumône réduit.

En composant sa comédie du *Joueur*, le poète a-t-il
voulu donner une leçon morale à son siècle ? Il s'occupe
avant tout de le divertir : si la morale en sort, tant
mieux ; mais il n'y songe guère. D'ailleurs Regnard
était lui-même un joueur, tempéré et modéré, il est
vrai, toujours maître de sa volonté et trop habile pour
se ruiner comme Galet. Durant son séjour en Italie, la
fortune l'avait si bien traité qu'il avait gagné au jeu de
quoi payer ses frais de voyage. Comment se montrer

---

1. *Nouvelles Lettres* de la princesse Palatine, publiées par
M. Brunet.

impitoyable pour une passion qui lui avait si peu coûté ?
Pourtant il en comprend les tortures et les tristes consé-
quences.

Son joueur, malgré le démon qui le possède, appartient au genre mitigé plutôt que furieux. Valère loge
dans son âme deux passions qui se remplacent successivement. Il est à la fois amoureux et joueur. Quand sa
bourse se vide, son cœur se remplit. Le comique va
naître de cette oscillation perpétuelle qui le renvoie
du lansquenet à Angélique et d'Angélique au lansquenet. Nérine dit au valet Hector :

> Ton maître est un amant d'une espèce plaisante ;
> Son amour peut passer pour fièvre intermittente ;
> Son feu pour Angélique est un flux et reflux.

HECTOR.

> Elle est, après le jeu, ce qu'il aime le plus.

NÉRINE.

> Oui, c'est la passion qui seule le dévore ;
> Dès qu'il a de l'argent, son amour s'évapore.

HECTOR.

> Mais, en revanche aussi, quand il n'a pas un sou,
> Tu m'avoûras qu'il est amoureux comme un fou [1].

Regnard est ici comme toujours un peintre de pastels à la main légère et vive. Il n'a pas tenté de creuser
à fond cette terrible passion du jeu, ni de l'assombrir
pour la dramatiser, ainsi qu'on a fait depuis. Il veut
que son joueur reste amusant, même dans ses désespoirs
et ses colères.

Valère est un fils de famille étourdi, désœuvré, dissipateur et tant soit peu libertin, éloigné de la maison
paternelle et vivant dans un hôtel garni, où il a fait la

1. Acte I, scène II.

connaissance d'Angélique, une jeune et riche provinciale débarquée à Paris. Pour lui, le jeu est une fièvre de jeunesse et un moyen d'entretenir et de multiplier ses plaisirs; vrai creuset d'alchimiste où son imagination entrevoit des trésors sans fin :

> Il n'est point dans le monde un état plus aimable
> Que celui d'un joueur : sa vie est agréable.
> Ses jours sont enchaînés par des plaisirs nouveaux :
> Comédie, opéra, bonne chère, cadeaux :
> Il traîne en tous les lieux la joie et l'abondance :
> On voit régner sur lui l'air de magnificence,
> Tabatières, bijoux : sa poche est un trésor :
> Sous ses heureuses mains le cuivre devient or [1].

Mais le jeu a bien ses déboires, et Valère en fait l'épreuve. La fortune s'acharne à le trahir. Pour s'en venger, il peste contre elle avec tant d'esprit qu'il nous semble à demi consolé :

> Tu peux me faire perdre, ô Fortune ennemie!
> Mais me faire payer, parbleu! je t'en défie :
> Car je n'ai pas un sou [2].

Même dans la scène de désespoir où il vient de voir sombrer son dernier enjeu, l'argent emprunté sur le portrait de sa maîtresse, les pensées de suicide auxquelles il semble s'arrêter un instant font sourire Hector, qui n'y croit pas. Il a beau déclarer qu'il a, pour se détruire,

> La rivière, le feu, le poison et le fer,

son valet lui répond tranquillement :

> Si vous vouliez, Monsieur, chanter un petit air ?
> Votre maître à chanter est ici : la musique
> Peut-être calmerait cette humeur frénétique [3].

1. Acte III, scène VI.
2. Acte I, scène IV.
3. Acte IV, scène XIII.

Esprit mobile et léger, à travers ses accès de fureur, Valère a déjà vu repasser dans ses rêves la gracieuse image d'Angélique :

> Ah! charmante Angélique, en l'ardeur qui m'embrase,
> A vos seules bontés je veux avoir recours !
> Je n'aimerai que vous....

Il sent le besoin de se calmer et, s'adressant à Hector :

> Approche ce fauteuil, va me chercher un livre [1].

Et ce livre se trouve être justement un traité de Sénèque sur le mépris des richesses, œuvre de circonstance, s'il en fut, pour un homme que le jeu vient de mettre à sec. Cette scène de lecture assaisonnée des réflexions d'Hector, et coupée par les exclamations de Valère :

> Dix fois à carte triple être pris le premier !

ramène le rire au milieu du désespoir et ne nous laisse guère le temps de nous attrister. Essayez donc de lire Sénèque devant Harpagon, quand il a perdu sa chère cassette ; devant Arnolphe ou Alceste, quand ils sont en proie aux fureurs de la jalousie : ils enverront à tous les diables et Sénèque et sa philosophie. Mais chez Regnard les passions ne font qu'effleurer l'âme, sans l'envahir ou la déchirer profondément. Dès le premier acte, quand Hector représente à Valère qu'Angélique pourrait bien l'abandonner pour Dorante, il répond philosophiquement :

> En ce cas je pourrais rabattre sur la veuve,
> La comtesse sa sœur.
>
> HECTOR.
>
>   Ce dessein me plaît fort :
> J'aime un amour fondé sur un bon coffre-fort.

1. Acte IV, scène XIII.

Aussi comprend-on qu'il mette en gages sans scrupule le portrait de sa maîtresse enrichi de diamants.

Dans le temps difficile, il faut un peu s'aider,

se dit-il en homme accommodant, moins délicat que son valet, dont la conscience se révolte à cette idée :

Ah! que dites-vous là? Vous devez le garder.

Mais il lui faut de l'argent à tout prix, et l'amour a le dessous.

La scène où il menace de se percer de son épée en face d'Angélique est un simple simulacre, auquel on ne saurait se laisser prendre, et Nérine a raison de dire :

Nous allons voir bientôt jouer la comédie [1].

Quand Angélique, indignée de se trouver ainsi sacrifiée à la passion du jeu, déclare à Valère qu'elle lui retire son cœur et sa main, celui-ci s'en console plus aisément qu'Hector, désespéré de voir encore une fois s'enfuir ses gages avec l'hymen projeté :

Va, va, consolons-nous, Hector, et quelque jour,
Le jeu m'acquittera des pertes de l'amour [2].

Cet amour, même chez Angélique, n'est qu'un caprice, une inclination tendre alimentée d'une petite pointe de jalousie contre sa sœur la Comtesse, plutôt qu'une passion profonde et impérieuse. Aussi l'arrache-t-elle sans trop de peine, comme une légère épine, de son cœur blessé et outragé. Son amour-propre de femme a été froissé de l'usage indigne qu'on a fait de son

1. Acte II, scène IX
2. Acte V, scène XII.

portrait colporté entre les mains d'une marchande à
la toilette. On ne l'entend pas se lamenter ni s'emporter en amante furieuse. Elle garde son sang-froid,
et donnant le bras à Dorante, elle adresse cet ironique adieu à Valère silencieux et confondu :

> . . . . A jamais je vous laisse.
> Si vous êtes heureux au jeu comme en maîtresse,
> Et si vous conservez aussi mal ses présents,
> Vous ne ferez, je crois, fortune de longtemps [1].

Il y a dans ces mots plus de sécheresse et de dépit que
d'émotion : elle oubliera Valère aussi aisément qu'elle
en sera oubliée.

Autour de Valère et d'Angélique se groupent un
certain nombre de personnages, les uns nécessaires
et mêlés à l'action, les autres purement épisodiques.
A leur tête figure Hector, ce gentil filleul du valet de
carreau, qui ouvre d'une façon splendide la comédie
nouvelle. Rien ne surpasse, même dans Molière, la
vivacité joyeuse de ce début, dont le ton rappelle un
peu le monologue de l'esclave Carion dans le *Plutus*
d'Aristophane :

> Il est, parbleu ! grand jour. Déjà de leur ramage
> Les coqs ont éveillé tout notre voisinage.
> Que servir un joueur est un maudit métier !
> Ne serai-je jamais laquais d'un sous-fermier ?
> Je ronflerais mon soûl la grasse matinée,
> Et je m'enivrerais le long de la journée :
> Je ferais mon chemin : j'aurais un bon emploi :
> Je serais dans la suite un conseiller du Roi,
> Rat de cave ou commis, et que sait-on ? peut-être
> Je deviendrais un jour aussi gras que mon maître.
> J'aurais un bon carrosse à ressorts bien liants,
> De ma rotondité j'emplirais le dedans [2].

1. Acte V, scène ix.
2. Acte I, scène i.

Comme Gil Blas, comme Crispin et Frontin, il rêve déjà la fortune, cette fortune dont les traitants ont ouvert la voie et que tant de gens naïfs iront bientôt chercher rue Quincampoix.

Ce réveil d'Hector ressemble un peu au réveil de la Comédie elle-même assoupie depuis Molière. Nul encore n'avait su retrouver ce style alerte, ce vers franc et gaillard qui résonne comme le ramage des coqs au matin. Hector est, lui aussi, un ressuscité, rappelant à la fois le Cliton du *Menteur* et le Sganarelle du *Don Juan*, mélange de simplicité et de ruse, de dévouement et d'égoïsme, de sincérité et de probité moyenne, plus scrupuleux que son maître dans certains cas. Les frères Parfaict reprochent à ce rôle d'être inconséquent et parfois contradictoire. Mais qu'a voulu par-dessus tout Regnard? rendre Hector plaisant, et il y a parfaitement réussi. La liste des créanciers de Valère présentée par lui à Géronte, la scène de la lecture et son commentaire sur Sénèque sont des morceaux de verve comique restés célèbres. Hector, par moments, éclipse son maître, et contribue pour une large part au succès de la pièce. Il a pris rang dans la classe des valets illustres : son nom ne périra pas.

Nérine est, de son côté, une bonne et vaillante soubrette de la famille des Toinette et des Dorine, avec moins d'éclat, il est vrai, prenant les intérêts de sa maîtresse et disant carrément leur fait à tous les coureurs de brelans, à ces muscadins éventés,

> Qui n'ont pour imposer qu'un grand air débraillé,
> Un nez de tous côtés de tabac barbouillé,
> Une lèvre qu'on mord pour rendre plus vermeille,
> Un chapeau chiffonné qui tombe sur l'oreille,
> Une longue steinkerque à replis tortueux,
> Un haut-de-chausse bas prêt à tomber sous eux;

> Qui, faisant le gros dos, la main dans la ceinture
> Viennent, pour tout mérite, étaler leur figure [1].

Elle a l'instinct divinatoire et l'entêtement du bon sens pratique, le pressentiment des malheurs qui menacent Angélique avec un tel mari :

> S'il met votre portrait ainsi chez l'usurier,
> Étant encore amant, il vous vendra, Madame,
> A beaux deniers comptants, quand vous serez sa femme [2].

Bien qu'il ne songe guère à moraliser, Regnard trouve moyen de placer dans la bouche de Géronte un bout de sermon paternel et sensé contre cette funeste passion du jeu devenue la plaie des familles :

> On joue argent, bijoux, maisons, contrats, honneur,
> Et c'est ce qu'une femme, en cette humeur à craindre,
> Risque plus volontiers, et perd plus sans se plaindre.

Et, contemplant son fils dans son désordre :

> Comme le voilà fait !
> Débraillé, mal peigné, l'œil hagard ! A sa mine,
> On croirait qu'il viendrait, dans la forêt voisine,
> De faire un mauvais coup [3].

Ce Géronte n'a certes ni la vigueur ni la dignité du père du *Menteur* dans Corneille : c'est un bonhomme raisonnable, ni trop sévère ni trop crédule, disposé à payer les dettes de son fils pourvu qu'il se range, et assez malin pour prendre plaisir à contrecarrer les projets de son frère Dorante sur la jeune Angélique, qu'il aimerait mieux avoir pour bru que pour belle-sœur.

1. Acte I, scène II.
2. Acte V, scène VI.
3. Acte I, scène VII.

Peut-être aurait-on le droit de reprocher à Regnard l'encombrement des personnages secondaires. Il les prodigue volontiers pour varier l'action et multiplier les sources du rire ; il en abuse quelquefois. Ainsi le Marquis pasquin, matamore et poltron, ancien valet de chambre qui parle avec orgueil de ses ancêtres, et de la cour avec dédain, est une charge forcée, un mannequin plutôt qu'un caractère. De ce rôle il n'est resté qu'un mot :

> . . . . Allons, saute marquis !

Le maître de trictrac, M. Toutabas, démontrant à Géronte les mérites de son art, est un personnage aussi inutile et non moins outré, plutôt fait pour la farce que pour la vraie comédie. Madame La Ressource, marchande à la toilette et usurière, est un rôle bien plus vrai et plus naturel, emprunté à la société contemporaine : nous le retrouverons bientôt dans Le Sage. Sa présence est d'ailleurs justifiée par la part qu'elle prend au dénouement, où elle révèle à la fois l'indélicatesse de Valère et l'origine du faux marquis.

La scène des créanciers, du tailleur M. Galonnier et de la sellière Mme Adam venant réclamer humblement, avec des larmes dans les yeux, l'argent qui leur est dû, est une imitation évidente de la scène de M. Dimanche dans le *Don Juan*. Quoique bien inférieure, elle a sa part de vérité sociale et d'actualité. Sur ce point les auteurs comiques se trouvent d'accord avec les moralistes et les prédicateurs. Bossuet, dans l'oraison funèbre de la Palatine, vante en elle une vertu rare chez les grands, celle de payer ses dettes. Eût-il pu en dire autant de Condé, qui se trouva un jour devoir 8 millions 300 mille francs à son tailleur,

hors d'état de donner pendant cinq à six mois un sou à
ses domestiques, trouvant son antichambre encombrée
de créanciers, et, comme la goutte le forçait à marcher lentement, s'appuyant sur deux personnes pour
échapper à ces obsessions, en passant plus vite [1] ?

Chez Regnard, le rire couvre ce qui pourrait se trouver
d'amer et de triste au fond. La mélancolie ne saurait
entrer ici. Par un contraste frappant, cette joyeuse comédie du *Joueur*, transportée en Angleterre, s'y im-
prègne des sombres teintes du spleen britannique. Elle
nous reviendra plus tard, en 1768, sous le nom de *Beverley* et sous forme de tragédie bourgeoise avec Saurin.
A la fin de la pièce, on voit le Joueur s'empoisonner et
lever le poignard sur son fils, pour le délivrer, dit-il, du
fardeau de la vie. De nos jours le mélodrame moderne a
fait mieux encore dans *Trente ans ou la vie d'un Joueur*,
par Victor Ducange et Goubaux (1827). Il a substitué au
vif, pétulant et sémillant Valère, gardant toujours sa
belle humeur et ses allures comme son habit brodé de
gentilhomme, le sombre, taciturne et malheureux
Georges, avec ses bottes éculées, son chapeau défoncé,
son habit râpé, devenu bandit et assassin pour avoir de
l'or ; au jovial et facétieux Hector, le chenapan Varner,
gibier de bagne et de potence ; à la piquante et spirituelle Angélique, la pauvre Amélie grelottant sous
ses cheveux blancs dans une chétive cabane où elle
manque de pain et de bois. On dirait un chapitre anti-
cipé des *Misérables* mis en action par les dramaturges
de 1827.

Qu'eût dit Regnard, si, revenant tout à coup en ce
monde, il fût entré au théâtre de la Gaîté (un nom

1. Article de M. Baudrillart, *Journal officiel*, 9 fév. 1876.

trompeur) pour voir le nouveau *Joueur* et les métamorphoses subies par ses personnages ? Il eût éprouvé
sans doute un sentiment analogue à celui qu'exprimait
Collé, l'ami de la gaudriole, après avoir vu le *Beverley*
de Saurin : « On n'y est point attendri, mais oppressé ;
on n'y pleure pas, on étouffe ; on en sort avec le cau-
chemar. J'en eus le soir mal à l'estomac, et il y a apparence que je n'y retournerai de ma vie. » Les spectateurs
de Toulouse, auxquels on offrit cet échantillon du
drame anglais, refusèrent de l'entendre jusqu'au bout ;
et pourtant ils étaient accoutumés aux combats de tau-
reaux. Nous sommes devenus plus forts et plus aguerris
que Collé et ses contemporains, depuis que nos auteurs
dramatiques nous ont habitués aux agonies. On s'em-
poisonne maintenant sur le théâtre et l'on y meurt
aussi longuement que l'on veut, sans fatiguer le public
et sans que la pièce cesse de s'appeler encore une
comédie. Regnard la comprenait tout autrement, et
pensait avec Molière et Boileau que le rire en était le
premier élément. Peut-être même a-t-il cru trop volontiers que l'esprit et la gaieté suffisent pour faire une
bonne pièce ; c'est ainsi qu'il s'est trompé dans son
Distrait.

II

Le *Ménalque* de La Bruyère avait obtenu un succès de
fou rire, qui dure encore : Regnard crut qu'il en serait
de même au théâtre. C'était là une grave erreur [1]. La
Bruyère avait dessiné un portrait ou plutôt une carica-

---

1. Alfred de Musset s'y est laissé prendre aussi, et, malgré tout
son esprit, n'a pas moins échoué dans son proverbe : *On ne saurait
penser à tout.*

ture, car de tous ses portraits, c'est le plus chargé et le plus invraisemblable : Regnard s'imagina qu'il pouvait grouper autour une action comique : chose difficile et même impossible. Pourquoi? — La distraction n'est qu'un travers et non une passion. Or la passion risible ou sérieuse peut seule nous intéresser au théâtre. Enfin la distraction ne constitue pas un caractère : elle se concilie avec les natures les plus opposées. Molière, malgré tout son génie, n'a pu tirer des *Fâcheux* qu'une action assez froide et assez médiocre. Le personnage du Distrait une fois connu, on peut prévoir dès le premier acte ce qu'il fera au cinquième. Les détails sont gais, et la pièce ennuie. Le *Distrait* n'est point, à vrai dire, une comédie, mais une série de portraits, d'anecdotes, d'accidents plus ou moins plaisants ; il n'y a pas d'action véritable. La plupart des aventures de Léandre sont mises en récit. C'est son valet Carlin qui se charge de nous les raconter. Ici, c'est l'histoire d'une botte égarée qui se promène sur la route de Dieppe à Paris. Là, c'est l'anecdote du carrosse, déjà racontée par La Bruyère, plus amusante qu'originale :

> Sortant d'une maison, l'autre jour, par bévue,
> Pour son carrosse il prit celui qui dans la rue
> Se trouva le premier. Le cocher touche, et croit
> Qu'il mène son vrai maître à son logis tout droit [1].

Regnard sans doute est un charmant conteur, mais un conte n'est point une scène de comédie.

Si nous passons à l'action, nous la trouvons languissante et pleine d'exagération. Que Léandre querelle son valet en lui demandant ses gants et son épée qu'il a sur lui, je le veux bien : c'est là une distraction pos-

---

1. Acte II, scène I.

sible. Mais qu'il ôte à Carlin sa cravate et le débou-
tonne de la tête aux pieds sans y songer, tout en causant avec lui, ce n'est plus qu'une pasquinade [1]. Ailleurs Léandre, croyant parler à son valet, s'adresse à
Isabelle pour lui apprendre qu'il ne l'aime pas ; sa distraction est si opiniâtre qu'on la croirait préméditée.
Lisette est presque obligée de lui arracher un pan de
son habit pour se faire comprendre. Léandre proteste
encore une fois de son amour pour Isabelle. Mais il est
si distrait qu'il ne sait pas au juste entre Isabelle et
Clarisse de quel côté est sa passion. Ce genre de distraction passe toutes les bornes de la vraisemblance.

Çà et là, sans doute, comme un homme qui rêve, il
a des mots plaisants. Ainsi quand le Chevalier lui parle
de son père :

> Et n'avez-vous jamais eu que ce père-là [2] ?

Ou bien encore quand Mme Grognac, un type de belle-
mère à mettre en fuite tous les gendres, lui annonce
qu'elle est résolue à lui donner sa fille, Léandre reprend comme s'il l'avait oublié :

> . . . . En mariage [3] ?

On pourrait croire parfois que les jeunes filles de Regnard sont capables de se donner autrement. Isabelle
et Clarisse entrent dans le cabinet de Léandre avec un
sans-façon qui surprend. Ces ingénues très délurées
ressemblent déjà aux dames d'un certain monde dont
on ne parlait guère autrefois, et qui nous occupent trop
aujourd'hui.

1. Acte IV, scène VII.
2. Acte IV, scène VI.
3. Acte III, scène X.

Mme Grognac, adressant à sa fille une leçon de maintien, est un vrai dragon femelle en caricature :

> Levez la tête. Encor. Soyez droite. Approchez.
> Faut-il tendre toujours le dos quand vous marchez ?
> Présentez mieux la gorge et baissez cette épaule [1].

La tenue de sa fille, qui s'avise de rire au seul mot de *mariage*, la scandalise : elle s'étonne bien plus quand elle apprend qu'Isabelle a déjà songé à quelqu'un. Et ce quelqu'un est le Chevalier, *un petit homme à peindre*, comme elle dit.

Parmi les personnages de la pièce, le Chevalier est sans contredit le plus amusant. Neveu de Valère, il nous offre le type du gentilhomme dissolu, étourdi, bavard et peu respectueux, qui lave la tête à son oncle, se moque de ses réprimandes, et lui laisse l'honneur de payer ses dettes. C'est le jeune seigneur débraillé, courant les brelans et les cabarets, digne précurseur de ces roués qui vont dévorer en quelques années l'héritage d'honneur et de fortune légué par leurs pères. Il est vrai que celui du Chevalier ne lui a laissé que son mauvais exemple. Lisette se charge de nous peindre le jeune étourneau, avec ce talent particulier aux soubrettes :

> C'est un petit jeune homme à quatre pieds de terre,
> Homme de qualité, qui revient de la guerre ;
> Qu'on voit toujours sautant, dansant, gesticulant ;
> Qui vous parle en sifflant et qui siffle en parlant ;
> Se peigne, chante, rit, se promène, s'agite ;
> Qui décide toujours pour son propre mérite [2].

Lui-même prend soin de compléter ce portrait, en

1. Acte I, scène IV.
2. *Ibid.*

expliquant à son oncle, qui le réprimande, comment il entend et pratique la vie :

> J'aime, je bois, je joue ; et ne vois en cela
> Rien qui puisse attirer ces réprimandes-là.
> Je me lève fort tard, et je donne audience
> A tous mes créanciers.

LISETTE.

> Oui, mais en récompense
> Vous donnez peu d'argent [1].

Le Chevalier appartient encore à cette grande école de la noblesse française, où l'habitude de payer ses dettes est regardée comme un procédé trop bourgeois.

III

En passant du *Distrait* à *Démocrite*, Regnard semblait avoir trouvé un sujet plus heureux. Si l'on en croit les traits de la légende et ceux de la sculpture antique, il y avait dans cette physionomie narquoise un type vraiment digne de la comédie. Ce railleur universel narguant la sottise humaine, pouvait faire revivre en lui l'esprit d'Horace et de Lucien. Déjà Molière nous avait rendu Timon sous la forme nouvelle d'Alceste. Cette pièce devait être le *Misanthrope* de Regnard. Quel plus beau thème en effet que *Démocrite ou le Rieur*, pour ce grand ami du rire ? Peut-être l'*Ésope à la ville* de Boursault lui en avait-il donné l'idée [2].

Malheureusement Regnard a cru devoir faire de son Démocrite un amoureux, comme Molière avait fait

---

1. Acte I, scène VI.
2. *Ésope à la ville*, représenté en 1690. — *Ésope à la cour* ne parut qu'en 1701, après la mort de l'auteur : mais le sujet était connu.

d'Alceste. C'est là une grave imprudence. La passion d'Alceste est sincère, poignante et comique en même temps, comme celle d'Arnolphe : elle offre d'ailleurs un contraste piquant avec sa misanthropie. Démocrite est un amoureux honteux, n'osant avouer sa faiblesse ni à lui-même ni aux autres : de là une gaucherie, un embarras, qui ôte toute liberté et toute franchise à ses allures. Au lieu du *grand dériseur sensé* que nous montre la légende, nous avons un visionnaire, un radoteur et un pédant, qui disserte et raisonne en termes obscurs et magnifiques, à la façon de Marphurius et de Pancrace. Il se laisse emmener à la cour par le roi d'Athènes Agelas, et s'y montre fort inférieur à l'*Ésope* de Boursault. On croirait que Regnard a voulu faire ici la caricature du philosophe. Mais alors pourquoi cette prétention à la raillerie, qui ne vient pas? Pourquoi dire :

> Les grands et les petits, la cour comme la ville,
> Pour rire à mon plaisir, tout m'offre un champ fertile [1].

Riez donc à votre aise, lui dirons-nous, et faites-nous rire en même temps. Mais il n'y réussit guère. S'il rit, c'est en faisant la moue. Chose étrange! cette gaieté qui pétille et déborde chez Regnard, s'est figée pour ainsi dire sous le manteau du philosophe.

L'embarras des grandeurs a inspiré à Cervantès une des scènes les plus amusantes de son don Quichotte, celle où Sancho Pança, devenu gouverneur de l'île de Barataria, s'impatiente contre les règles de l'étiquette et contre la médecine qui prétend l'empêcher de manger et de boire tout son soûl. Démocrite, entre le maî-

1. Acte II, scène IV.

tre d'hôtel et l'intendant qui l'obsèdent de leurs offres
de services, suivi de quatre grands diables de valets
qui s'attachent à lui comme des ombres, y trouve
l'occasion de déclamer contre le luxe. Les observations
sur les mœurs de la cour n'ont rien de bien neuf ni de
bien gai. Il nous répète toujours qu'il rit, et l'on ne
s'en aperçoit pas. Et quand il demande à son valet :

> Tu ne ris pas, Strabon ?

on serait tenté de lui répondre : « Ma foi non, vous ne
m'y aidez pas assez ».

Sa passion ridicule et non pas risible pour Criséis,
l'étonnement qu'il éprouve de voir le roi lui disputer
ce jeune tendron dont il se dit le Mentor, révèlent chez
lui un homme bien naïf pour un philosophe, et bien
peu au courant des choses humaines. Sa jalousie achève
de faire de lui un benêt. La jeune Criséis, déjà si habile
à lancer des œillades, est moins ingénue. Démocrite,
il faut en convenir, se rend justice à lui-même, quand
il dit au roi :

> Je joue en votre cour un fort sot personnage [1].

Il a donc bien raison de la quitter. Mais pourquoi faire ?
Pour aller rire dans un antre sauvage, nous dit-il.
Autre inconséquence. Qu'un misanthrope grondeur se
retire dans la solitude, on le comprend ; mais un rieur !
la chose est impossible. Comme dit la chanson,

> Plus on est de fous,
> Plus on rit.

Heureusement Démocrite a pris à son service un cer-

____

1. Acte V, scène vi.

tain valet qui se charge de nous égayer à la place de son maître. Lui-même s'intitule :

Suivant de Démocrite et *garçon philosophe,*

comme il dirait *garçon coiffeur*. Grâce à lui, la philosophie devient quelque chose, sinon de bien clair, au moins d'amusant. Écoutez plutôt la leçon qu'il fait au paysan Thaler, le père nourricier de Criséis :

> Tu deviendrais savant; tu saurais, comme moi,
> Que rien ne vient de rien, et que des particules
> Rien ne retourne en rien; de plus les corpuscules....
> Les atomes d'ailleurs, par un secret lien
> Accrochés dans le vide.... Entends-tu bien?

THALER.

> Fort bien.

STRABON.

> Que l'âme et que l'esprit n'est qu'une même chose,
> Et que la vérité, que chacun se propose,
> Est dans le fond d'un puits.

THALER.

> Elle peut s'y cacher;
> Je ne crois pas, tout franc, que j'aille l'y chercher [1].

Ici du moins, nous rentrons dans le comique.

Strabon a eu jadis une femme dont il est séparé depuis quinze ou vingt ans, Cléanthis, qu'il a quittée pour incompatibilité d'humeur, et qu'il va retrouver à la cour, sans la reconnaître ni être reconnu d'elle. Les deux scènes de la déclaration amoureuse et de la reconnaissance sont restées fameuses au théâtre. Mlle Beauval et La Thorillière avaient inventé à ce sujet un jeu dramatique resté traditionnel parmi les artistes de

1. Acte I, scène II.

la Comédie française. La première rencontre, celle où
les deux époux se sentent épris d'une tendre sympathie
l'un pour l'autre, est déjà fort plaisante. Strabon,
comme suivant de Démocrite, enveloppe sa déclaration
de formules philosophiques :

> Madame, s'il est vrai, selon nos axiomes,
> Que tous corps ici-bas sont composés d'atomes,
> Chacun doit convenir, en voyant vos attraits,
> Que le vôtre est formé d'atomes bien parfaits.
> Ces organes subtils, d'où votre esprit transpire,
> Avant que vous parliez font que je vous admire [1].
> . . . .

CLÉANTHIS.

> La nature en naissant vous fit l'âme sensible.

STRABON.

> Le soufre préparé n'est pas plus combustible.

Et tous deux, après un échange de compliments, se
retirent charmés de ce premier entretien : Cléanthis en
se disant :

> Ah ciel ! si mon époux
> Avait été formé sur un pareil modèle,
> Qu'il m'eût donné d'amour !

Et Strabon d'un autre côté :

> Adieu, charmante belle !
> Auprès de vos appas je défends mal mon cœur.
> (*A part.*)
> Ah ciel ! si j'avais eu femme de cette humeur,
> Quelles félicités ! Et qu'en sa compagnie
> J'aurais avec plaisir passé toute ma vie [2] !

La seconde scène, plus comique encore, est tout entière

---

1. Acte II, scène VII.
2. *Ibid.*

écrite de verve. Strabon sort de la table du roi, où il a
bien mangé et surtout bien bu :

> L'esprit croît dans le vin,
> Je m'en sens déjà plus trois fois que ce matin,
> Je me venge à longs traits de la philosophie,

grande buveuse d'eau, comme chacun sait.
    Tout gaillard et tout émerillonné, avec une pointe de
vin et de tendresse, il aborde Cléanthis :

> Eh! vous voilà, princesse, infante de ma vie!
> . . . .
> Vous aimer est un bien pour moi plus précieux
> Qu'être admis à la table et des rois et des dieux ;
> Et l'on ne leur sert point, même en des jours de fêtes,
> De morceau si friand à mon goût que vous l'êtes [1].

Strabon est en appétit d'amour. Cléanthis, malgré certaines préventions contre ces galants

> Qui ne sont amoureux que quand ils ont bien bu,

avoue qu'elle cède elle-même à l'entraînement :

> Je ne sais quel attrait et quel charme invisible
> En un instant a pu me rendre si sensible ;
> Et je n'ai point senti de transports aussi doux
> Pour tout autre mortel que j'en ressens pour vous.

> STRABON.

> En vous réciproquant, vous êtes, je vous jure,
> De ces heureux transports, payée avec usure.

De part et d'autre on arrive aux confidences : on est
et on n'est pas libre. L'un déclare qu'il n'est

> Homme veuf ni garçon.

L'autre :

> Fille, femme, ni veuve.

1. Acte IV, scène VII.

Étrange coïncidence! Mais tout va s'éclaircir et s'expliquer. Cléanthis raconte qu'elle a eu jadis un époux,

> Ivrogne, débauché, scélérat, ombrageux;

Strabon, une femme

> Coquette, sans esprit, menteuse, pie-grièche.

En rappelant les dates, les noms et les lieux, on finit par se reconnaître; et cette grande scène de l'*agnition*[1], qui d'ordinaire est si pathétique, devient ici d'un comique tout opposé :

> STRABON.
>
> Madame, par hasard n'êtes-vous point ma femme
>
> CLÉANTHIS.
>
> Monsieur, par aventure êtes-vous mon époux?

Alors on se prend subitement à se détester de plus belle :

> O pouvoir de l'hymen! quel retour en mon âme!

Aux tendres déclarations succèdent les imprécations conjugales. Cléanthis débute :

> Ah! te voilà donc, traître! Après un si long temps,
> Qui t'amène en ces lieux? Qu'est-ce que tu prétends?
>
> STRABON.
>
> M'en aller au plus tôt . . . .
> . . . .
> J'aime mieux être ermite et brouter des racines,
> Revoyager vingt ans, nu-pieds, sur des épines,
> Que de vivre avec vous. Adieu.

---

1. « Je sais que l'*agnition* est un grand ornement dans les tragédies; Aristote le dit; mais il est certain qu'elle a ses incommodités. » Corneille, Deuxième discours sur le Poème Dramatique.)

CLÉANTHIS.

Que je le hais!

STRABON.

Qu'elle est laide à présent et qu'elle a l'air mauvais [1]!

Ces deux dialogues épisodiques ont fait longtemps la fortune de la pièce, qu'on ne donne plus guère aujourd'hui.

Jusqu'alors le *Joueur* restait infiniment supérieur aux autres œuvres de Regnard. Retrouverait-il encore cette veine, cette bonne fortune d'inspiration et de style? — Ses envieux, ses ennemis, ceux qui attribuaient à Dufresny et même à Gacon une large part de son succès, affectaient d'en douter. Regnard allait leur répondre en reprenant, par un nouvel essor, le sceptre de la comédie dans les *Folies amoureuses*, les *Ménechmes* et le *Légataire universel*.

[1]. Acte IV, scène VII.

CHAPITRE III

*Le Retour imprévu. — Les Folies amoureuses. — Les Ménechmes.
Le Légataire universel.*

I

Avant de revenir en maître sur la scène, Regnard
tirait de la *Mostellaria* ou du *Revenant* de Plaute une
rapide ébauche qui semblait à la fois un mouvement
rétrograde vers la farce et une imitation de l'antiquité. Le *Retour imprévu*, tel est le titre d'une nouvelle
comédie en prose et en un acte. Larrivey avait déjà
traité le même sujet dans la *Comédie des esprits*. Mont-
fleury, Destouches, sans compter les auteurs italiens,
ont repris à l'envi le vieux canevas de Plaute, qui n'é-
tait lui-même qu'une copie du théâtre grec. C'est ainsi
que l'humanité, depuis des siècles, pleure et rit tour à
tour sur un fonds commun de situations et d'aventures
éternellement reproduites dans des mondes et sous des
noms différents. N'a-t-on pas retrouvé jusque dans
l'Inde et en Chine les types d'Harpagon, de Tartufe et
même d'Alceste? Rien d'étonnant : l'homme reste toujours le même; et les mêmes contes, les mêmes farces
qui l'ont diverti aux bords du Gange, le charmeront

sur les rives du Tibre, de la Seine et de la Tamise.

La *Mostellaria* ou le *Revenant* est une des pièces les plus amusantes de Plaute. Elle rappelle une superstition qui vivait encore à Rome du temps de Pline et de Tacite, et dont le siècle de Regnard n'était pas lui-même complètement débarrassé. Le sujet n'a pas changé, et les personnages ne diffèrent que par leurs noms. Un fils débauché et dissipateur qui profite de l'absence de son père, alors en voyage, pour dévaliser la maison, vendre les meubles, les tableaux, les tapisseries, faire couper les bois et contracter des emprunts; un vieillard imbécile et crédule assez sot pour croire sa demeure hantée par des lutins, et pour raconter à un valet fripon qu'il a caché 20 000 écus dans sa cave; des courtisanes ou des filles libres, ce qui revient au même, effrontées, cupides, aimant à vivre la bride sur le cou, et attendant que le bien ou les maris leur viennent en dormant; une soubrette égrillarde et impudente; un valet escroc et hâbleur; une vieille tante grotesque, et un marquis plus digne de fréquenter les cabarets que les salons: tel est le personnel chargé et frelaté que l'auteur fait passer devant nos yeux. Nous avons là une franche lippée comique, peinte à la détrempe en un tour de main.

Une scène pourtant assez plaisante est celle de Mme Bertrand et de Géronte, qui se croient fous réciproquement, dupés par un mensonge de Merlin. Cette scène ne se rencontre pas dans la *Mostellaria*, mais Regnard a pu en trouver l'idée dans les *Captifs* du poète latin. Il faut bien en convenir pourtant, la pièce de Regnard est très inférieure à celle de Plaute. Dans la *Mostellaria*, le rôle de la courtisane Philématie est vraiment touchant. Cette jeune fille, rachetée de l'esclavage par son amant Philolachès, éprouve pour son libérateur une

passion tendre et naïve qu'on chercherait en vain
chez Lucile et Cidalise, filles de bourgeois émancipées,
appartenant à un monde interlope ou indéfini. La servante Scapha, qui, avec sa vieille expérience des
hommes, rappelle à sa maîtresse les dangers d'un
amour solitaire trop fidèle et trop constant, est un
caractère moins gai, mais plus creusé, plus sérieux que
celui de Lisette, la folle rieuse indifférente à tout :

Scapha. — « Penses-y bien seulement : si tu ne vis que
pour lui seul pendant que tu es à la fleur de l'âge, dans
ta vieillesse tu auras des regrets amers.... Je n'étais
pas moins aimée que toi aujourd'hui ; je me donnai à
un seul amant, et lui, par Pollux ! dès qu'il vit la couleur
de mes cheveux altérée par l'âge, il me délaissa, il
m'abandonna. Sois sûre qu'un même sort t'attend. »

L'idée de ce sombre avenir se mêle ici comme un
point noir aux scènes d'ivresse amoureuse et bachique.
Mais Regnard n'a pris du sujet que le côté facétieux,
sans songer à ce qu'il pouvait offrir de grave et de
mélancolique. Rire et faire rire, c'est là sa vocation, son
objet ; il ne cherche pas autre chose.

II

C'est encore pour rire qu'il compose les *Folies amoureuses*. Cette pièce nous ramène à la farce italienne,
mais avec des proportions et surtout un style qui ne lui
sont pas ordinaires. Le sujet semble tiré du premier
opéra italien représenté en France sous le ministère de
Mazarin, la *Finta pazza* ou la *Folle supposée*. C'est ce
vieux thème que Regnard a repris, brodé, embelli et
enluminé de toutes façons. Il y a répandu à profusion
les fantaisies, les girandoles, les fusées d'esprit qui lui

coûtent si peu. La comédie espagnole elle-même, dans ses plus folles journées, n'a rien de plus vif, de plus gai, de plus exubérant. Peut-être reprochera-t-on à l'auteur l'invraisemblance de l'intrigue, l'extravagance des personnages, l'excès d'hilarité bouffonne. Mais n'oublions pas que c'est une pièce de *mardi gras* : nous sommes à la fête des fous, aux saturnales, aux bacchanales, en face d'un spectateur venu pour rire à gorge déployée, sans grand souci de la raison ni de la vérité :

> *Spectator potus et exlex,*

comme disait Horace.

Le *Carnaval* en personne sert de compagnon à la *Folie* dans le divertissement qui couronne cette triomphale équipée. Figurez-vous une de ces désopilantes bouffonneries telles qu'en donne notre théâtre du Palais-Royal, dans ses beaux jours, élevée à la dignité d'une œuvre littéraire et d'un style que n'ont jamais connu les facétieux auteurs de la *Cagnotte* ou de *la Mariée du mardi gras*. Voilà ce à quoi il faut songer pour apprécier la valeur des *Folies amoureuses*. N'essayez pas de les comparer à *Pourceaugnac* ni au *Malade imaginaire*, qui gardent toujours un fonds sérieux et philosophique. Là rien de semblable.

Comme l'*Amphitryon* de Molière, la pièce débute par un prologue, une sorte de joyeuse fanfare dont Momus est le chef et l'ordonnateur. Le dieu nous apprend que, s'ennuyant dans l'Olympe où l'on ne sait plus rire, il est venu sur la terre pour s'égayer, et s'est mis à la tête d'une troupe de comédiens :

> Ne trouvant plus là-haut de sujet de médire,
> (Car vous savez que, depuis quelque temps,
> Les dieux sont devenus d'assez honnêtes gens,

> Et vous n'entendez plus parler de leurs fredaines),
> J'ai résolu, malgré les périls et les peines,
> De venir sourdement m'établir en ces lieux,
> Et d'y jouer la comédie.

Cet Olympe où l'on s'ennuie ressemble fort à la Cour, où le Jupiter de Versailles ne songe plus à prendre la place d'Amphitryon auprès d'Alcmène.

Cependant les acteurs que Regnard met en scène sous leur propre nom, comme Molière dans l'*Impromptu de Versailles*, Mlle Beauval, Mlle Desbrosses, et le directeur Dancourt ont des inquiétudes sur le succès de l'œuvre. Une comédie en trois actes paraîtra-t-elle un régal suffisant pour le public, qui a le droit d'en réclamer cinq ? Le titre ne promet-il pas aussi plus qu'il ne donne ? Les objections et les caprices contradictoires de Mlle Beauval qui prend plaisir à chicaner son directeur, et, après avoir refusé de jouer la pièce, veut à toute force la représenter, quand l'auteur a déclaré lui-même qu'il la retirait, sont de ces allusions divertissantes pour les contemporains, mais dont le public se soucie peu aujourd'hui. Aussi a-t-on généralement supprimé le prologue comme un hors-d'œuvre, à la représentation.

L'intrigue est des plus folles, des plus invraisemblables si l'on veut, mais vivement et lestement conduite. Tous les personnages, à l'exception d'Albert, se donnent à eux-mêmes la comédie et ont l'air de s'amuser autant que le public. Le plus remuant, le plus hardi et le plus entraînant de tous est une héroïne de seize ans, Agathe. Elle est l'âme et le boute-en-train de l'action. Petit lutin révolté, qui a horreur du joug et de la contrainte, un certain amour du fruit défendu, et une vocation passionnée pour les aventures, elle s'annonce

lès la première scène comme une fille d'esprit et de ré-
solution :

> Mille vivacités me passent par la tête,
> . . . .
> Et tu verras dans peu des traits de ma façon [1].

Vraie fille d'Ève pour le péché, elle est plus inventive
et plus espiègle qu'une soubrette rompue à tous les
manèges de la ruse et de la galanterie ; elle en remon-
trerait pour l'aplomb à Nérine et à Toinette, et va
même parfois jusqu'à l'effronterie. Nous l'entendrons
bientôt déclarer nettement à son tuteur Albert qu'elle se
sent mûre pour le mariage et ne veut pas coiffer sainte
Catherine :

> . . . . Et je vous dis sans fard [2]
> Que j'aspire à l'hymen, et plus tôt que plus tard.

Aussi, dès qu'elle a senti l'approche d'Eraste, n'hé-
site-t-elle pas à exprimer l'attente et l'espoir d'un libérateur. C'est une vieille histoire, romanesque et folâtre,
que celle des pauvres demoiselles enfermées dans une
tour par un tyran jaloux, et sauvées par le courage
d'un chevalier. Mais ici la délivrance sera moins encore
l'œuvre de l'amant que de la maîtresse. Celle-ci a tant
de ressources d'imagination que son mari futur doit en
trembler. Lisette sa complice vient raconter au vieil
Albert comment Agathe, à la seule vue des grilles,
s'est trouvée prise d'un subit accès de folie :

> Ah ! Monsieur, ce malheur n'est que trop véritable.
> Quand, par votre ordre exprès, elle a vu travailler
> Ce maudit serrurier, venu pour nous griller ;
> Qu'elle a vu ces barreaux et ces grilles paraître,
> Dont ce noir forgeron condamnait sa fenêtre,

1. Acte I, scène I.
2. Acte II, scène II.

> J'ai, dans le même instant, vu ses yeux s'égarer,
> Et son esprit frappé soudain s'évaporer.
> Elle tient des discours remplis d'extravagance ;
> Elle court, elle grimpe, elle chante, elle danse.
> Elle prend un habit, puis le change soudain
> Avec ce qu'elle peut rencontrer sous sa main.
> Tout à l'heure elle a mis, dans votre garde-robe,
> Votre large culotte et votre grande robe,
> Puis prenant sa guitare, elle a de sa façon
> Chanté différents airs en différent jargon.
> Enfin, c'est cent fois pis que je ne puis vous dire,
> On ne peut s'empêcher d'en pleurer et d'en rire [1].

Nous entrons ici en pleine farce carnavalesque. Agathe arrive d'abord en habit d'*Espagnolette* avec une guitare à la main et chantant :

> Toute la nuit entière,
> Un vieux vilain matou
> Me guette sur la gouttière,
> Ah ! qu'il est fou [2] !

C'est le retour à la pantomime italienne, mêlée des gestes et des jeux de scène traditionnels. Agathe secoue rudement Albert d'une main et laisse baiser l'autre à Éraste. Ses plaisanteries sont parfois d'assez mauvais goût et rappellent un peu celles de la *Jalousie de Barbouillé* et du *Médecin volant*. Ainsi elle tousse et crache à la figure d'Albert, qu'elle prétend contraindre à chanter. Le malheureux s'excuse en disant qu'il n'est pas musicien. Elle fait savoir à Eraste qu'elle attend de lui une sérénade et quelque chose d'assez semblable à ce qu'on appelle une *fugue*, comme l'a deviné Crispin :

> Une *fugue*, en musique, est un morceau bien fort [3].

Agathe use du travestissement comme en usait Masca-

1. Acte II, scène vi.
2. Acte II, scène vii.
3. *Ibid.*

rille dans l'*Étourdi*, pour alimenter l'action, la varier
et l'égayer, par amour de l'art, en véritable comédienne. Nous la voyons bientôt reparaître sous un
costume de vieille :

> Ho! vous me regardez! Vous êtes ébaubis
> De me trouver si fraîche avec des cheveux gris.
> Je me porte encor mieux que tous tant que vous êtes :
> Je fais quatre repas, et je lis sans lunettes.
> Je sirote mon vin, quel qu'il soit, vieux, nouveau,
> Je fais rubis sur l'ongle, et n'y mets jamais d'eau.
> Je vide gentiment mes deux bouteilles.

LISETTE.

Peste !

AGATHE.

> Oui vraiment, du champagne encor, sans qu'il en reste.
> On peut voir dans ma bouche encor toutes mes dents.
> J'ai pourtant, voyez-vous, quatre-vingt-dix-huit ans,
> Vienne la Saint-Martin.

Agathe est ici comme la muse folle de Regnard, ver-
delette et gaillarde, et, sous sa perruque blanche, toujours étincelante de jeunesse et de gaieté. Emportée
par l'ivresse du rire, elle se lance dans un *crescendo*
d'histoires drôlatiques qu'on pourrait s'étonner de trouver chez une fille de son âge, si nous n'étions en carnaval. Mais ce jour-là l'esprit vient vite aux filles, et
tout le monde délire un peu :

> A mon âge, je vaux encor mon pesant d'or.
> Les enfants cependant m'ont fait beaucoup de tort :
> Je ne paraîtrais pas la moitié de mon âge,
> Si l'on ne m'avait mise à treize ans en ménage.
>
> . . . .
>
> A vingt-sept ans, j'avais déjà quatorze enfants,

tous garçons, mais tous mauvais garnements : aussi
est-elle en procès avec eux. Pour assurer le gain de sa
cause, elle aurait grand besoin de quelque cent pistoles

qu'elle supplie Albert de lui prêter : nouveau trait de génie et de ruse féminine pour se procurer l'argent qu'Eraste et Crispin n'ont pas su trouver. Agathe est écidément plus forte qu'eux tous.

Elle revient bientôt sous un nouveau déguisement qui doit faciliter son évasion, en costume masculin et guerrier, coiffée d'un casque de dragon et brandissant un sabre :

> Morbleu ! vive la guerre !
> Je ne puis plus rester inutile sur terre[1].

Et s'animant d'une fureur martiale dont elle s'amuse :

> Qu'il me tarde déjà d'être aux champs de la gloire,
> D'aller aux ennemis arracher la victoire !

Au milieu de ce prétendu délire, la rusée friponne échange des signes d'intelligence et des mots à voix basse avec Éraste, tandis que Crispin tient en haleine le pauvre Albert ahuri et plus hébété que jamais par cette farce étourdissante à laquelle il ne comprend rien. L'évanouissement succédant à la fureur, puis la guérison subite amenée par le sacrifice d'Eraste, sont encore autant de bons tours où se révèlent la malice et l'esprit inventif d'Agathe. Elle a dans son sac cent fois plus de ruses qu'il n'en faut pour duper un niais comme Albert, et tous les tuteurs ou maris du monde. On peut même dire qu'elle abuse de ses moyens en les prodiguant. Grâce à un dernier stratagème qui éloigne un moment Albert, elle s'échappe en compagnie d'Éraste, de Lisette et de Crispin. Elle s'envole et disparaît comme une folâtre vision dans le monde de la fantaisie et de la chimère d'où elle est sortie. Qu'on

____

1. Acte III, scène x.

s'imagine Angélique emportée sur l'hippogriffe d'Astolphe. Agathe est dans son genre une création tout aussi fantastique et aérienne, quoique ses pieds touchent à la terre par bien des côtés.

Tous les autres personnages font cortège autour d'elle, sans l'égaler, et n'ont guère plus de consistance ni de réalité. Lisette sa suivante est une bavarde espiègle et moqueuse, qui cherche à dire et faire des malices. C'est ainsi qu'elle tend devant Albert une corde qui le fait trébucher sur son escalier pendant la nuit. Elle se vante elle-même de ses prouesses en défiant la colère du vieux jaloux. Ce qui domine et déborde en elle, c'est un flux, une volubilité de paroles dans lesquelles on reconnaît souvent le poète homme d'esprit, plus encore que la soubrette. Quand Albert menace de la chasser, elle lui envoie pour le narguer cette avalanche de comparaisons :

> Un écolier qui sort d'avec son précepteur,
> Une fille longtemps au célibat liée,
> Qui quitte ses parents pour être mariée ;
> Un esclave qui sort des mains des mécréants ;
> Un vieux forçat qui rompt sa chaîne après trente ans ;
> Un héritier qui voit un oncle rendre l'âme ;
> Un époux, quand il suit le convoi de sa femme ;
> N'ont pas le demi-quart tant de plaisir que j'ai
> En recevant de vous ce bienheureux congé [1].

Évidemment Lisette parle ici pour le plaisir de parler. Jamais ni les Dorine ni les Toinette de Molière, si bien pendue que soit leur langue, n'auraient ainsi perdu leur temps.

Éraste est un galant coureur d'aventures en quête d'argent et à la poursuite d'une jeune fille qu'il veut

1. Acte I, scène II.

enlever, pour l'épouser, il est vrai. Bien qu'il aime
Agathe, nous dit-il, dès l'enfance, sa passion ne va
guère au delà des formules ordinaires de la galanterie :
il pourrait même ne pas épouser la belle qu'il n'en
mourrait probablement pas. Il joue la comédie comme
les autres, et seconde de son mieux les ruses de sa maîtresse et de son valet. Pour duper Albert et s'attirer sa
confiance, il dit pis que pendre des femmes dont il est
dégoûté, à ce qu'il prétend, et approuve les précautions
prises à leur égard :

> Pour moi je ne vois rien de si digne de blâme
> Qu'un homme qui s'endort sur la foi d'une femme [1].

La scène où il consent à prendre la maladie d'Agathe
et à devenir fou lui-même pour la guérir, fait de lui le
complice plus que l'inventeur d'une ruse assez invraisemblable.

Dans cette folle journée où tout le monde extra-
vague plus ou moins, le valet Crispin fait comme tout le
monde. Il s'abandonne à des intempérances de langue
fort singulières, en racontant au vieil Albert ses
prouesses militaires et autres qui l'ont brouillé avec
le Châtelet : il se vante d'avoir été tour à tour soldat,
voleur de grand chemin, médecin, chimiste, etc. : on
dirait le boniment d'un charlatan de foire. Dans ce
dialogue à bâtons rompus, une partie assez plaisante
rappelle le vieux fabliau du *Jongleur d'Ely* [2] :

CRISPIN.

> Dites-moi s'il vous plaît, Monsieur, à qui peut être
> Le château que voilà ?

1 Acte II, scène v.
2. *La Satire au moyen âge*, ch. V, p. 96.

ALBERT.

Mais,..... il est à son maître.

CRISPIN.

C'est parler comme il faut. Vous répondez si bien
Que l'on ne peut sitôt quitter votre entretien.
Nous devons à la ville aller ce soir au gîte,
Y serons-nous bientôt ?

ALBERT.

Si vous allez bien vite.

CRISPIN, *à part*.

Cet homme n'aime pas les conversations [1].

Grand hâbleur et menteur effronté, il trouve dans Albert le plus crédule des badauds. La scène de l'opération médicale qui doit faire passer le démon du corps d'Agathe dans celui d'Éraste, les paroles sacramentelles prononcées avec la baguette magique tendue sur les deux amants :

Microc, Salam, Hypocrata,

appartiennent au vieux répertoire de la farce, et s'ajoutent aux risibles extravagances qu'on accepte ici, sans y regarder de trop près.

Albert est le type traditionnel et outré du tuteur, vieux, jaloux, amoureux, ridicule, berné, bafoué, trompé, battu et pas content. Il est loin de ressembler à l'Arnolphe de l'*École des femmes*, ou même au Sganarelle de l'*École des maris*. C'est moins un personnage réel qu'une caricature grotesque, dont les traits sont grossis comme dans une mascarade. Albert s'est avisé de vouloir se marier à l'âge où il devait plutôt songer à se faire enterrer. Lisette a beau lui démontrer l'absurdité de ses prétentions, le vieillard s'entête et

____

1. Acte I, scène v.

veut avoir des héritiers directs pour désespérer ses collatéraux. Sa première folie est de croire qu'il peut être aimé d'Agathe :

> Oui, mignonne,
> J'ai déclaré l'amour qui pour moi t'aiguillonne [1].

Le comique devient ici grimaçant et forcé. Combien la fureur d'Arnolphe, s'écriant :

> Pourquoi ne pas m'aimer, Madame l'impudente?

et la réponse ingénue d'Agnès, sont plus vraies que la niaiserie d'Albert et les vertes rebuffades d'Agathe ! On comprend encore l'illusion d'Arnolphe, l'esprit fort, le sceptique présomptueux, qui se raille des autres maris et croit avoir trouvé l'art d'être heureux en ménage, parce qu'il a pensé faire de son Agnès une idiote. Mais Agathe peut-elle offrir la même sécurité? Et d'ailleurs Albert a-t-il le droit de dire :

> Qui pourra m'attraper bien habile sera [2].

Le moindre écolier y suffirait. On n'a jamais mis plus de bonne volonté à se laisser tromper. Sa foi aux expériences médicales de Crispin, son empressement à courir chercher la fiole dont on a besoin pour l'éloigner, son retour et sa colère en voyant que les oiseaux sont envolés, font de lui la plus sotte et la plus ridicule des dupes. Il a beau crier comme Harpagon :

> Au voleur! à la force! au secours! je succombe!

nul ne songe à le plaindre, et tout le monde rit de sa mésaventure. La farce est jouée.

1. Acte II, scène ii.
2. Acte II, scène v.

Pourtant Regnard a cru devoir la prolonger encore
en y ajoutant un divertissement, moins vif et moins
gai que la comédie. La scène se passe au château
de Grillon, cette autre Thélème, où les amants se
sont réfugiés. La Folie, Momus, et M. du Carnaval
viennent avec une joyeuse bande de fous, dansant
et chantant, pour fêter les noces d'Éraste et d'Agathe.
Le vieil Albert lui-même finit par entendre raison et
se console avec la *dive bouteille* de Rabelais. C'est ainsi
que se termine, par une sorte de cotillon, la grande
mascarade des *Folies amoureuses*.

III

A peine sorti de cette équipée comique, Regnard
s'engageait dans une entreprise plus sérieuse, où il es-
sayait de lutter avec Plaute. Cette fois, ce n'est plus une
simple ébauche comme dans le *Retour imprévu*, mais
une pièce en règle, travaillée, méditée et surtout écrite
avec un soin particulier. Nous voulons parler des
Ménechmes ou *Jumeaux*. L'œuvre est dédiée à Boileau, et
vraiment digne d'un tel patronage. C'est la comédie la
plus classique de Regnard ; nulle part son style n'est
plus châtié, plus élégant et plus flexible. Les difficultés mêmes que rencontre son œuvre, admise seulement à la troisième lecture par les comédiens français, le forcent à la revoir et à la retoucher. Nous
sommes en 1705 : l'auteur aura bientôt cinquante ans.
Il a pris une position sérieuse dans les lettres et dans
la société. Il est devenu bailli de Dourdan et peut
songer à l'Académie. Il compte désormais comme écrivain et prend soin d'établir lui-même sa généalogie
littéraire. A cet effet, sa pièce est précédée d'une épître

et d'un prologue. Dans l'épître, il répare les irrévérences qu'il s'est permises autrefois contre Boileau :

> Favori des Neuf Sœurs, qui sur le mont Parnasse,
> De l'aveu d'Apollon, marches si près d'Horace ;
>
> . . . .
>
> De tes traits éclatants admirateur fidèle,
> Ton style, de tout temps, me servit de modèle ;
> Et si quelque bon vers par ma veine est produit,
> De tes doctes leçons ce n'est que l'heureux fruit.

Dans le prologue, il évoque à la fois Molière et Plaute,
ses deux principaux inspirateurs. Plaute est son véritable ancêtre : même famille et même tempérament ;
même sève comique, un peu commune, parfois triviale
et burlesque ; même gaieté qui déborde au risque d'of-
fenser l'oreille, les convenances ou la vérité. Comme la
Mostellaria, le sujet des *Ménechmes*, venu primitivement
de Grèce ou de Sicile, a été repris bien des fois sur le
théâtre moderne, en Italie, en Espagne, en France, en
Angleterre et même en Allemagne. La farce italienne
a ses deux *Arlequins aîné et cadet*, taillés sur le patron
des jumeaux grecs et latins. Parmi nous, Rotrou a tiré
de la pièce de Plaute un de ses premiers essais dramatiques (1632), en se contentant de reproduire ou
même de traduire presque textuellement l'original.
Regnard l'a remanié de fond en comble et adapté aux
mœurs et aux personnages de son temps : il a fait des
Ménechmes une œuvre vraiment française et a renouvelé la conquête de Molière sur l'*Aulularia*. La Harpe,
qui connaissait et comprenait médiocrement les
anciens, va trop loin sans doute en plaçant l'imita-
teur fort au-dessus de son modèle. Regnard est
moins ingrat pour Plaute dans son prologue, où il
rend justice et paye sa dette au vieux maître. Il nous

suffira de noter le caractère différent des deux œuvres et des deux époques.

Chez Plaute, l'intrigue est des plus simples, tout le comique vient de la situation, de la ressemblance des deux frères, et des quiproquos plaisants qui en sortent naturellement. Le hasard est pour ainsi dire le moteur de l'action. Chez Regnard, l'intrigue se complique, s'embrouille, s'enchevêtre grâce à la double ruse du Chevalier et de Valentin son valet. Le monde diffère comme l'intrigue : l'auteur moderne a substitué à la courtisane et à l'épouse légitime une vieille tante coquette de cinquante ans, Araminte, aux prises avec sa nièce Isabelle, pour la possession d'un des Ménechmes. Enfin il y a joint deux personnages accessoires, le créancier Coquelet, qui fournit à la pièce une des meilleures scènes, et le marquis gascon, joueur, bretteur et fanfaron, que nous avons déjà rencontré.

Dans la comédie latine, les deux frères, Ménechme Sosiclès et Ménechme d'Épidaure, ayant même nom et même figure, sont victimes d'une ressemblance qu'ils ignorent : ils ne comprennent rien à ce qui se passe, non plus que ceux qui les entourent, et se voient tous deux, un moment, traités comme fous par un médecin qui n'entend rien lui-même à cette prétendue folie. Les deux frères sont aussi sincères, aussi honnêtes et aussi surpris l'un que l'autre, et s'imaginent à leur tour que tout le monde délire autour d'eux. Ce comique si simple, si naturel, a bien sa valeur, quoi qu'en dise La Harpe.

Dans la pièce française, l'un des deux, le Chevalier, le mauvais garnement, le mondain, le coureur d'aventures que l'on croit mort depuis longtemps, use de

la ressemblance qu'il connaît pour duper son frère
le campagnard, le provincial. Peu scrupuleux sur
l'emploi des moyens, il entreprend de lui voler et l'héritage d'un oncle et la main d'Isabelle, dont il est aimé
lui-même. L'étrange dialogue qu'il tient avec son valet
nous révèle un franc chevalier d'industrie, joueur, buveur, dépensier et libertin. Malgré sa passion pour la
jeune fille, il régale de ses hâbleries galantes la vieille
coquette Araminte, dont il espère tirer de l'argent, et
lui signe même une promesse de mariage. Pour la ber-
cer de ce doux espoir, il lui raconte un songe délicieux,
dont le récit rappelle celui de Dorante dans le *Menteur*
de Corneille :

> Je me suis figuré, dans mon premier sommeil,
> Être dans un jardin, au lever du soleil,
> Que l'Aurore vermeille, avec ses doigts de roses,
> Avait semé de fleurs nouvellement écloses :
> Là, sur les bords charmants d'un superbe canal,
> Qui reçoit dans son sein un torrent de cristal,
> Où cent flots écumants et tombant en cascades
> Semblent être poussés par autant de Naïades ;
> Là, dis-je, reposant sur un lit de roseaux,
> Je vous vois sur un char sortir du fond des eaux :
> Vous aviez de Vénus et l'habit et la mine :
> Cent mille Amours poussaient une conque marine,
> Et les zéphirs badins, volant de toutes parts,
> Faisaient au gré des airs flotter des étendards [1].

On serait tenté de s'écrier avec Finette :

> Ah ciel ! le joli rêve !

ou plutôt :

> Ah ciel ! les jolis vers !

et l'on se fâche presque avec Araminte contre la maladresse du valet qui vient les interrompre sitôt.

---

1. Acte I, scène III.

REGNARD.

Avant de céder aux conseils de Valentin, le Chevalier a bien quelque hésitation :

> J'ai de tromper mon frère, au fond, quelque scrupule [1].

Mais ce n'est là qu'un soupir de probité défaillante, et lui-même saura trouver d'excellentes raisons pour justifier sa friponnerie :

> Si pour ce bien offert tu me vois quelque ardeur,
> C'est pour mieux mériter Isabelle et son cœur.

La visite faite à Démophon, père d'Isabelle, les attendrissements du neveu qui se pâme au seul nom de son cher oncle,

> Ah ! Monsieur, n'allez pas rappeler de sa cendre
> Un oncle que j'aimais d'une amitié bien tendre [2];

les imprudentes considérations de Valentin sur l'âge et la santé du défunt qu'il n'a pas connu, les doléances échangées à cette occasion, nous valent une scène d'un bon et franc comique. Regnard semble toujours se rappeler les funérailles de Joannès Tornœus, quand il parle de deuil et d'enterrement ; il n'est jamais plus gai. La joie qu'éprouvent le maître et le valet en face des 60 000 écus palpés chez le notaire est un trait de mœurs contemporaines. Elle nous montre ce besoin, cet appétit d'argent devenu commun aux gentilshommes et aux vilains. La fièvre de l'agio viendra bientôt avec l'amour des plaisirs et des jouissances matérielles que l'argent seul procure. Valentin y songe comme Hector et Crispin ; il rêve la fortune et la vie à grandes guides :

1. Acte II, scène i.
2. Acte III, scène ii.

> Devant qu'il soit deux ans,
> Je veux que l'on me voie, avec des airs fendants,
> Dans un char magnifique, allant à la campagne,
> Ébranler les pavés sous six chevaux d'Espagne.
> Un suisse à barbe torse et nombre de valets,
> Intendants, cuisiniers, rempliront mon palais :
> Mon buffet ne sera qu'or et que porcelaine ;
> Le vin y coulera, comme l'eau dans la Seine ;
> Table ouverte à dîner : et, les jours libertins,
> Quand je voudrai donner des soupers clandestins,
> J'aurai, vers le rempart, quelque réduit commode,
> Où je régalerai les beautés à la mode [1].

Valentin, ce digne émule de Sbrigani, est par son entrain, par sa rouerie, par son génie inventif, un personnage fort divertissant.

Mais le plus amusant, le plus comique surtout, c'est le Ménechme provincial arrivant de Picardie et tombant, comme Pourceaugnac, dans cet enfer de Paris où il vient pour hériter et se marier. Étourdi, ahuri, assiégé par les filous, insulté par les archers, éclaboussé par les fiacres, le pauvre garçon nous trace ici un tableau des embarras de Paris, qui devait rappeler à Boileau un des plus gais souvenirs de sa jeunesse. Accosté, dès sa venue, par Valentin, comme Pourceaugnac par Sbrigani, il lui raconte la mésaventure de sa valise qu'on lui a changée aux bagages, et qui est tombée, à son insu, entre les mains du Chevalier, son frère ; il lui fait part en même temps de ses projets de mariage et de la succession qu'un oncle lui a laissée. Il compte sur Valentin pour lui donner l'adresse du notaire et de son beau-père futur, Démophon. Au même instant arrive Finette, qui croit retrouver le Chevalier et s'étonne de le voir ainsi vêtu de deuil ; elle lui annonce que sa maîtresse l'attend à dîner. Ménechme, si pré-

____

1. Acte IV, scène II.

venu qu'il soit, trouve que les dames de Paris vont un peu vite en besogne :

> La proposition est, ma foi, fort honnête !
>   (*A Valentin.*)
> Voilà, sur ma parole, une agente d'amour [1].

La situation se complique bientôt par l'arrivée d'Araminte ennuyée d'attendre son galant. Ménechme, interdit, balbutie, s'embrouille et ne sait que répondre aux tendres reproches de la dame :

> En vérité, Madame, il faut que je vous dise.....
> Que je suis fort surpris..... et que dans ma surprise.....
> Je trouve surprenant..... Je ne m'attendais pas
> A voir ce que je vois..... Car enfin vos appas,
> Quoiqu'un peu... dérangés... pourraient bien me confondre,
> Si d'ailleurs.....(*A part.*) Par ma foi ! je ne sais que répondre [2].

A la fin, impatienté des caresses, des propositions et des reproches d'Araminte qui s'étonne de sa froideur et de son indifférence, il envoie promener la maîtresse et la servante, en les appelant des *créatures*. Créatures ! un mot qui restera longtemps sur le cœur d'Araminte et de Finette.

Sa visite à Démophon le jette dans de nouvelles surprises ; on lui parle de son dernier entretien, de la bonne impression qu'il a laissée, du penchant qu'éprouve déjà pour lui la jeune Isabelle.

> DÉMOPHON.
> Vous sortez d'avec elle, et paraissiez content.
> MÉNECHME.
> Moi ! je sors d'avec elle ?
> DÉMOPHON.
>   Oui, sans doute, vous-même.

. . . .

1. Acte II, scène III.
2. Acte II, scène V.

MÉNECHME.

Nous rêvons, vous ou moi. Quoi, vous me ferez croire
Que j'ai vu votre fille. En quel temps? comment? où [1]?

Enfin n'importe, il l'épousera. Sa déclaration brutale,
peu faite pour charmer Isabelle, ses airs de hobereau
vantard et grand partisan de l'ignorance, ses gros-
sières plaisanteries sur l'œil fripon de sa future et l'horoscope qu'il en tire, son égoïsme hautement avoué :

Femme, maîtresse, ami, tout m'est indifférent [2],

promettent le plus désagréable des gendres et le plus
affreux des maris. La rencontre avec M. Coquelet, le
créancier du Chevalier, achève de le mettre en fureur.
M. Coquelet, tailleur, syndic et marguillier, débute d'un
ton patelin et insinuant pour en venir à la menace de
contrainte par corps. Valentin, par une ruse infernale,
fait croire à Coquelet et à Ménechme qu'ils sont tous
deux fous : l'un voyant partout des débiteurs, l'autre
ayant perdu à la guerre, par l'effet d'une canonnade,
tout souvenir du passé. Après de sincères condoléances
sur le triste état de son débiteur, M. Coquelet n'en revient pas moins à ses moutons, c'est-à-dire à ses habits
qu'il a fournis au Chevalier et à son régiment.

Mon régiment, à moi? Cherchez ailleurs vos dettes ;
Et je n'ai pas le temps d'entendre vos sornettes :
Vous êtes un vieux fou [3],

s'écrie Ménechme, l'irascible picard. Il déchire le mémoire qu'on lui présente, et, sur le mot de fripon, menace de tirer l'épée et de couper le nez du marguillier
tailleur.

1. Acte III, scène VIII.
2. Acte III, scène IX.
3. Acte III, scène XI.

Ménechme n'est pas au bout de ses tribulations. C'est
Finette qui vient lui réclamer les lettres et le portrait de
sa maîtresse en lui rapportant à lui-même son propre
portrait, qu'il est forcé de reconnaître sans y rien
comprendre :

> Vous verrez qu'en venant par le coche, à leurs frais,
> Ces deux coquines-là m'auront fait peindre exprès,
> Pour me jouer ici quelque noir stratagème [1].

A peine remis de cette bourrasque, il se trouve aux
prises avec le marquis gascon qui lui saute au cou,
l'accable de civilités, et lui réclame les cent louis qu'il
lui a prêtés avant la guerre. Ménechme déclare encore
ne rien entendre à ce baragouin :

> ..... J'aurais perdu le sens et la raison
> De prétendre emprunter de l'argent d'un gascon.

Mais il faut payer ou dégainer :

> Çà, Monsieur, mon argent ou l'épée à la main.

Les instances de Valentin jouant la frayeur en face du
terrible marquis, le sentiment de sa conservation per-
sonnelle, décident Ménechme à lâcher 60 écus qu'il a
sur lui ; mais, en pestant, il laisse échapper ce regret
si vrai et si comique :

> Ah ! si je n'avais pas hérité depuis peu,
> Je me battrais en diable ; et nous verrions beau jeu [2].

Un nouvel assaut d'Araminte, la venue du notaire affir-
mant qu'il lui a remis les 60 000 écus, achèvent de
troubler la tête du pauvre Ménechme, qui se croit dans
une caverne de voleurs. Enfin le Chevalier juge à propos de se montrer pour tout expliquer : les deux frères

1. Acte IV, scène III.
2. Acte IV, scène V.

s'embrassent, en convenant de partager l'héritage. L'aventurier obtient la main d'Isabelle, et Araminte, pour se venger, épouse le provincial, auquel elle laissera tous ses biens. On comprend que Boileau, après avoir lu cette pièce, ait déclaré que Regnard n'était pas médiocrement plaisant. Il allait l'être davantage encore dans le *Légataire universel.*

IV

Le *Légataire universel* (1708) occupe dans la carrière dramatique de Regnard le même rang que le *Malade imaginaire* dans celle de Molière. Cette œuvre est son dernier succès au théâtre ; sa vie se termine, comme elle a commencé, par un immense éclat de rire. Ces deux comédies ont entre elles bien des analogies et aussi bien des dissemblances. De part et d'autre, il s'agit de capter la succession d'un vieillard crédule et imbécile, qui s'entête à vivre trop longtemps. D'un côté, c'est une seconde femme, Béline, qui s'empare d'un époux cacochyme, malade d'imagination, et s'efforce de dépouiller la fille d'un premier lit en l'envoyant au couvent. De l'autre, un neveu effronté, qui profite de la léthargie de son oncle pour fabriquer un faux testament, avec le secours de son valet. Bien des scènes, bien des mots et des traits comiques se retrouvent dans les deux pièces. Molière a été vraiment le premier inspirateur, quoique les jésuites aient fourni, dit-on, le sujet de l'intrigue, sans en réclamer la paternité. Mais les différences aussi sont grandes.

Même à travers ses éclats de fou rire, ses farces burlesques des apothicaires armés de leurs instruments, et l'étourdissante bouffonnerie du cérémonial, Molière reste toujours un observateur pénétrant de la nature humaine. Ses médecins, les Purgon, les Diafoirus père et fils, ses apothicaires même comme M. Fleurant, si habile à enfler ses notes, ne sont pas seulement des caricatures, mais des portraits vivants et naturels [1]. Le vieil Argan, féroce dans son égoïsme, quand il veut se donner pour gendre un médecin, fût-ce au prix du bonheur de sa fille, redevient père tout à coup, dès qu'il voit la petite Louison faire la morte. Béline insinuante et mielleuse, cajolant le vieillard qu'elle appelle *mon fils*, et laissant échapper le fond de sa pensée, le jour où elle croit en être débarrassée, nous fait rire et frissonner en même temps. A côté de ces caractères égoïstes poursuivant chacun leur but, paraissent d'autres natures plus franches et plus généreuses : la vaillante Toinette, qui aime son maître tout en le dupant, non pour elle-même, mais pour venir en aide à sa jeune maîtresse et la préserver de M. Diafoirus. Puis ce couple d'amants, Angélique et Cléante, si tendres, si désintéressés, si honnêtes même dans leurs stratagèmes.

Chez Regnard, une chose domine et couvre tout : le rire, la gaieté folle, intempérante, éclatant en saillies imprévues et en bons mots, comme celui du neveu disant à son oncle :

> Votre bien seul m'est cher!

Rien de plus spirituel et de plus drôle, si l'on veut ; mais enfin ce n'est là qu'un jeu de mots. L'abus de l'esprit est un défaut commun à presque tous les personnages. Crispin parlant de Géronte s'écriera :

1. Voir la thèse de M. Raynaud sur les médecins de Molière.

> Le bonhomme chargé de fluxions, d'années,
> Lutte depuis longtemps contre les destinées,
> Et pare de la mort le trait fatal en vain,
> Il n'évitera pas celui du médecin [1].

Les facéties de Lisette sur les bouillons de bouche et
autres qu'elle administre à son maître sont d'un goût
risqué. Géronte sans doute est assez plaisant lorsqu'à
cette question de Mme Argante :

> Vous avez, ce dit-on, très mal passé la nuit ?

il répond :

> Ce sont mes héritiers qui font courir ce bruit [2] ;

mais il tombe dans la charge grotesque, lorsqu'il adresse
à Isabelle ce compliment d'apothicaire :

> Vous êtes pour mon cœur comme un julep futur,
> Qui doit le nettoyer de ce qu'il a d'impur :
> Mon hymen avec vous est un sûr émétique,
> Et je vous prends enfin pour mon dernier topique [3].

Tous ces personnages de Regnard peints à gros
traits, comme dans une caricature, sont pourvus d'un
égoïsme cynique et effronté. Crispin, le héros de la
pièce, avant de s'exposer à la potence, veut qu'on lui
garantisse de bonnes rentes bien solides. Lisette réclame
aussi sa part du gâteau. Quant à Éraste, l'amant d'Isabelle, il songe moins encore à son amour qu'à la succession de l'oncle Géronte. Il est vrai que l'un ne peut
être satisfait sans l'autre ; il faut hériter pour épouser.
Ainsi l'a décidé Mme Argante, une mère positive qui s'entend aux affaires de cœur et d'argent. Les soins obsé-

1. Acte I, scène i.
2. Acte I, scène vii.
3. *Ibid*.

quieux dont le neveu comble son oncle, ses protestations de dévouement nous paraissent étranges chez un
jeune homme, auquel on souhaiterait un cœur plus fier et
plus chaud. Il faut reconnaître que nous sommes encore
sur les frontières de la farce, et que tout cela n'a rien de
sérieux. Cet oncle Géronte entouré d'une nuée de collatéraux avides, qui guettent son héritage, est un *ladre
vert* assez facile à duper, un célibataire naïf et attardé
qui songe à se marier pour avoir des héritiers; portrait
calqué à la fois sur le modèle d'Harpagon et d'Argan,
mais sans valoir à beaucoup près ni l'un ni l'autre.
C'est moins un caractère qu'un mannequin, un oncle
de comédie ou de convention, fait pour être exploité et
volé par ses neveux et ses domestiques. Lisette le peint
au vif, tout en exagérant :

> C'est le plus ladre vert qu'on ait vu de la vie.
> Je ne puis exprimer où va sa vilenie.
> Il trouve tous les jours, dans son fécond cerveau,
> Quelque trait d'avarice admirable et nouveau.
> Il a, pour médecin, pris un apothicaire
> Pas plus haut que ma jambe, et de taille sommaire :
> Il croit qu'étant petit, il lui faut moins d'argent ;
> Et qu'attendu sa taille, il ne paira pas tant [1].

Ce rôle épisodique de Clistorel, dont le nom dit assez
la profession, petit avorton irascible, despote dans son
ménage et père d'une nombreuse postérité, est encore
une caricature burlesque qui nous reporte au temps de
Scarron et de Cyrano. Aussi les acteurs, forçant à leur
tour la note, ont-ils parfois eu l'idée de le représenter
marchant sur les genoux : ce qui ramène un peu trop
le personnage à la farce des tréteaux.

Malgré les critiques sérieuses et légitimes dont elle

---

[1]. Acte I, scène I.

fut l'objet, la pièce enleva tout d'abord, et enlève encore aujourd'hui les applaudissements du public. Les déguisements de Crispin, jouant tour à tour le rôle du neveu normand et de la nièce manceaute, rappellent les facéties carnavalesques des *Folies amoureuses*. La scène du testament dicté au notaire par le valet, qui a pris les attributs et le costume du vieil oncle tombé en léthargie, est une des plus divertissantes qui soient au théâtre. Ici encore Crispin a plus d'esprit qu'il n'en faudrait pour jouer au naturel le rôle de moribond. La gaieté déborde en lui comme un trop-plein dont il n'est pas maître. Les larmes de Lisette et les attendrissements d'Éraste ajoutent encore à cette exubérance. La surprise d'Éraste entendant Crispin donner par testament deux mille écus à Lisette pour ses vertus, et à lui-même quinze cents francs de rentes viagères pour ses bons et loyaux services, complète le comique de la situation :

ÉRASTE.

Comment ! quinze cents francs !

CRISPIN.

> Oui, sans laquelle clause,
Le présent testament sera nul, et pour cause.

ÉRASTE.

Pour un valet, mon oncle, a-t-on fait un tel legs ?
Vous n'y pensez donc pas ?

CRISPIN.

> Je sais ce que je fais,
Et je n'ai point l'esprit si faible et si débile.

ÉRASTE.

Mais.....

CRISPIN.

Si vous me fâchez, j'en laisserai deux mille.

Et Crispin, s'amusant des terreurs d'Éraste, qui craint de se voir déshériter par son faux oncle, continue :

> N'aurais-je point encor quelqu'un de mes amis
> A qui je pourrais faire un fidéicommis ?

ÉRASTE (*bas*).

> Le scélérat encor rit de ma retenue ;
> Il ne me laissera plus rien, s'il continue [1].

La résurrection de l'oncle Géronte revenu de sa léthargie, la panique soudaine qu'elle éveille chez Crispin sentant déjà la hart, chez Lisette voyant s'enfuir ses deux mille écus, chez Éraste menacé de perdre à la fois son héritage et sa fiancée, forment un coup de théâtre excellent. Alors s'épanche un flot d'hilarité qui ne s'arrête plus jusqu'à la fin. Le retour du notaire qui apporte à Géronte la copie de son prétendu testament, l'étonnement de l'oncle qui n'y comprend rien, et s'écrie tout à coup :

> C'est donc ma léthargie?

l'aplomb subitement retrouvé par Éraste, Crispin et Lisette répétant à l'unisson :

> C'est votre léthargie !]

la lecture du testament, les larmes et les génuflexions reconnaissantes dont l'accompagnent les assistants, la surprise et la colère de Géronte protestant contre les libéralités qu'on lui prête à l'égard de Lisette et de Crispin, sa fureur en voyant qu'on lui a dérobé ses billets, enfin son agacement d'entendre répéter cet éternel refrain :

> C'est votre léthargie !

1. Acte IV, scène VI.

et le cri qui lui échappe :

> Je suis las à la fin de tant de léthargies,

nous offrent une série de situations et d'explosions comiques de plus en plus étourdissantes. Le bonhomme Géronte finit cependant par se calmer, quand on lui a rendu les billets mis en dépôt chez Mme Argante ; il maintient le testament qu'il n'a pas fait, consent au mariage d'Éraste et d'Isabelle, et se console en lançant une bordée contre les collatéraux. Aussi conseille-t-il à Éraste de s'assurer des héritiers directs par son mariage. C'est un conseil que Regnard n'a pas suivi pour son propre compte. Persévérant dans le célibat, il n'a laissé comme descendants que ces joyeux enfants nés de son imagination qui s'appellent Valère, Éraste, Agathe, Hector, Crispin, Lisette, Ménechme et Valentin. Ceux-là du moins vivront et dureront autant que la gaieté française.

CHAPITRE IV

DUFRESNY (1648-1724).

Son caractère et son talent. — L'Esprit de contradiction.
La Coquette de village. — La Réconciliation normande.

I

Au nom de Regnard se rattache celui d'un écrivain qui
fut d'abord son ami et son collaborateur fidèle, puis son
rival et son ennemi déclaré : nous voulons parler de Dufresny. Sans doute, Dufresny est loin d'occuper au théâtre et dans notre histoire littéraire la même place que
Regnard ; et pourtant, il semblait au début devoir l'égaler et peut-être le devancer par la vivacité précoce et
inventive de son esprit, s'il eût su faire un meilleur
usage des facultés précieuses que la nature lui avait
départies comme à un enfant gâté. Par son origine, il
était l'arrière-petit-fils de cette jardinière d'Anet qui
avait eu l'honneur de plaire à Henri IV, et qu'on nom-
mait *la Belle Jardinière*. Y avait-il chez lui une goutte
du sang des Vendôme, ces grands dissipateurs spirituels et libertins ? On serait tenté de le croire. Tout plé-
béien qu'il est, Dufresny dépense son argent et son

esprit en vrai gentilhomme, comme s'il pensait que thésauriser en toute chose est fait de vilain. Par le débraillé et le décousu de sa vie, il est bien aussi de la famille des Théophile, des Saint-Amant, des Cyrano et de tous ces illustres bohèmes qui ont laissé un nom plutôt que des œuvres, et le souvenir ou le regret de ce qu'ils auraient pu faire et de ce qu'ils n'ont pas fait. Il a les aptitudes les plus diverses : musicien, peintre, écrivain et poète d'instinct, dessinateur de jardins, industriel, journaliste, il essaye de tout, il est bon à tout, et n'arrive à rien. Il a vingt cordes à son arc et n'atteint jamais le but. Que lui manque-t-il donc ? l'ordre, l'esprit de suite, le travail, l'art des bons placements où excelle Regnard, sachant tirer si bien parti de sa fortune et de son esprit.

Louis XIV, en mémoire peut-être de la *Belle Jardinière*, avait un certain faible pour Dufresny, qu'il nomma un moment contrôleur de ses jardins. Sur cette matière, Dufresny se permettait de penser autrement que Le Nôtre ; il apportait la même originalité et la même fantaisie dans ses dessins que dans ses pièces de théâtre et ses autres productions littéraires. A la grande symétrie régulière et solennelle qui domine dans les jardins comme dans les bâtiments, comme dans l'art et la littérature du dix-septième siècle, il oppose les caprices et les accidents de terrain, les monticules artificiels qui coupent et varient l'horizon. Il est fantaisiste en tout. Les jardins du faubourg Saint-Antoine dessinés par lui et connus sous les noms du *Moulin*, du *Chemin-Creux*, indiquent assez le caractère pittoresque et accidenté de ses conceptions. Dufresny semble avoir compris cet art tel qu'on l'a pratiqué de nos jours aux bois de Boulogne, de Vincennes,

aux Buttes-Chaumont et au parc Monceaux. Il obtint
encore du roi un privilège pour monter une nouvelle
manufacture de glaces. Mais, toujours court d'argent, il vendit ce privilège avant de l'avoir exploité.
Louis XIV, qui connaissait l'homme, exigea des en-
trepreneurs qu'ils assurassent une rente viagère de
trois mille livres à Dufresny; celui-ci vendit encore
d'avance sa rente. Le roi finit par déclarer un jour qu'il
ne se croyait pas assez puissant pour l'enrichir. Après
la mort de Devisé, la direction du *Mercure galant* parut devoir ramener un peu d'argent dans cette bourse
si prompte à se vider; mais l'incorrigible dissipateur
ne la garda pas longtemps et la vendit comme tout le
reste; il n'y trouva qu'une occasion de se brouiller
avec J.-B. Rousseau.

L'histoire de son mariage, telle que nous la raconte
Le Sage dans son *Diable boiteux*, achève de nous peindre l'homme. Le Diable montre à don Cléophas les gens
qu'il faudrait mettre dans la maison des fous : « J'y veux
envoyer, dit-il, un vieux garçon de bonne famille (est-
ce une allusion à sa descendance de Henri IV?), lequel
n'a pas plutôt un ducat qu'il le dépense, et qui, ne pouvant se passer d'espèces, est capable de tout pour en
avoir. Il y a quinze jours que sa blanchisseuse, à qui il
devait trente pistoles, vint les lui demander, en disant
qu'elle en avait besoin pour se marier à un valet de
chambre qui la recherchait. — Tu as donc d'autre argent, car où diable est le valet de chambre qui voudrait devenir ton mari pour trente pistoles? — Eh
mais! répondit-elle, j'ai encore outre cela deux cents
ducats. — Deux cents ducats! répliqua-t-il avec émotion; malepeste! Tu n'as qu'à me les donner à moi; je
t'épouse, et nous voilà quitte à quitte. — Il fut pris au

mot et sa blanchisseuse est devenue sa femme[1] ». L'abbé Pellegrin faisait sans doute allusion à ce fait lorsqu'il répondait à Dufresny, qui lui reprochait d'avoir toujours du linge sale : « Tout le monde n'est pas assez heureux pour pouvoir épouser sa blanchisseuse ».

Un jour pourtant, Dufresny se conduisit presque en homme prévoyant. Le Régent, touché d'une plaisante requête du poète besogneux, lui avait accordé 200 000 francs en billets sur la banque de Law. Dufresny eut l'heureuse idée de les employer à construire une maison, qu'il appela la *maison de Pline*, et qui resta debout quand le système croula. Il y trouva du moins un gîte pour mourir. Voltaire est allé trop loin de toute façon lorsqu'il a dit :

> Et Dufresny plus sage et moins dissipateur
> Ne fût pas mort de faim, digne mort d'un auteur.

Peut-être a-t-il plus raison de s'écrier ailleurs :

> Dufresny moins prodigue et fidèle au bon sens
> N'eût point dans la misère avili ses talents[2].

La littérature de pacotille, à laquelle il s'abandonna trop volontiers, put bien être chez lui un effet de la gêne perpétuelle et du besoin d'argent qui le pressait. Si désordonnée qu'eût été sa vie, il mourut comme on mourait au dix-septième siècle et même encore au commencement du dix-huitième, régulièrement, en paix avec l'Église et lui sacrifiant ses derniers ouvrages, qu'il ordonna de jeter au feu. Voltaire écrivait à Mme de Bernières : « Dufresny est mort comme un poltron, et a sacrifié à Dieu cinq ou six comédies nouvelles, toutes

1. Le *Diable boiteux*, ch. x.
2. *Discours en vers sur l'égalité des conditions.*

propres à faire bâiller les saints du paradis ». L'auteur
des *Lettres anglaises* jugeait la chose en homme d'un
autre temps, avec l'étourderie moqueuse d'un incrédule.
Dufresny songeait naïvement au salut de son âme
comme y avait songé La Fontaine, comme y songera
bientôt Dancourt.

II

En faisant connaître l'homme, nous avons déjà présenté quelques-uns des traits de l'écrivain. Dufresny est
un esprit original, inventeur et chercheur, battant les
buissons en tous sens pour en faire sortir les idées, et
laissant à d'autres le soin, l'art ou la bonne fortune de
les exploiter. C'est la grande différence entre Regnard
et lui. L'histoire du *Joueur*, dont l'idée primitive appartient certainement à Dufresny, nous en offre un
exemple. Regnard a tiré de là un petit chef-d'œuvre
de verve, d'esprit et de style, vraiment comique et
poétique : le *Chevalier joueur* de Dufresny est une
pièce en prose des plus médiocres. Il en est ici comme
de la manufacture de glaces, où d'autres s'enrichiront
et dont il n'a pas su tirer parti. Dufresny est de ceux
pour qui semble avoir été écrit le vers de Virgile :

Sic vos non vobis. . . . . . .

Il sème et ne récolte pas : le vent emporte la semence
sur le champ du voisin.

Comme poète comique, il a contre lui son esprit
même, dont il abuse et qu'il répand partout à foison.
Or l'esprit ne suffit pas au théâtre. Voltaire l'a éprouvé
dans la comédie, où il a constamment échoué. De nos

jours, un de nos écrivains les plus spirituels n'a-t-il pas intitulé lui-même le recueil de ses comédies : *Théâtre impossible*? Aveu sincère d'un homme d'esprit, qui se reconnaît impropre à l'action dramatique. Les pièces de Dufresny sont vivement, lestement et finement écrites : il y a là des scènes plaisantes, des mots charmants, des traits étincelants d'esprit; mais l'action languit, les parties sont mal agencées, l'unité manque :

> *Infelix operis summa, quia ponere totum*
> *Nesciet* [1].

Les défauts éclatent surtout quand il s'agit de mettre l'œuvre en mouvement sur le théâtre. Aussi ces œuvres sont-elles plus agréables à la lecture qu'à la représentation, où elles n'ont guère réussi. Quelques-unes pourtant, restées au répertoire du dix-huitième siècle, ont survécu à leur auteur; parmi elles, nous citerons l'*Esprit de contradiction*, la *Coquette de village* et la *Réconciliation normande*.

L'*Esprit de contradiction* (1708), que les frères Parfaict appellent le chef-d'œuvre de l'auteur, en abusant un peu de l'expression, est moins une comédie qu'un croquis assez vif et assez piquant enfermé dans le cadre étroit d'un acte en prose. Les personnages sont taillés et dessinés à la façon de ces silhouettes que Dufresny excellait, dit-on, à découper avec des ciseaux et dont il composait des groupes et des tableaux. On croirait voir passer des ombres chinoises se détachant sur un fond transparent. Mme Oronte, en qui se personnifie la manie de contredire, est, à la fois comme épouse, comme mère et comme maîtresse de maison, le type de la

---

1. Horace, *Art poétique*.

femme désagréable, voulant toujours le contraire de ce que veulent les autres. Elle met à la porte son jardinier Lucas, parce qu'elle suppose à son mari le désir de le garder; mais quand Lucas accepte en riant son congé, elle ne veut plus le laisser partir. Pour qu'elle consente au mariage d'Angélique et de Valère, il faut qu'elle croie les deux jeunes gens brouillés et le père opposé à cette union, qu'elle prétend conclure alors contre les vœux de tout le monde. Lorsqu'elle s'aperçoit à la fin qu'elle a été jouée et prise au piège, elle éclate en malédictions :

« Vous avez signé », lui dit-on. — « Oui, mais je déshérite ma fille ; je ne veux jamais voir mon gendre, je me sépare d'avec mon mari, je ferai pendre le notaire et Lucas. Je suis désespérée[1]. »

Aux prises avec ce démon contradicteur, M. Oronte a baissé pavillon depuis longtemps pour avoir la paix dans son ménage. Il répond à son jardinier qui lui reproche sa faiblesse :

« Que veux-tu, Lucas? J'ai une femme : elle n'a pas d'autre plaisir que de faire tout le contraire de ce que je veux; je lui laisse cette satisfaction-là[2]. »

C'est pourquoi, en habile diplomate, pour assurer le mariage de sa fille avec un riche voisin, M. Thibaudois, il fait semblant de vouloir la marier avec Valère, supposant que sa femme prendra nécessairement le contre-pied de ce qu'il désire. Cette combinaison machiavélique lui a été inspirée par Lucas son jardinier, la tête forte de la maison, qui sert de conseiller à son maître, et que sa maitresse a l'air de

1. Scène xxv.
2. Scène i.

vouloir consulter sur le mariage de sa fille. Mais, en homme prudent et politique, celui-ci se tient sur ses gardes et ne se prononce pas :

« Madame m'a voulu faire jaser là-dessus. — Mais, Lucas, m'a-t-elle dit, qu'est-ce que tu penses de ce mariage-là? — Je n'en sais rien, Madame. — Mais ma fille par-ci. — Néant. — Mais mon mari par-là. — *Motus*. — Et parce qu'al a vu que je ne li baillais pas de quoi contredire, c'est pour ça qu'al m'a chassé : mais ça ne sera rien; car a m'chasse comme ça tous les jours, et j'ai des finesses pour qu'a me reflatte par contradiction[1]. »

Si rusé qu'il soit, il y a quelqu'un de plus habile que lui, c'est Angélique, une de ces jeunes filles à qui l'esprit vient de bonne heure et qui n'ont pas besoin du secours d'une soubrette pour arriver à leurs fins. Connaissant l'humeur querelleuse de sa mère, elle se garde bien de lui avouer sa passion pour Valère, et se tient sur la réserve. La scène où Mme Oronte l'interroge, pour connaître ses véritables sentiments, est un échange de questions et de réticences diplomatiques :

MADAME ORONTE.

Parlez-moi donc sincèrement une fois en votre vie : Voulez-vous être mariée ou non?

ANGÉLIQUE.

Je vous ai déjà dit, ma mère, que je ne dois pas avoir de volonté.

MADAME ORONTE.

Vous en avez pourtant une, avouez-le... Vous imaginez-vous que le mariage puisse rendre une fille heureuse?

ANGÉLIQUE.

Je vois quelques femmes qui se louent de leur état.

MADAME ORONTE.

Ah! je commence à vous entendre.

ANGÉLIQUE.

Mais j'en vois beaucoup qui s'en plaignent.

1. Scène I.

MADAME ORONTE.

Je ne vous entends plus...

Et le dialogue s'éternise de la sorte, sans que la mère puisse arracher de sa fille aucun aveu.

MADAME ORONTE.

Quoi! il sera dit que je n'aurai pas le plaisir de démêler votre inclination?

ANGÉLIQUE.

Mon inclination est de suivre la vôtre.

MADAME ORONTE.

Elle n'en démordra pas, non.

ANGÉLIQUE.

Je vous obéirai jusqu'à la mort.

MADAME ORONTE.

Quelle obstination! Quel acharnement[1]!

Angélique continue à jouer serré avec tout le monde. C'est elle qui découvre, par un billet anonyme envoyé à sa mère, le complot tramé par Oronte et Lucas en faveur de M. Thibaudois. En même temps, elle désespère son amant Valère, qui se croit trahi et va confier son ressentiment à Mme Oronte. Le pauvre Valère est un soupirant naïf, qui promet à Angélique un mari aussi docile que M. Oronte.

Quant à M. Thibaudois, le riche voisin aux gros doigts chargés de bagues et tutoyant tout le monde, même les femmes qu'il ne connaît pas, parce qu'il a beaucoup d'argent, c'est un modèle parfait de sottise et de grossièreté, digne tout au plus de la farce. En somme, qu'avons-nous là? Une ébauche plutôt qu'une

1. Scène III.

œuvre achevée, la matière d'une comédie qui reste à faire ou à reprendre.

La *Coquette de village* [1] a d'autres proportions : c'est une pièce en trois actes et en vers. Mais les caractères ne sont guère plus creusés ni les personnages plus réels. L'intrigue est des plus minces et roule sur la fausse nouvelle d'un gros lot gagné par le fermier Lucas. L'héroïne de la pièce est une certaine Lisette, fille de Lucas, une ingénue formée à la coquetterie par une veuve Parisienne du voisinage, dame habile et intrigante, qui songe à s'assurer à elle-même un mari, et ne s'aperçoit pas qu'elle est dupée par son élève. La scène se passe au village sans qu'on sache trop pourquoi ; car Lisette n'a rien d'une fille des champs. Elle fait tourner la tête de tous les hommes, du baron comme du receveur, par ses manèges et ses agaceries, et explique à son père comment elle en use avec la veuve :

> . . . . . . Consolez-vous, mon père ;
> Si je suis sotte encor, je ne le suis plus guère.
> Je sais feindre bien mieux que la veuve ne croit ;
> J'ai de la ruse encor bien plus qu'elle n'en voit ;
> Si je lui dis toujours que je suis innocente,
> Que malgré ses leçons je suis une ignorante,
> C'est tout exprès, afin qu'elle se fie à moi [2].

Heureuse simplicité des champs, qu'êtes-vous devenue ? A quoi bon nous mener au village pour y trouver de pareilles novices ? Charlotte et Mathurine dans Molière sont au moins restées des paysannes, même avec leur coquetterie. Lisette sort évidemment d'un pensionnat où l'on doit lire des romans. Son père, le fermier Lucas, est un type de paysan nouveau dans son

1. 1715.
2. Acte I, scène iv.

genre. Comme les valets de Regnard et de Le Sage,
Lucas songe, lui aussi, à devenir riche; il a, dans cet
espoir, mis à la loterie, cette grande tentation du jour,
et voudrait bien être à son tour propriétaire :

> O fortune! ô fortune! est-c' baintôt que j' t'aurai?
> Tu t'enfuis toujours d' moi; quand est-c' que j' t'attrap'rai?

LA VEUVE.

Toujours fortune en tête?

LUCAS.

>   Oui, c'est qu'a m' fait envie.
> Je sis si las, si las, de labourer ma vie!
> Labourer pour c'tici, labourer pour c'tilà;
> *J'ai labouré trente ans : après trente ans me v'là!*
> Labourer pour autrui, c'est un p'tit labourage;
> Faut labourer pour soi, c'est ça qui donn' courage.
> Pour égaliser tout, faudrait-il pas, morgoi!
> Que les autr's, à leur tour, labourissent pour moi[1]?

Le jargon rustique, dont Molière avait usé déjà avec
Pierrot et Lubin, avait été pour Dufresny le langage de
son enfance : il y revient naturellement avec Lucas,
dont il exprime les convoitises et les prétentions naïves.
Jacques Bonhomme se lasse de labourer depuis si longtemps pour les autres; mais du jour où il se croit riche,
il devient à son tour tranchant, hautain, présomptueux et insolent, même en face du baron son maître.
Quand celui-ci lui demande sa fille en mariage, il propose de lui acheter son château :

LE BARON.

Vous vous moquez, je crois : vous vendre mon château!

LUCAS.

Il est tout délabré, j'en f'rai faire un pu biau.
. . . .

1. Acte I, scène II.

(*A part.*) Ce p'tit gentilhomiau, comm' ça fait l'entendu !
  Ça doit d' l'argent partout, et ça croit qu' tout l'est dû.
  Mais j'aurai son châtiau, faudra qu'il déguerpisse ;
  Il a des créanciers, j'aurai ça par justice [1].

La justice et la saisie préparent la revanche de Pierrot et de M. Dimanche contre les Don Juan dissipateurs. Emporté par l'amour du gain, le paysan veut aller à Paris pour faire travailler et *renfler* son argent, comme il l'explique à sa fille Lisette devenue aussi folle que lui. Il se laisse prendre aux mirages de la spéculation et en vient à mépriser la terre qui le nourrit, quand il la compare à l'argent, qui doit faire de lui un seigneur en si peu de temps :

  D'leux terre à not' argent, tiens, v'là la différence :
  Leux terre et leux châtiaux, ça n'fait qu'un p'tit p'loton ;
  Ça n' grandira jamais, non pu qu'un avorton ;
  Mais mon argent, bouté dans la *grande aventure*,
  Ça renflera d'abord, et pi, comme une enflure,
  Ça va gagner [2].

La grande aventure ! elle va venir avec Law et son système si plein de promesses et de déceptions. Le rêve de Lucas finit comme celui de Perrette. Il apprend, hélas ! qu'il n'a pas gagné le gros lot, qu'on s'est joué de lui ; et Lisette, revenue de ses folies, est trop heureuse d'épouser le receveur du village, M. Girard. Il ne faudrait pas exagérer la valeur et la portée de ce rôle du paysan ; cependant l'espoir de Lucas se réalisera le jour où le baron aura émigré, et où l'on vendra ses biens devenus nationaux. Les petits-fils du fermier achèteront le château à vil prix. Dufresny et ses contemporains étaient loin de s'attendre à un pareil dénouement.

1. Acte III, scène III.
2. Acte III, scène V.

Dans la *Réconciliation normande* [1], l'auteur paraît avoir tenté de s'élever aux proportions et au ton de la haute comédie. Cette pièce, en cinq actes et en vers, est une de celles qu'il a le plus travaillées. L'abbé de Pons, qui avait eu connaissance de quelques scènes dès 1715, fondait sur elle les plus belles espérances. Dans l'opinion de tous, elle devait être l'œuvre maîtresse de Dufresny. Allait-il, cette fois, disputer à Regnard cette palme de l'art comique que le *Chevalier joueur* n'avait pu lui assurer? Le sujet même de la pièce, intitulée d'abord : *Un procès de famille*, semblait assez piquant. Un frère et une sœur, Normands de race et d'esprit, brouillés depuis longtemps, doivent se rencontrer à Paris pour régler les comptes d'une nièce, leur pupille, dont ils détiennent les biens et qu'il s'agit de pourvoir d'un mari. La tante devient subitement amoureuse de l'amant de sa nièce, et prétend l'épouser malgré ses cinquante ans, dont elle ne compte que les printemps en oubliant les hivers. Le Comte, frère de la Marquise, n'a qu'un désir : celui de vexer et de désespérer sa sœur. Le problème à résoudre, c'est d'obtenir de ces deux volontés contraires un double consentement pour le mariage d'Angélique avec Dorante et la restitution de ses biens, que l'oncle et la tante tiennent entre leurs griffes. Il y avait là, peut-être, matière à un imbroglio assez comique. Mais, à mesure que le cadre de la pièce s'étend, les défauts ordinaires de Dufresny deviennent plus visibles : l'intrigue s'enchevêtre et s'embarrasse, l'action ne marche qu'à bâtons rompus, malgré les pointes d'esprit et de gaieté dont l'auteur l'assaisonne. Tels sont, par exemple, ces vers plaisants

1. 1719.

sur les avantages de la haine, dont Nérine s'efforce de
convaincre la Marquise pour la dégoûter de l'amour :

> . . . Oui, la haine seule est digne d'un grand cœur.
> Aussi bien que l'amour, la haine a sa douceur :
> Un fiel bien ménagé coule de veine en veine,
> Part du cœur, y retourne. . . . .
> C'est en passant qu'on aime ; on hait plus constamment :
> Le plaisir d'aimer fuit, passe avec la jeunesse,
> Et celui de haïr croît avec la vieillesse [1].

Et ces autres vers, plus connus, sur M. de Procinville, le marquis procureur aspirant à la main d'Angélique :

> Il achetait sous main de petits procillons,
> Qu'il savait élever, nourrir de procédures ;
> Il les empâtait bien, et de ces nourritures
> Il en tirait de bons et gros procès du Mans [2].

Cet art d'engraisser les procès comme les chapons
ne manque pas d'originalité.

La première entrevue du frère et de la sœur a d'abord
toutes les apparences de la cordialité :

LA MARQUISE.

Eh ! bonjour, mon cher frère !

LE COMTE.

> > > > Embrassez-moi, ma sœur.

LA MARQUISE.

C'est avec grand plaisir.

LE COMTE.

> > > > Ah ! c'est de tout mon cœur.

Mais, après les effusions d'une tendresse si long-

----

1. Acte II, scène VI.
2. Acte IV, scène III.

temps comprimée, le vieil esprit de chicane se rallume entre eux à propos du mariage futur de leur
nièce. Tous deux sont d'accord, sans le savoir, pour
proposer M. de Procinville comme le plus sûr aliment
de discorde dans la famille. Mais chacun prétend dicter
d'avance son choix à l'autre, et c'est ainsi qu'on arrive
à se brouiller malgré tous les efforts conciliants d'Angélique et de Nérine.

LA MARQUISE.

Je reconnais mon frère inquiet et soupçonneux.

ANGÉLIQUE.

Eh ! ma tante !

LE COMTE.

Ma sœur sera toujours maligne.

ANGÉLIQUE.

Eh ! mon oncle !

LA MARQUISE.

Ce trait, de mon frère est bien digne.

LE COMTE.

En vain donc j'avais mis, pour avoir l'union,
Entre nous le chemin de Paris à Lyon.

LA MARQUISE.

Et pour venir la rompre, après cinq ans d'absence,
De Lyon vous prenez exprès la diligence [1].

Tout accord est de nouveau rompu.

Une autre scène très finement conduite est celle où
le Chevalier, pour tromper la tante jalouse, invite Angélique à laisser croire qu'elle éprouve pour lui une
tendre passion :

1. Acte II, scène v.

LE CHEVALIER.

Essayez de m'aimer presque réellement ;
. . . .
Ah ! charmante Angélique ! (*bas*) Attendrissez vos yeux.
(*Haut*) Votre tendre douleur augmente encor vos charmes :
On va nous séparer. (*Bas*) Il faut ici des larmes,
Feignez de pleurer.

ANGÉLIQUE (*haut*).

Ah ! je suis au désespoir !

LE CHEVALIER (*haut*).

Je vois couler vos pleurs. (*Bas*) Tirez donc le mouchoir ;
Faudra-t-il tout vous dire[1] ?

Cette scène à double jeu était et serait encore assez neuve au théâtre : peut-être a-t-elle le défaut d'être plus fine et plus subtile que naturelle. Nous avons là, pour ainsi dire, des flammèches comiques, des pointes joviales et spirituelles qui éclatent et pétillent ; mais le grand feu, le grand brasier de la comédie n'est point allumé. Dufresny maugrée lui-même, dans sa préface de la *Coquette de village*, contre ces censeurs jaloux qui l'abordent en lui disant : « Il y a de l'esprit dans tout ce que vous faites ». — « Je vous connais, masques, s'écrie-t-il ; vous me vendez cher cet esprit-là, quand vous faites mon éloge à d'autres qu'à moi. » Les censeurs avaient-ils donc si grand tort ? Ils rendaient justice à l'auteur, en sentant bien aussi ce qui lui manquait.

Si facile et si leste que soit le style de Dufresny, le désordre de sa vie et de ses compositions se retrouve souvent même dans la structure du vers. Comme certains de nos parnassiens modernes, il se soucie peu

1. Acte IV, scène III.

de l'hémistiche et de la césure, qu'il déplace et fait
voyager indifféremment à sa fantaisie :

> C'est comme rien, oui, mais à l'égard des deux autres [1].
>
> . . . .
>
> Ah! l'essentiel, c'est le cœur, les sentiments [2].

Outre la comédie en prose ou en vers prise séparément, Dufresny a usé aussi d'un genre moyen qui ressemble déjà beaucoup à notre *vaudeville* moderne : le
dialogue en prose entremêlé de couplets. Il en a donné
l'exemple dans le *Double veuvage*. La *chanson*, dont il
composait à la fois d'instinct les airs et les paroles, est
encore un genre où il s'est essayé avec succès. Voltaire,
dans ses *Conseils à un journaliste*, cite comme modèle
ces jolis couplets des *Lendemains* :

> Philis, plus avare que tendre,
> Ne gagnant rien à refuser,
> Un jour exigea de Silvandre
> Trente moutons pour un baiser.
>
> Le lendemain, seconde affaire ;
> Pour le berger le troc fut bon :
> Il exigea de la bergère
> Trente baisers pour un mouton.
>
> Le lendemain, Philis plus tendre,
> Craignant de moins plaire au berger,
> Fut trop heureuse de lui rendre
> Tous les moutons pour un baiser.
>
> Le lendemain, Philis, peu sage,
> Voulut donner moutons et chien
> Pour un baiser, que le volage
> A Lisette donnait pour rien.

De toutes les œuvres de Dufresny, celle-ci est peut-
être la seule complète et parfaite que nous connaissions.

En somme, bien que son buste figure au foyer de

1. *La Coquette de village*, acte I, scène v.
2. *La Réconciliation normande*, acte I, scène ii.

la Comédie-Française, Dufresny n'a guère laissé au
théâtre que des espérances et des ébauches inachevées.
L'œuvre maîtresse, si longtemps attendue et annoncée,
n'est pas venue pour lui comme elle viendra un jour
pour Destouches, pour Piron, pour Gresset. Malgré
l'originalité de ses vues, il n'a point ouvert à l'art une
voie nouvelle. Le tempérament, la puissance dramatique, c'est-à-dire le don de soutenir une action et de
faire vivre des personnages, lui a manqué. Avec tant de
qualités brillantes, il n'a pas eu ces bonnes fortunes
prolongées de style et d'explosion comique qui ont valu
à Regnard le second rang, après Molière ; il n'a pas non
plus possédé cette entente de la scène qui fait de Dancourt un si habile arrangeur et directeur de théâtre ;
ni, comme Le Sage, cet art d'allier le romanesque au
réel, et de tailler dans le plein de la nature humaine
des types impérissables, tels que ceux de Gil Blas et de
Turcaret.

Peut-être, grâce à la mobilité et à la variété de ses aptitudes, qui s'égarent dans tous les sens, a-t-il été un
esprit plus critique encore que créateur, plus capable
de concevoir que d'exécuter. La mise en œuvre est
chez lui la partie faible. Au milieu de la querelle des
Anciens et des *Modernes*, l'article où il fait le parallèle
d'Homère et de Rabelais révèle une critique indépen-
dante, hardie et ingénieuse. Voltaire aura besoin que
le Régent le ramène à la lecture du *Gargantua* et du
Pantagruel pour voir dans Rabelais autre chose qu'un
grossier bouffon : Dufresny reconnaît en lui non seulement un philosophe, un moraliste, mais un vrai, un
grand poète [1], qui a son *Iliade* et son *Odyssée*. Faire

---

1. « Il ne manque à Rabelais pour être *grand poète* que d'avoir
écrit en vers : son livre est un *poème* en prose. »

de Rabelais un poète, nul ne l'avait osé depuis Étienne Pasquier ; et surtout le comparer à Homère, c'était jeter une nouvelle pomme de discorde dans les deux camps. Dufresny tente l'aventure et se montre écrivain plein d'*humour* et de fantaisie. C'est ce qu'il est par-dessus tout, au théâtre comme ailleurs.

Nous rappellerons encore pour mémoire cet autre ouvrage humoristique et bigarré qu'il intitule : *Amusements sérieux et comiques*. Il y met en scène un Siamois qu'il s'amuse à promener dans Paris, du Palais à l'Université, du quartier Latin à l'Opéra, des Tuileries aux maisons de jeu, en nous faisant part de toutes ses réflexions. « J'entrerai, dit-il, dans les idées abstraites d'un Siamois, je le ferai entrer dans les nôtres ; enfin, supposant que nous nous entendons à demi-mot, je donnerai l'essor à mon imagination et à la sienne. » On voit d'ici le parti qu'a su tirer Montesquieu de cette fiction pour former son *Persan*, qui devait bientôt éclipser et faire oublier le *Siamois* de Dufresny. Nous retrouvons partout et toujours l'homme des tâtonnements, des ébauches et des aventures, n'achevant rien, mais provoquant l'éclosion chez d'autres plus patients, plus économes ou plus heureux que lui.

CHAPITRE V

DANCOURT (1664-1725).

I

Ce qui manque à Dufresny pour l'entente et la conduite de la scène, va se rencontrer chez Dancourt[1], esprit moins original si l'on veut, ou plutôt moins subtil et moins universel, mais plus pratique, plus sensé, plus naïf et mieux fait pour le théâtre. Dancourt, par sa naissance, appartient à une vieille souche bourgeoise et parisienne ; il eut pour aïeule une fille du savant Guillaume Budé, l'un des créateurs du Collège de France. Élevé chez les jésuites, ses succès d'écolier et ses heureuses facultés inspirèrent aux Pères le désir et l'espoir de l'attacher à leur compagnie. Mais ses regards se tournaient déjà vers le monde, son vrai milieu et son plus cher objet d'étude. Reçu avocat, il débute au barreau, dont il se dégoûte vite malgré son talent de parole. Une autre vocation irrésistible l'appelait ailleurs, celle du théâtre. Comme Molière, il épouse une comédienne, la fille de la Thorillière, et

---

1. Dancourt a été l'objet d'une thèse piquante et spirituelle présentée devant la Faculté des lettres par M. Jules Lemaître, en 1883.

s'enrôle dans la troupe dont il devient le directeur,
l'orateur et le pourvoyeur infatigable durant trente ans.

A part la différence du génie, qui est immense, Dancourt semble avoir remplacé Molière comme acteur et auteur dans la direction de la Comédie-Française. Comme lui, il est honoré par Louis XIV d'une estime et d'une faveur particulières. Le roi aimait à l'entendre et le faisait venir dans son cabinet pour écouter la lecture de ses ouvrages. On connaît la fameuse histoire de la fenêtre ouverte et de l'escalier, où le monarque donne à l'acteur une si grande preuve d'intérêt en le retenant par le bras et lui disant : « Prenez garde, Dancourt, vous allez tomber »[1]. Sa bonhomie, franche et fine à la fois, la distinction et l'élégance de sa parole, étaient autant de titres à la bienveillance royale. Comme orateur de la troupe, il plaida la cause de la Comédie-Française devant l'archevêque de Paris et le président de Harlay, le jour où, portant aux administrateurs de l'hôpital le droit des pauvres prélevé sur les recettes du théâtre, il demanda que l'Église n'excommuniât plus ceux dont elle acceptait si volontiers l'argent. « Dancourt, lui répondit M. le premier président, nous avons des oreilles pour vous entendre, des mains pour recevoir les aumônes que vous faites aux pauvres, mais nous

---

1. M. Sarcey dit plaisamment, à propos de cette histoire racontée par le P. Niceron : « Un homme marche à reculons devant lui (le Roi), comme c'était l'étiquette ; il arrive au bord d'un escalier ; un pas de plus, et il va tomber sur la tête en arrière ; il se brisera infailliblement la colonne vertébrale. Le roi daigne le retenir de sa propre main : quel grand monarque ! et il condescend à lui dire : « Prenez garde ! vous alliez tomber ! » C'est un trait de bonté inouï, qu'il faut recueillir soigneusement pour en orner les morales en action de l'avenir. Ce fétichisme nous fait sourire aujourd'hui. Nous n'avons plus la foi ! » (*Théâtre choisi de Dancourt*, Notice sur Dancourt, édit. Laplace.)

n'avons pas de langues pour vous répondre. » Dancourt
ne répliqua pas ; et pourtant il avait la parole toujours
prête, si l'on en croit cette vive riposte adressée au
P. Larue, son ancien maître, qui le plaignait d'être
tombé dans ce triste état de comédien : « Ma foi, mon
père, je ne vois pas que vous deviez tant blâmer l'état
que j'ai pris. Je suis comédien du roi : vous êtes comédien du pape. Il n'y a pas tant de différence entre nous. »
La réponse est-elle bien authentique? On a le droit d'en
douter, quoiqu'elle soit racontée partout. Mais elle nous
montre, du moins, l'indépendance de parole et de position dont jouissait Dancourt. Aujourd'hui encore, à
voir son portrait dans le foyer du Théâtre-Français, sa
figure ouverte, intelligente, épanouie, on comprend que
la belle humeur et la gaieté aient été son lot. Plus
heureux que Molière, il eut le temps de se reposer, de
se recueillir et de se préparer à la mort. Retiré du
théâtre à l'âge de cinquante-sept ans, il consacre ses
dernières années à traduire les Psaumes de la pénitence :
il avait même fait construire d'avance son tombeau, qu'il
visitait quelquefois en véritable philosophe chrétien.

Comme auteur dramatique, Dancourt est moins
encore un écrivain qu'un praticien. Depuis qu'il a
quitté le collège, lui-même avoue qu'il n'a guère lu ni
les anciens ni les modernes, et qu'il connaît le théâtre
surtout par le bon sens et par l'usage. Homme du
métier, acteur avant tout, il accorde à l'action la meilleure part. Il se sent le maître sur les planches de son
théâtre ainsi que le capitaine à son bord. Malgré ses nombreux succès, il a parfois ses jours de houle et de tempête, dont il se console en allant dîner avec sa femme au
cabaret voisin. Pour conduire et filer une action, il s'y
entend aussi bien et mieux que Molière lui-même. En

revanche, ne lui demandez pas de profondes analyses de caractères, de beaux morceaux de style, de grands coups d'aile comme ceux du *Tartufe* ou du *Misanthrope*. Il ne vise pas à la haute comédie et n'en approche qu'une fois à peine dans le *Chevalier à la mode*; il ne se flatte pas de peindre ces types éternels et généraux qui appartiennent à tous les temps et à tous les siècles. Bien éloigné de l'idéal, il se contente du réel tel qu'il le trouve autour de lui. Entre ses mains, la chronique du jour se transforme en pièce de circonstance ; une aventure, un scandale, une mode, un dicton devenu proverbe, suffisent pour lui fournir une comédie. Il saisit au passage les silhouettes humaines et éphémères qui défilent devant lui, et fait de son théâtre un miroir mobile et changeant de la société contemporaine. *La Désolation des Joueuses* est composée à l'occasion de la défense récemment faite aux oisifs de s'attrouper pour jouer au lansquenet. *Les Curieux de Compiègne* lui sont inspirés par quelques épisodes plaisants arrivés au camp du Dauphin, près Compiègne. *Le Chevalier à la mode*, lui-même, rappelle l'histoire récente de deux femmes qui s'étaient disputé, l'épée à la main, la possession d'un amant. On comprend quel attrait toutes ces anecdotes et ces commérages, traduits sur la scène, avaient pour les contemporains. Imaginez le *Petit Journal* transformé en comédie, et bien plus amusant que le *Mercure*. A coup sûr, ce n'est pas de l'art bien relevé, mais le public s'y divertit, et Dancourt n'en demande pas plus.

Obligé de suffire à la consommation de son théâtre, tout en cumulant les fonctions d'acteur, d'auteur et de directeur, il produit en moins de trente ans plus de soixante pièces. Ses détracteurs et ses envieux ont

prétendu qu'elles n'étaient pas toutes de lui, qu'il
ne les avait pas faites seul, ou même qu'il en avait dérobé quelques-unes à des auteurs dont il avait gardé
les manuscrits. C'est ainsi que l'honneur de ses deux
meilleures comédies, *Le Chevalier à la mode* et *Les Bourgeoises de qualité*, fut en grande partie attribué à
M. de Saint-Yon, le descendant de ces fameux bouchers
qui s'illustrèrent avec Étienne Marcel, au temps de
Charles V. Cette accusation de plagiat n'avait pas été
épargnée jadis à Molière pour son *École des femmes*,
pas plus qu'elle ne le fut à Regnard pour son *Joueur*.
Elle s'est renouvelée encore plus d'une fois de nos jours.
Que Dancourt, grâce à sa position de directeur et à sa
réputation d'habileté scénique, ait eu des gens du
monde pour collaborateurs, rien d'impossible. Mais
nous croyons qu'on peut lui appliquer ici le bénéfice de
cet éloge ingénieux adressé par Villemain à Scribe en
le recevant à l'Académie : « Ces pièces que vous n'avez
pas faites seul, mais qu'on n'eût pas faites sans vous ».
Dancourt a jeté l'étincelle dramatique, il a donné la vie
et le mouvement à ce qui eût été peut-être sans lui
insipide et languissant.

Un autre reproche qu'on lui adresse, c'est d'avoir
fait descendre la comédie dans un monde inférieur,
d'y avoir introduit les personnages, les mœurs et les
goûts de la populace plutôt que ceux de la bonne société. Racine et Voltaire se montrent déjà bien sévères
à cet égard. J.-J. Rousseau, plus rigoureux encore,
déclare Dancourt bon seulement pour amuser les libertins et les filles perdues. Mais n'oublions pas que ce
jugement est rendu par l'auteur de la *Lettre sur les
spectacles*, un ennemi juré du théâtre, qui trouve
déjà le *Misanthrope* fort immoral et fort dangereux.

Rousseau, plus susceptible que le duc de Montausier,
se trouvait personnellement blessé dans le rôle si honorable d'Alceste.

Sans doute, Dancourt a une préférence marquée pour
les sujets populaires, qui se rapprochent souvent de la
farce : il se plaît mieux au village et au moulin que
dans le salon de Célimène. Les titres mêmes de ses pièces
nous le disent assez : les *Vendanges de Suresnes*, le
Moulin de Javel, la *Foire de Saint-Germain*, le *Galant
Jardinier*, etc. Bien qu'on voie encore, à travers ces
paysanneries bourgeoises, passer l'ombre d'un baron,
d'un comte et d'un chevalier presque toujours endetté,
les notaires, les greffiers, les commissaires, les huis-
siers, les baillis, les procureurs, tiennent ici le haut du
pavé et sont devenus les personnages importants, au
lieu d'être, comme autrefois, de simples comparses. Le
Chevalier à la mode semble nous ramener au beau
monde; mais ce monde lui-même est fort mêlé, frelaté
et amoindri dans la personne du Chevalier et de la Baronne : l'élément bourgeois domine encore avec Mme Patin et M. Serrefort.

En abaissant la condition des personnages, l'auteur a
dû nécessairement aussi abaisser le style de la comédie :
c'est là encore un grief dirigé contre lui, mais qu'il ne
faudrait point exagérer. A vrai dire, les vers de Dancourt sont en général assez médiocres; mais sa prose
est très franche, très naturelle, marquée au bon coin
de la vraie langue française, qui n'est pas toujours celle
des salons ou de l'Académie. Elle a ses vulgarités, ses
trivialités même, qui sont bien du terroir et du cru de
Paris ou de la banlieue : elle ne redoute pas les mots
salés. Mais Louis XIV et les grandes dames comme
Mme de Sévigné ne les craignaient guère non plus. Nul

n'a su faire un meilleur emploi du style villageois, avec un mélange de simplicité et de niaiserie qui n'exclut ni la finesse, ni l'esprit. Molière n'en a usé qu'en passant avec Pierrot, Lubin et Mathurin : Dancourt ose en remplir quelques-unes de ses comédies : le paysan, dont le fabliau et l'ancienne farce avaient tiré si bon parti, va reprendre place sur la scène, et quelquefois au premier rang, entre les bourgeois et les marquis.

Après avoir étudié dans leur ensemble le caractère, le talent et le théâtre de Dancourt, il nous suffira d'en offrir un échantillon dans trois de ces pièces qui nous représentent trois classes de la société : la noblesse, la bourgeoisie et les paysans. Nous avons nommé déjà le *Chevalier à la mode*, les *Bourgeoises de qualité* et le *Galant Jardinier*.

II

Le *Chevalier à la mode* (1687) est regardé sans contestation comme le chef-d'œuvre de Dancourt. Tout est amusant dans cette pièce, depuis le commencement jusqu'à la fin. L'intrigue en est bien conduite, facile à suivre, exempte de ces heurts, de ces complications et de ces points d'arrêt subits qui nous déroutent si souvent chez Dufresny. Les caractères, sans être profondément creusés, ont pourtant assez de relief pour ressortir nettement dans l'action. Le Chevalier, Mme Patin, M. Serrefort, la Baronne et la petite Lucile sont des figures qu'on n'oublie pas après les avoir vues : pierre de touche excellente pour juger la valeur d'une œuvre dramatique.

Grâce à Mme Patin, nous entrons dès la première scène, dès le premier mot, en plein comique. Cette bourgeoise enrichie, veuve d'un « honnête praticien, qui a gagné modestement deux millions au service du roi », comme dit Lisette, enrage de n'être ni baronne, ni comtesse, ni marquise. Elle suffoque en arrivant, et tombe à demi évanouie sur un fauteuil. Que lui est-il donc arrivé? Elle va nous le raconter avec indignation :

Une marquise de je ne sais comment, qui a eu l'audace de faire prendre le haut du pavé à son carrosse, et qui a fait reculer le mien de plus de vingt pas!

Et cela, quand Mme Patin était en beau costume de clinquant dans son grand carrosse tout neuf et tout doré, avec son cocher à barbe retroussée et ses six laquais chamarrés de galons, tandis que cette gueuse de marquise était blottie au fond d'un vieux carrosse traîné par des chevaux étiques, avec des laquais en guenilles. On voit d'ici déjà les deux mondes qui se jalousent et entrent en lutte : la noblesse et la finance.

MADAME PATIN. — Je l'ai pris sur un ton proportionné à mon équipage; mais elle, avec un *taisez-vous, bourgeoise!* m'a pensé faire tomber de mon haut [1].

Aussi, pour se venger, songe-t-elle à devenir grande dame à son tour, à ne plus s'appeler Mme Patin, un maudit nom qui lui vaut toutes ces avanies. Elle caresse un projet de mariage avec le Chevalier. Celui-ci pourrait être son fils : qu'importe ? Elle n'en raffole que davantage. Toutes les extravagances et les chimères semblent s'être donné rendez-vous dans cette imagination féminine que troublent l'amour et la vanité. Les vertes réprimandes de son beau-frère, M. Serrefort, les sages avis de sa servante Lisette, les preuves les plus

1. Acte I, scène i.

évidentes d'infidélité et de trahison ne peuvent la guérir de sa folle passion. Elle fait mieux ou pis encore,
elle la communique, par son exemple, à sa nièce, la
jeune Lucile, qui va se trouver, sans le savoir, la rivale
de sa tante.

L'objet qui met ainsi en émoi tous les cœurs féminins
est un jeune damoiseau effronté, menteur, libertin,
dépensier, qui trouve dans la galanterie un moyen de
vivre sans honneur et sans scrupule : vrai chevalier
d'industrie, qui marche de loin sur les traces de Dorante et de don Juan. M. Migaud, un homme de justice
bien informé, se charge de nous édifier sur son compte.

Il a ordinairement cinq ou six commerces avec autant de
belles. Il leur promet tour à tour de les épouser selon qu'il a plus
ou moins affaire [1] d'argent. L'une a soin de son équipage, l'autre
lui fournit de quoi jouer, celle-ci arrête les parties [2] de son tailleur. Celle-là paye ses meubles et son appartement ; et toutes ses
maîtresses sont comme autant de fermes qui lui font un beau revenu [3].

Poursuivant de front pour le moment trois amours et
trois intrigues, avec Mme Patin, avec la Baronne, avec
Lucile, il songe à tirer des deux premières l'argent dont
il a besoin pour enlever la troisième. Et toutes ces scélératesses, il les commet avec un mélange de persiflage,
d'étourderie, d'impudence et d'émotion simulée le plus
facilement du monde. Pris en flagrant délit de duplicité et de trahison par Mme Patin et sa nièce, il trouve
moyen de se justifier et d'être à la fois maudit et adoré
des pauvres dupes dont il se moque. Même en présence
de M. Serrefort, dont il allait enlever la fille et qui devrait le jeter par la fenêtre, il garde son sang-froid im-

1. Besoin.
2. Factures.
3. Acte III, scène II.

perturbable et son effronterie audacieuse, en se disant toujours prêt à épouser. De ces deux mariages manqués il ne regrette qu'une chose, les mille pistoles de Mme Patin, et se propose d'aller retrouver la Baronne, en attendant une meilleure fortune. Dancourt n'a pas trop appuyé sur le côté odieux de ce rôle; il en a peint seulement le cynisme étourdi et l'absence complète de sens moral.

Parmi les victimes du damoiseau scélérat, nulle n'est plus inflammable et plus irascible que la Baronne, l'éternelle plaideuse, capable d'oublier un moment son procès, ce beau procès qui remonte au temps de la bataille de Pavie, en ne songeant qu'à son chevalier. Pour lui, elle dispute à une fillette, Lucile, l'honneur du madrigal que le traître a envoyé à ses trois maîtresses : pour lui, elle est prête à croiser le fer avec Mme Patin.

La petite Lucile, cette pensionnaire écervelée qui court sur les brisées de sa tante, et veut épouser également un homme de qualité, est un rôle aussi vif et aussi gai que neuf au théâtre. Ce n'est point encore une friponne comme l'Agathe des *Folies amoureuses*, ou comme la *Coquette de village* : c'est une ingénue, mais d'une espèce particulière, ayant, avec toute l'innocence et la simplicité de son âge, un goût précoce et décidé pour les aventures : c'est déjà une petite folle que l'exemple de sa tante aura bientôt menée loin. Avec la ruse mutine d'une enfant, elle a compris qu'elle trouverait dans Mme Patin un appui contre la sévérité de son père, et la consulte pour savoir si elle doit se laisser enlever. « Ce monsieur m'a priée de vouloir bien consentir qu'il m'enlevât. Conseillez-moi d'y consentir, ma tante ; vous ne sauriez me faire plus de plaisir. » La tante, indulgente et enchantée de jouer un mauvais tour à son beau-frère, offre à sa nièce de faire venir son amant chez elle, et promet de les faire transporter tous deux incognito, avec son carrosse à six chevaux, dans un château où nul ne pourra les atteindre. Lucile, en fille prudente, ajoute :

Au moins, ma tante, ce n'est que par votre conseil que je me laisse enlever, et je me garderais bien de m'engager dans une démarche comme celle-ci, si vous n'étiez la première à l'approuver.

Madame Patin. — Allez, allez, quand vous ne prendrez que de mes leçons vous n'aurez rien à vous reprocher [1].

Au milieu de toutes ces têtes affolées la raison a pour représentant M. Serrefort et la servante Lisette. M. Serrefort, comme l'indique son nom, est un rude beau-frère à poigne, armé de son bon sens impitoyable, comme d'une tenaille ou d'un étau dont il étreint et fait crier les nerfs sensibles et les sottes vanités de sa belle-sœur. Pénétré de cet esprit sage, modéré, circonspect, qui anima longtemps notre vieille bourgeoisie française, il blâme ce luxe insolent des parvenus, ce faste propre à faire des jaloux et des envieux, et peut-être à susciter des périls contre une fortune de finance si rapidement acquise. N'avait-on pas déjà plus d'une fois fait rendre gorge aux traitants? M. Serrefort est un de ces hommes sensés qui voient dans la modestie bourgeoise un gage de sécurité. En même temps, jaloux de l'honneur de sa famille, il rappelle Mme Patin, trop oublieuse, au respect de son défunt mari, qu'elle dédaigne si volontiers.

Eh! têtebleu! madame Patin, c'est le plus bel endroit de votre vie que le nom de Patin, et sans l'économie et la conduite du pauvre défunt, vous ne seriez pas en état de prendre des airs si ridicules [2].

1. Acte V, scène v
2. Acte II, scène ii.

Aussi opiniâtre dans ses réprimandes que Mme Patin dans ses folies, il apparaît, comme la statue du Commandeur, aux moments critiques et décisifs. Il veut sauver sa belle-sœur malgré elle, et lui impose l'obligation d'aller présenter des excuses à la Marquise, dont elle peut craindre le ressentiment et la vengeance.

Lisette lui vient en aide dans cette grande entreprise de sauvetage si difficile, où il a le bonheur de repêcher sa fille prête à se noyer et à se perdre avec sa tante. La soubrette est encore ici de la bonne race fidèle et dévouée des serviteurs qui prennent en main la cause de leurs maîtres. Dès le premier jour, elle a flairé les périls d'un mariage avec le Chevalier : elle prévient à temps M. Serrefort et la Baronne, dont la visite matinale épouvante si à propos Mme Patin, au moment où elle s'apprête à commettre une dernière sottise. C'est à Lisette qu'appartient le mérite du dénouement.

Tous ces personnages, si chargés et si rapidement esquissés, ont du moins un grand avantage : ils vivent et ils amusent. Les scènes comiques abondent et se succèdent avec une variété inépuisable. Rappelons, en passant, celle de la dispute entre la baronne et Lucile, auxquelles se joint bientôt Mme Patin. Toutes trois prétendent à l'honneur du madrigal, jusqu'à la découverte finale des tablettes accusatrices. Puis, la scène de dépit et de désespoir amoureux jouée par le Chevalier qui se jette aux genoux de Mme Patin, visiblement touchée de voir un homme de qualité ainsi prosterné devant elle et lui jurant ses grands dieux qu'il est l'amant le plus fidèle et le plus innocent : le tout terminé par la demande de mille pistoles qu'il prétend devoir à la Baronne. Puis, l'apparition de cette terrible Baronne venant provoquer en duel Mme Patin : charge outrée, si l'on veut, quoique empruntée à l'histoire du temps et même renouvelée à notre époque. Mais, le ton une fois donné, on se laisse aller au rire, sans y regarder davantage.

LA BARONNE. — Madame, choisissez de ces deux épées laquelle vous voulez.

MADAME PATIN. — Moi, Madame, prendre une épée! Et pourquoi, s'il vous plaît?

LA BARONNE. — Pour me tuer, si vous le pouvez.

MADAME PATIN. — Moi, je ne veux tuer personne.

LA BARONNE. — Mais je veux vous tuer, moi.

MADAME PATIN. — Eh! bon Dieu! que vous ai-je fait pour vous donner de si méchantes intentions?

LA BARONNE. — Allons, point tant de raisonnements, ma douce amie! vous m'enlevez le Chevalier : il est à moi ce chevalier, aussi bien que mon moulin, et c'est une grâce que je vous fais de vouloir bien voir à qui il demeurera [1].

Mme Patin, épouvantée, appelle à son aide ses laquais, son cocher, son portier, son cuisinier, etc.

Ah! mes enfants! jetez-moi Madame par les fenêtres, je vous en prie.

LA BARONNE. — Merci de ma vie! le premier qui avance, je lui donnerai de ces deux épées dans le ventre.

Et, jetant un regard de mépris sur sa rivale, elle se retire comme don Gormas dans *le Cid* après avoir désarmé don Diègue : « Elle veut devenir femme de qualité, et elle n'oserait tirer l'épée! »

Enfin, notons encore la jolie scène où le Chevalier se trouve en présence de la tante qu'il doit épouser et de la nièce qu'il doit enlever le même jour; l'aplomb avec lequel il ose donner tour à tour pour excuse l'appât des quarante mille livres de rente de Mme Patin et les beaux yeux de la brune Lucile, si bien que la tante et

---

1. Acte V, scène III.

la nièce arrivent à se quereller et à se reprocher mutuellement leur malheur.

Madame Patin. — Ah ! petite coquette, ce sont vos minauderies qui m'ont enlevé le cœur du Chevalier. Je ne vous le pardonnerai de ma vie.

Lucile. — Oui, ma tante : il n'aimerait que moi sans vos quarante mille livres de rentes. C'est moi qui vous ne le pardonnerai pas[1].

Toutes deux finiront cependant par se consoler en songeant qu'aucune d'elles n'aura le Chevalier. Reste, il est vrai, la Baronne, qui devrait bien l'épouser pour ses péchés. Ce serait du moins le Purgatoire à deux.

III

Les *Bourgeoises de qualité* (1700)[2], dont le titre primitif était la *Fête de village*, bien qu'il n'y ait de fête que dans le divertissement de la fin, roulent sur le même thème et le même ridicule, mais restent fort au-dessous du *Chevalier à la mode*. Nous avons là moins une comédie qu'une revue de personnages grotesques peints à gros traits, comme sur une page du *Journal pour rire* mise en dialogue. L'intrigue, souvent si bien conduite chez Dancourt, est des plus minces et des plus nulles. Nous sommes en plein monde bourgeois de procureurs, de greffiers, de tabellions et de magisters, disant *j'allons* et *j'venons*, comme de simples paysans : puis, au milieu de cette société peu choisie, un certain comte ruiné qui se prépare à épouser la veuve d'un greffier pour sa fortune. L'auteur a voulu nous offrir en groupe ce qu'il nous avait donné séparément sous

1. Acte V, scène VI.
2. Il existait déjà une pièce d'Hauteroche portant ce titre et représentée en 1690.

une forme bien autrement vive et comique avec Mme Patin : une société de bourgeoises piquées de la tarentule nobiliaire et mettant en commun leur sottise et leur vanité.

La Greffière est une extravagante qui, sur la foi d'une tireuse de cartes, la Duverger, célèbre alors, se croit en passe de devenir femme de qualité et annonce son prochain mariage avec le Comte. Mme Blandineau sa sœur, simple procureuse, étouffe et se pâme de douleur et de jalousie à cette nouvelle. Une cousine, Mme L'Elue, n'en est pas moins désespérée, et déclare qu'il faut aviser, agir, se remuer, pour prévenir un pareil scandale. Une quatrième bourgeoise, Mme Carmin, femme d'un ancien marchand de laines, annonce solennellement qu'elle va devenir Mme la Présidente, son mari ayant acheté un siège présidial dans un petit ressort où il réunira à lui seul tous les pouvoirs judiciaires. De là naît un assaut de jalousies et de simagrées féminines. On se salue réciproquement du titre de *Comtesse* et de *Madame la Présidente* : on joue à la noblesse comme les petites filles jouent à la *Madame* dans leurs divertissements enfantins.

Entre toutes ces têtes à l'envers, M. Blandineau et M. Naquart, deux procureurs, représentent l'un l'esprit ancien, l'autre l'esprit nouveau. M. Blandineau tient pour les vieilles mœurs simples et frugales ; M. Naquart est un homme de progrès, qui va de l'avant. « Autrefois, monsieur Blandineau, on se gouvernait comme autrefois : vivons à présent comme dans le temps présent. Ne voudriez-vous point supprimer les mouchoirs, parce qu'autrefois on se mouchait sur la manche [1] ? » M. Na-

---

1. Acte I, scène II.

quart est d'avis qu'il faut passer aux femmes quelques folies. Aussi s'est-il mis dans l'esprit d'épouser la Greffière malgré elle et malgré ses extravagances, ne serait-ce que pour avoir l'honneur de la rendre raisonnable. Peu scrupuleux sur les moyens, il dicte au tabellion un double contrat où il substitue son nom à celui du Comte, et quand l'homme de loi témoigne quelques scrupules de conscience : « Il ne s'agit pas de conscience là dedans, lui dit-il, et entre gens du métier.... »

LE TABELLION. « Ça est vrai, vous avez raison : il ne peut pas s'agir d'une chose qu'on n'a pas [1]. »

D'ailleurs, M. Naquart tient entre ses griffes M. le Comte, dont il a si bien dirigé les affaires qu'il est devenu maître de ses terres et de ses châteaux.

Le Comte, après s'être fait gruger et exploiter, ne serait pas fâché de rançonner les autres à son tour. Bien qu'amoureux d'Angélique, une jeune fille charmante, mais sans dot, il épousera la Greffière provisoirement, avec l'espoir de l'enterrer assez vite pour revenir à son premier amour : il se propose de redorer son blason en se mettant lui-même dans les affaires. Et quand M. Naquart lui dit : « Un homme de votre qualité dans les affaires ! » Le Comte lui répond, sans grand souci de sa dignité : « Pourquoi non ? Les gens d'affaires achètent nos terres, ils usurpent nos titres et nos noms même : quel inconvénient de faire leur métier pour être quelque jour en état de rentrer dans nos maisons et dans nos charges [2] ? »

La distinction des classes, si nettement marquée encore dans Molière, va s'effacer de plus en plus : l'argent

1. Acte I, scène I.
2. Acte III, scène IV.

est le grand tentateur et le grand niveleur qui fait
monter les uns et descendre les autres. Faible par le
fond et par l'intrigue, comme par la peinture des caractères, cette pièce n'a guère d'autre mérite que de
nous laisser entrevoir un coin tant soit peu chargé de la
société contemporaine. Nous y retrouvons toutes les
ambitions et les aspirations folles qui troublent les
têtes bourgeoises depuis M. Jourdain. Mme Blandineau,
la femme du procureur, veut avoir un page qui porte
sa queue, et choisit comme tel Cascaret, le petit clerc
de l'étude, tandis qu'elle prétend faire du premier clerc
un écuyer pour le service de la table : car Mme Blandineau se pique de recevoir comme dans le grand monde.
La Greffière rêve qu'elle a une longue suite de laquais,
et se voit déjà dans un équipage : « Holà ! ho ! laquais,
petit laquais, grand laquais, moyen laquais, qu'on
prenne ma queue ! Avancez, cocher ; montez, madame ;
après vous, madame ; eh ! non, madame c'est mon carrosse. Donnez-moi la main, chevalier ; mettez-vous là,
comtin. Touche, cocher. La jolie chose qu'un équipage[1] ! »

M. Blandineau n'a-t-il pas raison de s'écrier : « Voilà
un équipage qui la mènera aux Petites-Maisons ». C'est
le chemin que prennent bien des gens alors. Tout sage
qu'il est, M. Blandineau lui-même finira par céder aux
exigences de sa femme, et par vendre sa charge pour
acheter le marquisat de Boistortu, tandis que M. Naquart, en vertu d'un contrat passé avec le Comte, qu'il
institue son héritier, s'appellera bientôt M. de la
Naquardière.

Le chant final par lequel se termine l'action en
contient la moralité. Un chœur de paysans et de

____

1. Acte I, scène III.

paysannes, conduit par le Magister, vient saluer la naissance d'un siècle nouveau :

> Célébrons l'heureuse Greffière,
> Qui, lorsque le siècle prend fin,
> Se fait, pour le siècle prochain,
> Comtesse de la Naquardière.

La pièce était représentée en 1700. « C'est la saison des révolutions que la fin des siècles », s'écrie quelque part l'auteur. Dancourt ne croyait pas être si bon prophète, et ne supposait pas que la fin de ce siècle nouveau verrait disparaître toutes ces noblesses vraies ou fausses, dans la grande tempête de 89. Homme du passé, il semble regretter la simplicité d'autrefois. quand il fait dire à sa seconde paysanne :

> Si l'on ne vous eût pas quitté,
> Modeste ornement de nos mères,
> Vertugadin, collet monté,
> Si l'on ne vous eût pas quitté,
> On eût gardé la pureté
> De leurs mœurs et de leurs manières.
>
> . . . .
> Tout est orgueil et vanité
> Dans la plus simple bourgeoisie.
> Du ridicule ici traité
> Paris fournit mainte copie.

Le *Galant jardinier* va nous montrer encore cette aspiration continuelle des classes inférieures vers la fortune, qui explique si bien le succès de la banque de Law quelques années plus tard. Dans notre pays de France, le sentiment de l'égalité prend de bonne heure cette forme singulière, que tout le monde veut avoir sa part de privilèges. Comme le fermier de Dufresny, le jardinier de Dancourt confie à sa femme Mathu-rine ses espérances et ses projets. Il a trouvé un papier qu'il ne peut pas lire, mais qui, dans son opinion, doit contenir une fortune : « Si j'ai une fois de l'argent, crac, je me boute dans les affaires, je me fais partisan ; tu seras partisanne ; j'achèterons queuque charge de noblesse, et pis, et pis, on oubliera ce que j'avons été, et je ne nous en souviendrons, morgué ! peut-être pas nous-mêmes [1]. »

Les paysans de Dancourt ressemblent déjà tant soit peu à ceux de Balzac. Ce sont de fins madrés qui, avec leur air naïf, leur jargon rustique et leurs gros sabots, savent exploiter les gens du monde, bourgeois et grands seigneurs. Lucas s'est fait payer son silence pour ne pas dire que Léandre, son prétendu garçon jardinier, est l'amant d'Angélique ; mais il apprend que le père du jeune homme offre trente pistoles à qui lui dira où est son fils. Alors il se sent des scrupules, et vient trouver La Montagne, le valet de Léandre :

Vous m'avez baillé quinze pistoles pour ne pas dire que c'est votre maître qui est ici.

LA MONTAGNE. — Eh bien ?

LUCAS. — Et son père en promet trente à sti qui ly dira où il est : je m'fais comme ça des scrupules.

LA MONTAGNE (*bas*). — Voilà un maître maroufle avec ses fantômes !

LUCAS. — Je n' saurais sarvir sti-ci sans tromper sti-là, voyez-vous ; et j'ai dans l'imagination que ce serait blesser ma conscience, si je ne sarvais pas sti qui promet l'plus, au préjudice de sti qui baille le moins [2].

Après avoir tiré encore vingt louis d'un silence qu'il ne garde pas, il songe à gagner les trente pistoles promises par le père en lui révélant la retraite de son fils.

Lucas devient ainsi le principal moteur de l'action et du dénouement à son insu. En réalité, c'est le person-

1. Scène v.
2. Scène viii.

nage le plus amusant de la pièce. Les autres n'ont ni grand relief ni grande originalité. Le ménage bourgeois de M. et Mme Dubuisson, les amours de Léandre et de Lucile, les ruses même de La Montagne n'offrent rien de bien nouveau.

Pourtant l'habile conduite de l'intrigue et quelques scènes plaisantes ont assuré à cette œuvre un succès assez durable. Le dialogue des *deux bègues* surtout est resté un morceau traditionnel au théâtre. M. Caton, l'époux futur d'Isabelle, homme sage et de sens rassis, comme l'indique son nom, et l'avocat Bavardin, cousin des Dubuisson, tous deux bégayant à qui mieux mieux, se rencontrent et se demandent lequel se moque de l'autre.

M. Bavardin (*bas*). — M. Ca... Caton se moque de moi, je pense ; voyons un peu s'il continuera. (*Haut*) Je suis ravi que vous épousiez Lu.. Lucile : vous serez cou... cousin-germain de ma mère.

M. Caton (*bas*). — Papa... parbleu, il me contrefait. Voyons jusqu'où cela ira. (*Haut*) Ce sera bien de l'ho... l'honneur pour moi, d'être allié à un homme comme vous, qui êtes un fou... fou... foudre d'éloquence [1].

Ils en viennent à se fâcher, quand la servante Marton les calme en leur apprenant la vérité : les deux bègues finissent par s'embrasser.

Cette petite bluette comique offre un échantillon des paysanneries bourgeoises, telles que les a peintes souvent Dancourt, avec quelques intermèdes de chants et de danses, sorte de genre moyen entre la vieille farce et l'opérette moderne. Mais ce sont là des amusements plutôt que des œuvres vraiment littéraires. Nous revenons à la haute comédie avec le *Turcaret* de Le Sage.

1. Scène XVIII.

CHAPITRE VI

LE SAGE (1668-1747).

Son caractère et son talent. — Le poète dramatique.
Crispin rival de son maître. — Turcaret.

Le Sage n'est point un de ces enfants gâtés auxquels tout rit d'abord, la fortune comme la gloire, et qui n'ont, pour ainsi dire, qu'à les cueillir en s'amusant. La fortune, il ne l'a guère connue, ayant commencé et fini par la gêne; la gloire, elle lui est venue tard, et n'a été complète et incontestée qu'après sa mort. Il n'a pas trouvé, comme Regnard, des rentes accumulées par ses pères : orphelin de bonne heure, son petit patrimoine a été perdu par l'infidélité ou la maladresse d'un oncle, son tuteur. Il n'a pas eu ces belles occasions de s'enrichir dont a si mal profité Dufresny. Enfin, il ne s'est pas vu, comme Dancourt, honoré de la faveur royale, maître et directeur d'un théâtre où ses pièces soient reçues d'avance. Loin de là, il lui faut lutter contre le mauvais vouloir des comédiens, auxquels il garde rancune; contre la froideur du public, qui siffle ses premiers essais imités ou traduits du théâtre espagnol; contre les dédains des littérateurs ses confrères, qui, mieux rentés ou mieux pensionnés, ne voient en lui qu'un manœuvre de plume au service des libraires. Le Sage nous représente l'homme de lettres réduit à ses seules ressources. Il n'a ni pension, ni position lucrative; pour lui, écrire est un métier.

Marié à la fille d'un maitre menuisier et bientôt père de famille, il doit suffire aux nécessités du jour. Comme son héros, Gil Blas, il a traversé bien des épreuves avant de prendre rang dans le monde et dans la littérature, avant de pouvoir s'établir dans ce petit ermitage du faubourg Saint-Jacques, où l'Anglais Joseph Spence viendra le visiter un jour, et qu'il ne conservera même pas jusqu'au bout. Son existence nomade se termine chez un de ses fils, chanoine à Boulogne-sur-Mer.

Si pénible qu'il ait été par moments, ce rude apprentissage de la vie ne fut point inutile à l'auteur. Son talent s'y trempa et s'y fortifia. Les écrivains, romanciers et poètes, sont volontiers hommes de chimères et d'imagination. Le Sage se trouve aux prises avec des difficultés positives, avec des besoins et des devoirs dont il a conscience; car il est homme d'honneur. Il y perd sans doute une part de cet idéal qu'on lui a reproché de n'avoir pas assez mêlé à ses créations; mais il y gagne, en revanche, un sentiment plus intime et plus profond de la réalité.

Bien qu'il mène une vie obscure et retirée, Le Sage n'en suit pas moins attentivement la grande comédie du monde, dont il recueille et reproduit, dans ses œuvres, l'image vivante. Comme Molière et La Bruyère, il a, lui aussi, ses carnets et sa mémoire non moins fidèle pour représenter les personnages et les objets. La surdité, qui vient le frapper à l'âge de quarante ans, ne l'empêche pas de comprendre ce qui se passe autour de lui. Les hommes lui apparaissent comme des marionnettes dont il étudie le jeu, observant leurs gestes et leurs physionomies. En sage habile et résigné qui sait profiter de tout, même des infirmités, il use ou s'abstient, selon les circonstances, de son cornet acoustique, qu'il appelait son bienfaiteur. « Quand je trouve, disait-il, des visages nouveaux, et que j'espère rencontrer des gens d'esprit, je tire mon cornet ; quand ce sont des sots, je le resserre et je les défie de m'ennuyer. » C'est une consolation qu'il offre aux sourds trop disposés à se plaindre de leur sort.

Le Sage accepta cet accident comme les autres épreuves de sa vie, sans maugréer ni se révolter contre la Providence ou la fortune. Chez lui, point d'aigreur, de rudesse ni de sauvagerie ; rien qui sente le boudeur, le mécontent ni le génie incompris ; mais une philosophie moyenne, aimable et souriante, mêlée de finesse et de malice, à laquelle on pourrait appliquer le mot de La Bruyère : « Le philosophe use son esprit à démêler les vices et les ridicules des hommes ». Malgré son humeur libre et fière de Breton [1], il n'a point de ces accès de vertu et de probité indignée qui soulèvent la conscience d'Alceste et de Molière contre les *pieds plats* et les faux dévots. Il semble plutôt se ranger du parti de Philinte et, sans en partager les molles complaisances, il ne paraît pas plus étonné de trouver des hommes fourbes, méchants, égoïstes,

> Que de voir des vautours affamés de carnage,
> Des singes malfaisants, et des loups pleins de rage.

Et les loups, les singes et les vautours tiennent une

---

1. Le Sage était né près de Vannes.

assez large place dans le monde qu'il décrit, sans leur
en garder trop de rancune. Avec toute la placidité d'un
psychologue naturaliste, il s'amuse, comme son diable
spirituel et indiscret *Asmodée*, à voir en tout le dessous des cartes. Sa philosophie, si elle ne s'élève pas
bien haut, entre partout et se mêle aux détails de la
vie vulgaire. Le monde moyen est son élément ; la
diablerie ne paraîtra chez lui que pour nous aider à
mieux comprendre la réalité.

Parmi tant d'écrivains supérieurs, Le Sage s'est fait
une position à part. Talent original, indépendant et
naturel, qui se forme en dehors des académies, des salons, des coteries littéraires dont il se moque volontiers, il n'est pas dans le ton général du siècle : de là
vient peut-être qu'il n'a point été compris et apprécié
d'abord à sa juste valeur. Et pourtant, quel auteur
est devenu plus populaire? Placé entre la fin du dix-
septième et le commencement du dix-huitième siècle,
il appartient à l'un et à l'autre, tout en gardant son
caractère particulier. Du dix-septième siècle il a
conservé la belle langue ample, facile et abondante,
le goût des conversations, l'amour du naturel et du
vrai, mais en se dispensant de l'étiquette, de la
pompe et de la solennité. Il n'a pas la superstition de
la tragédie, de l'épopée ni du sonnet, et ne croit pas
avec Boileau qu'

Un sonnet sans défaut vaut seul un long poème [1].

De l'âge nouveau qui va s'ouvrir, il a déjà la philosophie tolérante, mais sans système, sans déclamation

____

[1]. « Les sonnets, les odes et les autres ouvrages qui veulent du
sublime, ne s'accommodent pas du simple et du naturel. » (*Gil Blas*,
liv. VII, chap. cxxxvii.)

comme sans impiété ; certains instincts populaires,
qu'il transporte sur le *Théâtre de la Foire*, où nous le
retrouverons plus tard. En même temps il repousse et
déteste le charlatanisme bruyant des novateurs, leurs
prétentions de réformer l'art, la langue ou la société.
« Nous sommes cinq ou six novateurs hardis, s'écrie
Fabrice [1], qui avons entrepris de changer la langue du
blanc au noir, et nous en viendrons à bout, s'il plaît à
Dieu, en dépit de Lope de Véga, de Cervantès et de
tous les autres beaux esprits qui nous chicanent sur
nos nouvelles façons de parler. »

Les antipathies et les sympathies qu'il éprouve ou
qu'il inspire nous disent assez de quel côté le portent
ses inclinations. Boileau, l'ennemi des romans en général et de la littérature espagnole en particulier, par
souvenir de Gongora et de Scarron, goûtait médiocrement le talent de Le Sage, s'il faut en croire sa mauvaise humeur contre son petit laquais qu'il trouva
lisant le *Diable boiteux*, un livre dont tout le monde
raffolait alors. Mais n'oublions pas que Boileau était
devenu grondeur sévère pour tout ce qui se faisait, se
disait ou s'écrivait autour de lui, depuis la mésaventure de sa dernière satire sur l'*Équivoque*. Il jugeait
Le Sage comme il avait d'abord jugé Regnard, comme
nous jugeons souvent nos successeurs. Pourtant, l'auteur de *Gil Blas* se trouvait d'accord avec lui pour rail-
ler les beaux esprits maniérés de l'école de Fontenelle
et de La Motte, et cette résurrection du genre précieux
triomphant à la cour de Sceaux ou dans le salon de
Mme de Lambert. Il réclame et pratique, dans ses romans comme au théâtre, le retour à la nature et à la

1. *Gil Blas*, liv. VII, chap. cxxxvii.

vérité : « Santillane, dit le comte Olivarès à Gil Blas, son secrétaire, ton style est concis et même élégant ; il n'est qu'un peu trop naturel. »

Ami de Piron, Le Sage est l'ennemi déclaré de Voltaire. Il l'attaque sur le Théâtre de la Foire et dans *Gil Blas*, où il le peint sous les traits du jeune poète Don Gabriel Triaquero [1], le chérubin du public, allant chercher de loge en loge les lauriers dont les seigneurs et les dames s'apprêtent à le couronner. Cette renommée tapageuse, dans laquelle la réclame et le savoir-faire ont une large part [2], devait nécessairement lui déplaire. Il raille le jeune présomptueux sur ses vers *farcis de maximes* et *mal rimés* qui font fureur à Valence et sont préférés à ceux du *sublime Lope de Véga* (lisez Corneille) et du *moelleux Calderon* (lisez Racine). Il s'écrie avec le vieux gentilhomme Castillan : « O divin Lope de Véga, rare et sublime génie, qui avez laissé un espace immense entre vous et tous les Gabriel qui voudront vous atteindre ; et vous, moelleux Calderon, dont la douceur élégante et purgée d'épique est inimitable, ne craignez point tous deux que vos autels soient abattus par ce nouveau nourrisson des Muses. Il sera bien heureux si la postérité, dont vous ferez les délices comme vous faites les nôtres, entend parler de lui [3]. »

Voltaire se vengeait de Le Sage en lui accordant à peine une courte notice dédaigneuse dans son *Siècle de Louis XIV*, et en lui contestant la paternité de *Gil Blas*. C'est ainsi qu'à force de se détester, tous

---

1. Marchand de thériaque ou charlatan, en vieux français *tria-cleur*.
2. On sait que Voltaire est un des inventeurs de la claque.
3. *Gil Blas*, liv. X, chap. v.

deux manquaient de justice. Au fracas retentissant de
Zaïre, de *Mérope*, de ces tragédies pompeuses cou-
vertes de frénétiques applaudissements, Le Sage oppo-
sait avec un malin plaisir le succès de ces petites
pièces qu'il écrivait pour Arlequin et les Marionnettes, même après le grand et légitime triomphe de
Turcaret. Bien qu'il ait travaillé beaucoup pour le
théâtre, il n'aime pas les comédiens, comme nous
l'avons dit, et le prouve assez dans *Gil Blas*[1]. Pour
comble, il eut la douleur de voir deux de ses fils embrasser cette profession : le premier devint un acteur
célèbre sous le nom de Montménil; le second resta
un médiocre cabotin de province; le troisième, qui
fut chanoine, avait les mêmes dispositions et savait
par cœur, disait-on, plus de morceaux de théâtre que
de pages de son bréviaire. La veine dramatique était
un *virus* héréditaire dans la famille.

Le génie si fécond de Le Sage s'inspire et se développe sur un double fond espagnol et français. Lope
de Véga, Cervantès, Quévédo, Espinel, lui fournissent
une matière confuse et débordante dont il ne sait pas
se rendre maître tout d'abord. Mais le vieux fond
français reprend le dessus. Le Sage procède de Rabelais,
sans en avoir l'exubérance. Il se rattache également aux
auteurs de la *Ménippée* et à toute cette famille d'écrivains gaulois et bourgeois qui, malgré ses libres allures, entre, elle aussi, avec Molière et La Fontaine,
dans le mouvement du grand siècle monarchique. En

---

1. Voir les chapitres IX, X, XI et XII du III° livre, où il n'épargne
pas même l'illustre Baron, qu'il traite d'*histrion honoraire* et de
fat orgueilleux. L'humble attitude du poëte tragique Pedro de
Moya devant les comédiens, l'accueil dédaigneux de ces Messieurs,
leurs réflexions sur les auteurs attestent les rancunes de Le Sage.

même temps il devance Collé, Panard, Vadé même, par son théâtre populaire, en leur restant supérieur comme écrivain.

Soit modestie, soit crainte ou ignorance de ses propres forces, Le Sage se condamne à un long noviciat, à une sorte de domesticité littéraire, avant de prendre rang parmi les maîtres et les auteurs originaux. Lui, le libre esprit, l'ami du naturel, il commence par mettre en français les lettres du sophiste grec Aristénète. Plus tard, sur les conseils de l'abbé de Lyonne, il s'adonnait à la littérature espagnole, et traduisait le *Traître puni* de Francesco de Roxas et *Don Félix de Mendoze*, tiré de Lope de Véga, sans oser se nommer encore. Enfin, il faisait paraître avec son nom le *Point d'honneur*, traduit également de Roxas (1702), vieux drame espagnol démodé qui tomba sous les sifflets. Une autre comédie, empruntée à Calderon, *Don César Ursini*, ne devait pas être plus heureuse. Le Sage finit par comprendre que le public français s'intéressait peu à ce décalque d'œuvres étrangères, et se mit à puiser ses personnages et ses idées sur notre propre terroir. Il avait quarante ans, comme Molière, comme La Fontaine, lorsqu'il remporta son premier et double succès : au théâtre, avec *Crispin rival de son maître*; dans le roman, avec le *Diable boiteux*. Crispin et Asmodée sont deux frères jumeaux, nés de son imagination, dans cette heureuse année 1707. Nous laissons de côté le romancier, qui exigerait à lui seul une longue étude, pour nous occuper seulement du poète dramatique.

II

Le Sage mérite-t-il ce titre? On le lui a contesté,

mais à tort, selon nous. Qu'est-ce qui constitue le poète dramatique? Le don de faire vivre et agir ses personnages, la connaissance de la société, l'esprit d'observation, l'art de saisir les passions secrètes ou avouées, les travers et les ridicules. Or Le Sage n'a-t-il pas réuni toutes ces qualités? Depuis le *Don Quichotte* de Cervantès, est-il un roman qui contienne plus de scènes comiques que *Gil Blas*? L'étude des mœurs et des caractères, la vivacité du dialogue s'ajoutent à l'agrément du récit. Comment donc tous ces avantages l'abandonneraient-ils sur le théâtre? On a cité l'exemple de Balzac si puissant comme romancier, si insuffisant comme auteur dramatique. En est-il ainsi de Le Sage? — Non certes. Quoi qu'on ait pu dire et lui refuser pour la conduite de l'action, l'agencement des scènes cousues les unes aux autres, il possède au plus haut degré le vrai sens comique, l'art de la peinture et de la caricature expressives, le don de la riposte à jet continu et le vrai style dramatique, original et familier. Depuis Molière et avant Beaumarchais, nul n'a mieux que lui su créer des types durables. *Crispin rival de son maître* et *Turcaret* sont deux œuvres, sinon toujours jeunes, au moins toujours amusantes, aujourd'hui comme au dix-huitième siècle. Elles ont subi l'épreuve du temps, qui est la vraie consécration des succès littéraires.

La première de ces deux pièces n'est qu'un lever de rideau, mais une de ces bluettes sémillantes et pétillantes où se révèle tout un talent, où brille déjà une lueur de génie. Crispin et Labranche brûlent les planches du théâtre par la vivacité du dialogue et leur verve entraînante. Sans doute, il y a bien quelque chose de romanesque et de chimérique dans leur entreprise.

Ces hardis industriels sont des fripons de haut vol. Ils
ne se contentent plus de boire en cachette un quartaut
de vin, de soutirer à Géronte quelques écus pour servir
les amours de leur maître, comme faisait jadis Scapin.
Ils travaillent pour leur propre compte et sur une
grande échelle, en attendant celle de la potence.

L'idée du valet substitué au maître, et souvent d'accord avec celui-ci dans une intrigue amoureuse, n'est
pas neuve à coup sûr : Scarron l'avait déjà employée
avec Jodelet ou le *Valet maître*, et Molière avec le
Mascarille des *Précieuses ridicules*. Plus tard Marivaux
y reviendra dans *Le Jeu de l'Amour et du Hasard*.
Mais ici l'audace est plus grande encore. Crispin songe
à couper l'herbe sous le pied de son jeune maître Valère, en lui volant, non pas sa maîtresse, dont il se
soucie médiocrement, mais la dot que celle-ci doit
recevoir. Ce Crispin semble sortir de la caverne où
Gil Blas, au début de son voyage, rencontre une honnête société de brigands. Pourtant, s'il est Espagnol
par le romanesque de l'entreprise, il est bien Français
par la prestesse, l'agilité et la vivacité du style. Rien
de plus gai que le colloque des deux compères en fourberie, Crispin et Labranche, tous deux fiers de leur
génie et de leurs exploits, et s'apprêtant à les couronner par une action d'éclat.

Crispin est superbe d'audace et d'impudence en
venant, sous le nom et sous les habits de Damis,
présenter ses hommages à Mme Oronte, sa future
belle-mère, qu'il ravit par ses impertinentes galanteries; à son beau-père M. Oronte, qu'il éblouit et
stupéfie par son esprit, son babil et ses facéties étourdissantes; enfin à sa fiancée Angélique, qu'il n'arrive
point à charmer, et révolte même par son effronterie.

Mascarille entrant chez Cathos et Madelon a des airs plus aristocratiques, si l'on veut, et un comique plus relevé, mais non plus divertissant. On dirait un feu d'artifice tiré devant de bons bourgeois ébahis n'ayant jamais rien vu de pareil. La suite du dialogue, les questions d'Oronte sur le procès qui tourmente si fort le père de Damis, l'embarras et les quiproquos de Crispin, ajoutent encore au piquant de la situation. Labranche, son digne acolyte, le seconde par son aplomb imperturbable. Il a bien un moment la tentation de garder la dot pour lui seul, en laissant à Crispin la fiancée ; mais il éprouve des scrupules :

Ne nous brouillons point avec un homme qui en sait aussi long que moi. Il pourrait bien quelque jour avoir sa revanche. D'ailleurs ce serait aller contre nos lois. Nous autres, gens d'intrigues, nous nous gardons les uns aux autres une fidélité plus exacte que les honnêtes gens [1].

La sainte ligue des filous est une invention assez plaisante en morale. — Les deux fripons sont entourés de bonnes âmes faciles à duper. Un bourgeois crédule et niais qui se croit très fin et très malin, M. Oronte, apporte à se laisser tromper tout l'empressement ordinaire aux pères de comédie. Son confrère en paternité et en sottise, M. Orgon, donne aussi bien dans le panneau. Mme Oronte est dans son genre une création nouvelle. C'est la belle-mère coquette, vaniteuse, flattée de se voir courtiser par son futur gendre, qui affecte de la prendre pour sa fille : tête faible et légère, partageant toujours l'avis du dernier qui parle. Labranche l'a peinte en quelques mots : « Une femme de vingt-cinq à soixante ans, une

1. Scène XXII.

femme qui s'aime, et qui est d'un esprit tellement incertain qu'elle croit dans le même moment le pour et le contre [1]. » C'est ainsi que Lisette avec quelques paroles flatteuses la décide en faveur de Valère, et qu'Oronte la ramène bientôt du côté de Damis. C'est en invoquant les beaux yeux de Mme Oronte que Labranche et Crispin, pris en flagrant délit de vol, échappent à la potence, qu'ils avaient bien méritée.

Lisette en est encore ici à ses premières armes : nous la reverrons bientôt autrement délurée et friponne dans *Turcaret*. Pour Valère et Angélique, ils sont, comme tous les amants de comédie, étourdis, imprudents, prompts à croire et à désespérer. L'amour ne fournit là qu'un prétexte. La pièce est une fantaisie amusante, sans application immédiate à la société, sans parti pris de critique ou de satire. Le seul trait acéré est le mot de la fin : Orgon promet aux deux valets escrocs de les faire entrer dans les affaires, où ils ne manqueront pas de réussir. L'auteur entre-voyait-il déjà *Turcaret*?

III

Turcaret a une bien autre portée. Nous trouvons là une comédie de circonstance en même temps qu'une étude sociale et un tableau de mœurs contemporaines, peint avec une singulière crudité d'expression et de coloris. Cette pièce occupe parmi les œuvres dramatiques de Le Sage la même place que *Gil Blas* entre ses romans : elle marque l'apogée et l'épanouissement complet de son talent mûri par l'âge et l'expérience.

1. Scène iv.

On a pu dire qu'elle était la première comédie de
mœurs après Molière. C'est en même temps l'œuvre
dramatique la plus animée, la plus vigoureuse satire
qui soit sortie des mains de Le Sage. Quoiqu'il ne fût
ni haineux ni morose, il y a en ce monde deux sortes
de gens qu'il déteste de tout son cœur, les comédiens
et les traitants. Les rancunes de l'auteur expliquent
ses antipathies contre les premiers. Quant aux se-
conds, il s'indigne de leur insolente prospérité qui n'a
d'égale que leur sottise. En comparant sa gêne à leur
opulence, comment ne serait-il pas frappé de ce contraste choquant ? Lorsque les sots et les coquins pro-
spèrent, n'a-t-on pas le droit de dire avec Béranger :

> Il faut bien que l'esprit venge
> L'honnête homme qui n'a rien.

Et ce n'est pas tant encore la jalousie que la probité révoltée des roueries et des fraudes dont il a été
témoin. Chargé un moment des fonctions de commis
auprès d'un fermier général en province, il s'en est
retiré avec dégoût. Le spectacle de la misère publique,
accrue par les désastres de la guerre et par l'augmen-
tation des impôts, semble plus révoltant à l'aspect
de ces fortunes scandaleuses amassées en quelques
années par les traitants. Nos malheurs et nos défaites
ne font que les enrichir. Le gouvernement avait or-
donné des enquêtes : on avait fait rendre gorge à quelques-unes de ces sangsues trop avides, mais les autres
continuaient à sucer et à pomper. La Bruyère disait
déjà, dans son chapitre des *Biens de fortune* : « Il y a
des âmes sales, pétries de boue et d'ordure, éprises du
gain et de l'intérêt, comme les belles âmes le sont
de la gloire et de la vertu ». Et il stigmatisait de sa

plume vengeresse le faste, l'insolence et l'impudence des Chrysante, des Oronte et des Giton.

A mesure que nous avançons, les attaques se multiplient à proportion du luxe et de la misère qui croissent parallèlement. Nous en avons trouvé la trace dans Regnard, Dufresny et Dancourt : les affaires et les finances sont la grande voie où tout le monde, seigneurs, valets et paysans, parle de se lancer. Mais ce ne sont que des traits détachés. Le Sage aura l'honneur d'immortaliser les traitants dans la personne de *Turcaret*. Ce nom deviendra un nom générique comme celui de Tartufe. En même temps, c'est un personnage nouveau sur le théâtre. Molière n'avait fait qu'effleurer le type du financier sous les traits de M. Harpin, le receveur des tailles, un des adorateurs de la comtesse d'Escarbagnas, se lassant de placer son argent à fonds perdus, et déclarant qu'il ne veut pas payer plus longtemps les violons pour faire danser les autres. Mais ce n'est là qu'une boutade ou une fantaisie comique. M. Harpin reste un rôle secondaire dans une pièce qui n'est pas considérée comme une comédie de mœurs ou de caractère, mais comme une simple farce. Faut-il croire que l'influence de Colbert préserva les financiers des traits de Molière, à une époque où Boileau écrivait avec trop de raison [1] :

Jamais surintendant ne trouva de cruelles [2].

Le Sage n'avait pas les mêmes motifs de ménagements et de discrétion. *Turcaret* est une attaque en règle contre la maltôte et la finance, comme *Tartufe* était jadis un défi jeté au parti dévot. Les mêmes

1. Les notes découvertes dans les papiers de Fouquet en font foi.
2. Sat. VIII.

cabales qui avaient essayé d'arrêter la représentation
de l'*Imposteur* se renouvelèrent à propos de *Turcaret*.
Cette fois ce ne fut pas Louis XIV, mais le Dauphin qui
intervint en faveur de la liberté, ordonnant aux acteurs d'apprendre la pièce et de la jouer *incessam-
ment*[1]. L'effroi fut tel dans le camp des financiers
qu'on offrit à l'auteur cent mille livres, s'il consentait
à retirer son manuscrit du théâtre. Le Sage refusa,
préférant l'indépendance, la dignité de son art, et peut-
être aussi la gloire qu'il en attendait, à l'argent, dont
il avait pourtant grand besoin. Du reste l'ouvrage avait
déjà fait beaucoup de bruit avant la représentation.
L'auteur l'avait lu dans quelques salons et quelques
sociétés littéraires. La fièvre de la curiosité était éveil-
lée comme elle l'avait été jadis par *Tartufe*, comme
elle le sera plus tard par le *Figaro* de Beaumarchais.
Turcaret, dès sa naissance, prenait rang parmi ces œuvres maîtresses qui durent et font époque dans l'histoire d'une littérature et d'une société. La passion
qu'excitent de pareilles œuvres est une preuve de leur
à-propos, de leur utilité, parfois aussi de leur moralité.
Elles répondent à un besoin de la conscience publique.

Malgré l'ordre formel du Dauphin, les rigueurs de
la saison semblèrent venir en aide aux financiers,
pour retarder cette représentation tant attendue. On
venait d'entrer dans le terrible hiver de 1709. Le re-
gistre de la Comédie-Française nous apprend qu'il y
eut relâche à cause du froid, du lundi 14 au mardi
22 janvier. La pièce ne fut jouée qu'à la fin de février.
Le froid durait encore ; mais elle en triompha comme
des cabales intéressées à l'étouffer.

1. 13 octobre 1708.

C'est un singulier monde, à coup sûr, que celui où nous entrons : image et prototype de l'âge nouveau qui va s'ouvrir et que nous annonçaient hier les paysans et paysannes de Dancourt, en chantant l'*heureuse Greffière devenue comtesse de la Naquardière*. Moins encore que chez Dancourt, Dufresny et Regnard, on ne retrouve ici la société régulière du dix-septième siècle, avec ses divisions tranchées, ses allures et ses physionomies distinctes, marquant la différence du rang et de l'éducation; mais bien plutôt une grande Babel, où se confondent toutes les langues et toutes les conditions. Gentilshommes et bourgeois, maîtres et valets, grandes dames et soubrettes, mentent, pillent, trompent et volent à qui mieux mieux. La société est ainsi devenue un vrai coupe-gorge, une forêt de Bondy exploitée par un monde de décavés et de parvenus, d'intrigants et de fripons, de grands seigneurs ruinés, d'usuriers enrichis et de marchandes à la toilette, parmi lesquels un honnête homme aurait grand'peine à vivre et à trouver sa place. Le besoin d'argent à tout prix, la passion effrénée du jeu et du luxe, l'avidité et le gaspillage, l'art des expédients, l'absence d'ordre, d'économie, de scrupule et de sens moral, en sont les traits principaux.

Sans doute, Le Sage a peint ici la société contemporaine par son vilain côté, en l'exagérant. Si la comédie est la représentation du laid et du vicieux, en tant qu'il excite le rire, comme le prétend Aristote [1], cette définition est largement justifiée. Les mœurs y sont mauvaises et parfois détestables, sans cesser d'être comiques. Il y a là un mélange de romanesque

1. *Poétique*, chap. v.

et de réalisme qui fait déjà songer à Balzac, avec la différence du style très supérieur chez Le Sage, remarquable écrivain, tandis que Balzac est surtout un admirable anatomiste.

Pour la structure de la pièce, on a reproché à l'auteur de n'avoir pas assez serré, varié et animé l'action; mais pourtant l'exposition est excellente et le dénouement des plus risibles par la scène de la reconnaissance chez la Baronne : c'est bien déjà quelque chose[1]. Joignez-y des caractères un peu grossis et forcés, mais en saillie et très vivants, un style alerte et ferme, un dialogue étincelant de traits spirituels.

Dans ce monde interlope et vicieux, M. Turcaret est le personnage que l'auteur a voulu tout d'abord mettre en relief et en vue, comme le représentant d'une race qu'il n'aime guère. Aussi remplit-il la scène de son nom et de son importance bouffie, doublée de sottise, de cynisme et de friponnerie. Avant même qu'il ait paru, nous le connaissons déjà, quand Flamand, le valet naïf, nous annonce la venue de son auguste maître, l'homme aux millions, en s'écriant : « Le voici, Madame, le voici[2]! » Et Turcaret s'avance dans toute sa splendeur et sa majesté.

On a quelquefois comparé ce personnage à M. Jourdain; mais entre eux la différence est grande. M. Jourdain est de bonne et vieille souche bourgeoise : ses

---

1. Geoffroy, qui n'est guère indulgent ni louangeur de sa nature, dit en parlant de cette comédie : « Les caractères de Turcaret sont d'une vérité frappante : on peut citer l'intrigue comme un chef-d'œuvre d'art et de conduite, le style comme un modèle de précision : *il n'y a pas une scène ni peut-être un mot inutile :* partout le dialogue est animé de cette force comique aujourd'hui presque inconnue. »

2. Acte I, scène VI.

ancêtres avaient pignon sur rue et vendaient du drap dans le quartier Saint-Denis, où ils ont fait honnêtement fortune. M. Turcaret est un ancien laquais sorti des écuries ou des cuisines d'un grand seigneur, parvenu à la richesse on ne sait comment ; un de ces drôles dont l'élévation subite est un problème et un scandale. Sous la bouffissure colossale du *Bourgeois Gentilhomme* on trouve un fonds de naïveté et de probité, qui contraste avec la friponnerie du comte Dorante. M. Jourdain fait bien un doigt de cour à la Marquise, moins par libertinage que par vanité. En somme, il reste bon époux et tolère les vertes rebuffades de Mᵐᵉ Jourdain, tout en déplorant son petit esprit. Il est bon père, tout en voulant marier sa fille, malgré elle, à un homme de qualité. Turcaret est un coquin sans pudeur et sans cœur, enrichi par les tripotages, spéculant sur les vices et sur la misère de ses semblables. Libertin et débauché, il a délaissé sa femme, qu'il tient éloignée en province avec une pension de quatre mille livres, lui permettant toutes les folies pour avoir en retour sa liberté et le droit de se dire veuf. Il renie sa famille et cache son origine comme une honte.

M. Jourdain, si enflé qu'il soit de son importance et de sa valeur, sait du moins se reconnaître ignorant en bien des choses, et croit à la nécessité d'étudier. Il demande à son maître de philosophie de l'aider à composer un madrigal pour la Marquise. M. Turcaret joint à la sottise la présomption d'un parvenu qui ne doute de rien et se croit capable de tout parce qu'il est riche. Il compose pour la Baronne un quatrain qu'il se vante d'avoir fait tout seul. Avec sa bêtise, sa platitude et sa trivialité, il a la prétention d'être aimable et aimé pour lui-même, et prend au sérieux les compliments impertinents ou ironiques de la Baronne, qui se moque de lui. Il l'accable de cadeaux et se ruine pour elle après avoir ruiné les autres.

Loup-cervier de la finance, glouton et bourreau d'argent, à la fois rapace et dépensier, pour suffire à ses folles prodigalités, il lui faut inventer toutes sortes de roueries dignes de la potence. La scène avec M. Rafle [1], son homme de paille et son prête-nom, nous révèle les secrets de la coulisse financière au siècle des traitants. Le Sage a devancé encore Balzac dans l'art de nous initier aux tripotages des gens d'affaires : Turcaret est le digne précurseur de Gobseck et de Mercadet. Il a toute l'insolence et l'aplomb de l'homme qui compte sur la puissance de l'argent et de l'effronterie. Quand M. Rafle épouvanté lui apporte les nouvelles les plus alarmantes, il a réponse et remède à tout. Pour la justice, il sait les moyens d'y échapper. La fuite d'un caissier cautionné par lui, qui vient de faire une banqueroute de 200 000 écus, est un coup monté dont il a le secret. La déconfiture d'un directeur assez sot pour être bon, quoique financier, et qui vient de se laisser voler 15 000 livres, lui fournira l'occasion de vendre sa place à un autre et de tirer d'un sac deux moutures. L'honnête serrurier qui offre de placer ses économies à gros intérêts, au denier 14, chez M. Turcaret, est encore une bonne dupe à recueillir et à plumer : les 5 000 livres qu'il apporte serviront à payer les quartiers de pension de Mme Turcaret, dont il redoute la venue. Le Sage

---

1. Acte III, scène VIII.

nous fait comprendre le mécanisme de ce brigandage organisé. De pareilles révélations devaient déplaire aux gens de finance, et soulever contre eux les défiances de l'opinion publique. Pourtant, malgré les sages avertissements du théâtre, les badauds n'en courront pas moins à la grande duperie de la rue Quincampoix.

Turcaret, si impudent qu'il soit, éprouve quelques inquiétudes et quelques avanies. Le retour possible de sa femme lui met la puce à l'oreille. Un autre ennui est sa rencontre avec le Marquis, lui rappelant qu'il l'a vu jadis petit laquais chez son grandpère, avant de le retrouver usurier et prêteur sur gages. L'affaire de la bague donnée à la Baronne et reconnue par le Marquis est une première complication. Tant qu'il croit pouvoir tromper le monde, Turcaret garde son insolence; mais dès qu'il se sent pris, en face de sa sœur et de sa femme, sommé par la Baronne d'expliquer son prétendu veuvage, il se trouble, balbutie, s'empêtre de plus en plus : « J'ai cru, Madame, qu'en vous faisant accroire que... je croyais être veuf,... vous croiriez que... je n'aurais point de femme.... (*Bas*) J'ai l'esprit troublé, je ne sais ce que je dis [1]. » Il ne le retrouve que pour se révolter à l'idée d'un rapprochement avec sa femme, quand la Baronne prétend les réconcilier : « Qui? moi, Madame! Oh! pour cela non! Vous ne la connaissez pas, c'est un démon : j'aimerais mieux vivre avec la femme du Grand Mogol [2]. »

Un dernier coup mortel va le frapper et fait rentrer le brillant météore de l'agio dans le néant d'où

1. Acte V, scène ii.
2. Acte V, scène x.

il est sorti. Ses créanciers ont obtenu un arrêt de saisie sur sa personne, au moment où l'on apprend la fuite du caissier son complice. M. Turcaret disparaît sans bruit, sans fracas, emporté dans un fiacre entre deux recors, qui le mettent aux mains de la justice. C'est le dénouement du *Tartufe*, moins le vers à la gloire du roi.

La morale est enfin vengée. Si les financiers ne sont guère ménagés dans la personne de Turcaret, la noblesse ne devait pas non plus se trouver flattée sous les traits du Chevalier, du Marquis et de la Baronne. Le Chevalier de Le Sage est le digne frère cadet du *Chevalier à la mode* de Dancourt, qui l'a précédé de vingt ans [1]. Comme lui, dépensier, joueur, libertin, il fait métier de galanterie, et courtise la Baronne pour lui escroquer l'argent et même les bijoux dont la comble M. Turcaret. Il a trouvé là une veine qu'il exploite sans conscience et sans pudeur, en jouant successivement la tendresse et le désespoir. Mais, tout fort qu'il est, il a près de lui un valet qui pourrait lui servir de maître en fourberie, et dont il sera la dupe à son tour.

Le Marquis, l'ami du Chevalier, est, lui aussi, par un sort commun aux gentilshommes d'alors, un vrai panier percé, mais qui ne songe à voler personne, et se réserve le droit de se moquer de tout le monde. Ce personnage du Marquis, si sacrifié depuis Molière, voué à un ridicule éternel et transformé par Regnard en pasquin grotesque, prend sa revanche des horions

1. Marine dit en parlant de lui : « Il n'est pas de ces chevaliers qui sont consacrés au célibat et obligés de courir au secours de Malte ; c'est un chevalier de Paris : il fait ses caravanes dans les lansquenets. » (Acte I, scène I.)

et des nasardes qu'il a reçus. Il est ici le railleur universel, sorte de Ménippe grand seigneur, homme d'esprit, sans tenue, sans principes, ayant encore la dé-
sinvolture aristocratique du beau monde, et déjà les
vices dégradants de la jeune noblesse élevée à l'école
du Temple, le goût de l'ivrognerie et de la débauche.
La Baronne s'étonne de le voir à jeun, et lui reproche
ironiquement un excès de sobriété. En quête d'argent,
il escompte d'avance l'héritage d'une vieille tante qui
doit bientôt mourir : c'est ainsi qu'il a fait ou plutôt renouvelé connaissance avec M. Turcaret, et emprunte sur gages à l'ancien laquais de son grand-père.
Contraste piquant, qui est un trait historique de la
société française d'alors.

Malgré tous ses vices, le Marquis se sent supérieur aux personnages qui l'entourent, et le prend
de haut avec eux. Il a le persiflage altier et l'im-
pertinence d'un grand seigneur. S'il a été rançonné
par Turcaret, il veut du moins avoir le plaisir de se
moquer de lui pour son argent. Il n'épargne pas davantage la Baronne, ni Mme Turcaret la fausse comtesse, dont il a fait un moment la conquête, et qu'il
ramène si plaisamment à son mari. Il éprouve une
maligne joie à la retenir malgré elle avec sa belle-
sœur Mme Jacob, pour réserver à M. Turcaret la
surprise d'un dîner de famille, dont il veut être
le convive et le témoin. Présentant au financier sa
femme et sa sœur : « Embrassez ces deux objets
chéris, s'écrie-t-il. Ah ! qu'il paraît ému ! J'admire
la force du sang et de l'amour conjugal [1]. » — Ce
terrible Marquis finit par devenir le vengeur de la

1. Acte V, scène x.

morale, qu'il outrage si cruellement tous les jours par sa conduite.

Dans cette galerie de caractères peu édifiants, les femmes ne valent guère mieux que les hommes. La Baronne est une de ces veuves de colonel que nous avons si souvent revues depuis, dans les romans et au théâtre, sous les noms de Mmes de Saint-Phar, de Saint-Félix, etc., vivant d'expédients et de galanterie. Jeune encore, coquette, spirituelle, mais en quête de rentes que son mari a oublié de lui laisser, elle tient le milieu entre la grande dame et la courtisane. Malgré sa noblesse plus ou moins authentique, elle s'abaisse à cajoler, à flatter, à faire semblant d'aimer un manant et un goujat qu'elle déteste et qu'elle méprise, mais qui paye. Elle supporte ses lourdes caresses et ses compliments insipides en échange des cadeaux qu'elle reçoit, et se dédommage en se moquant de lui visiblement, sans qu'il s'en aperçoive. Tout ce rôle de la Baronne est, comme celui du Marquis, très finement tracé, tout hérissé de pointes malignes à double sens. La scène où elle fait à M. Turcaret compliment de ses vers est d'une ironie charmante.

LA BARONNE. — Je suis ravie de vous voir, monsieur Turcaret, pour vous faire des compliments sur les vers que vous m'avez envoyés.

M. TURCARET. — Oh! oh!

LA BARONNE. — Savez-vous bien qu'ils sont du dernier galant? Jamais les Voiture ni les Pavillon n'en ont fait de pareils.

M. TURCARET. — Vous plaisantez apparemment.

LA BARONNE. — Point du tout.

. . . .

M. TURCARET. — Je n'ai pas voulu emprunter le secours de quelque auteur, comme cela se pratique.

LA BARONNE. — On le voit bien : les auteurs de profession ne pensent et ne s'expriment pas ainsi ; on ne saurait les soupçonner de les avoir faits[1].

1. Acte I, scène VII.

En effet, nous sommes loin du sonnet d'Oronte et même du madrigal de Mascarille; ce sont des **vers** de financier :

> Recevez ce billet, charmante Philis,
> Et soyez assurée que mon âme
> Conservera toujours une éternelle flamme,
> Comme il est certain que trois et trois font six.

La Baronne a bien raison de dire que les auteurs se peignent dans leurs ouvrages. Mais avec tout son esprit elle n'en est pas moins une tête folle et faible, assez crédule pour se laisser prendre au feint amour du Chevalier; assez sotte pour se fâcher contre sa servante Marine, qui l'avertit de la ruine et de la misère où ses prodigalités la conduiront. Elle finit par reconnaître trop tard que le Chevalier, Frontin et Lisette l'ont jouée d'un commun accord.

Une autre tête plus folle encore et plus évaporée est celle de Mme Turcaret née Briochais, fille d'un pâtissier de Falaise, qui s'est affublée du titre de comtesse. Le rôle est bien chargé sans doute, mais d'un franc comique; l'exagération peut se tolérer chez une comtesse d'occasion et de pacotille, qui débarque de Valognes à Paris, dans un hôtel garni, et court les bals comme une grisette. Elle vient dans la capitale pour réclamer la pension que son mari oublie de lui payer, et aussi pour s'amuser et se lancer dans le grand monde; les succès de Valognes ne suffisent plus à son ambition. Elle se fait passer pour veuve et pouvant disposer de son cœur et de sa main, qu'elle offre volontiers comme son portrait. Sa double intrigue amoureuse avec le Chevalier et le Marquis semble d'abord d'un bon augure : elle est enchantée de se voir si bien accueillie chez la Baronne, quand l'arrivée de

Mme Jacob et celle de M. Turcaret viennent tout à coup troubler son bonheur. Elle aussi se trouve prise au traquenard. La scène d'explications avec la Baronne, qui se pose en médiatrice et offre de lui rendre M. Turcaret en toute propriété, rappelle un peu celle de Mme Jourdain et de la Marquise. Mais Mme Jourdain a toute l'autorité et la morgue vertueuse de l'honnête femme, qui veut rester maîtresse dans son ménage : Mme Turcaret n'est qu'une drôlesse, bonne évidemment pour la vie libre et le veuvage, et qui n'a droit de faire la leçon à personne.

Quant à Mme Jacob, la revendeuse à la toilette, elle appartient également à ce monde véreux où la vertu et la probité sont choses à peu près introuvables. Elle pratique l'usure en petit, comme son frère le fait en grand. Elle a du moins une excuse et un mérite, celui de nourrir ses enfants et son mari. Tout en maudissant les duretés de M. Turcaret qui l'a dédaignée et méconnue dans sa prospérité, elle se sent prise de pitié quand elle apprend son arrestation : « Mon frère entre les mains de ses créanciers ! Tout dénaturé qu'il est, je suis touchée de son malheur : je vais employer pour lui tout mon crédit ; je sens que je suis sa sœur. » A quoi Mme Turcaret répond : « Et moi je vais le chercher pour l'accabler d'injures : je sens que je suis sa femme[1] ».

En somme, les personnages supérieurs, sinon par la moralité, au moins par l'intelligence et l'esprit de conduite, sont les valets et les soubrettes. Flamand est encore un niais, mais qui deviendra bien vite un habile fripon, comme les autres, avec son air benêt.

____

1. Acte V, scène XIII.

Quant à Frontin, c'est une nouvelle incarnation du
valet, le père direct de Figaro. Quoique M. Turcaret
le trouve d'abord un peu ingénu, il a déjà l'allure et
l'aplomb de l'homme qui se sent destiné à être bientôt maître à son tour. Il a toisé, mesuré le Chevalier,
la Baronne, le Marquis, M. Turcaret le grand financier ;
et il se dit qu'il est plus fort qu'eux tous. Passé au
service d'un traitant, le voilà sur la route que rêvait
jadis l'Hector du *Joueur* dans Regnard :

> Ne serai-je jamais laquais d'un sous-fermier ?

la grande route du pillage et de la fortune. Au milieu
de la débâcle universelle, il a tiré son épingle du jeu en
gardant pour lui le billet de dix mille écus souscrit
par Turcaret à la Baronne, et que le Chevalier lui a
confié. Il y joint un autre billet de dix mille livres
extorqué par l'huissier Furet. Avec ces dépouilles
opimes, il peut s'écrier comme un triomphateur en
s'adressant à Lisette :

> Vive l'esprit ! Mon enfant, je viens de payer d'audace, je n'ai
> point été fouillé.
> LISETTE. — Tu as les billets ?
> FRONTIN. — J'en ai déjà touché l'argent, il est en sûreté ; j'ai
> quarante mille francs. Si ton ambition veut se borner à cette
> petite fortune, nous allons faire souche d'honnêtes gens.
> LISETTE. — J'y consens.
> FRONTIN. — Voilà le règne de M. Turcaret fini ; le mien va com-
> mencer [1].

Et c'est ainsi que se succèdent les générations, les
familles et les dynasties ; les Frontin détrônent les
Turcaret.

Lisette sa complice, dont il fera bientôt sa femme,

----

1. Acte V, scène XVI.

est de son côté une fine mouche alerte, gentille, cajo-
leuse, dont les flatteries enivrent la Baronne et la poussent à sa perte ; coquette elle-même, et trouvant le
Chevalier si bien fait qu'elle pourra un jour le préférer
à Frontin.

Cette Marine dont elle a pris la place auprès de la
Baronne n'est pas non plus une sotte, mais une fille
d'une probité relative, qui s'indigne de voir sa maîtresse trompée et grugée par le Chevalier, et qui déteste
en lui le fléau de la maison. Sa morale rappelle un peu
celle des vieilles servantes de Plaute et de Térence,
gourmandant les jeunes courtisanes trop prodigues de
leur amour et de leur argent. Elle songe au lendemain,
et pense que la galanterie doit servir à quelque chose :

> Il faut s'attacher à M. Turcaret pour l'épouser ou pour le ruiner.
> Vous tirerez du moins des débris de sa fortune de quoi vous mettre
> en équipage, de quoi soutenir dans le monde une figure brillante ;
> et, quoi que l'on puisse dire, vous lasserez les caquets, vous fati-
> guerez la médisance, et l'on s'accoutumera insensiblement à vous
> confondre avec les femmes de qualité [1].

Marine a le sens pratique qui manque à sa maîtresse.
Sa franchise la fait chasser ; mais elle persiste dans
son dire et se venge en révélant tout à M. Turcaret,
qui n'en sera pas moins dupé.

Les deux rôles secondaires de M. Rafle et de l'huissier Furet complètent le tableau. On a reproché à
Le Sage de n'avoir peint ici que des êtres vicieux et
dégradés : une pyramide ou une échelle de fourberies
superposées sans fin. M. Turcaret, après avoir volé
tout le monde, grands et petits, est trompé à son tour
par la Baronne ; la Baronne par le Chevalier ; le Che-

____

1 Acte I, scène 1.

valier par son valet Frontin, jusqu'à ce que celui-ci
le soit par Lisette devenue sa femme. On ne voit rien
qui repose la vue et la conscience, comme dans le
Bourgeois Gentilhomme par exemple, où la franche
et loyale parole de Mme Jourdain, où les honnêtes
amours de Lucile et de Cléonte nous dédommagent des
bassesses et des friponneries de Dorante. Molière ne
manque jamais de nous offrir le contraste de la sagesse et de la folie, de la scélératesse et de la vertu :
c'est même un genre d'antithèse dont Schlegel, juge
partial, se moque assez méchamment, en la comparant aux deux branches d'une paire de pincettes. Ainsi
les scrupules demi-honnêtes de Sganarelle, le repentir
et les pieuses exhortations d'Elvire, les graves et
sévères paroles de don Louis enlèvent au *Festin de
Pierre* ce qu'il aurait de trop infernal et de trop révoltant, si la parole n'était qu'au crime et à l'impiété.

Dans *Turcaret*, à part les derniers mots de Mme Jacob, on ne trouve pas une seule de ces bonnes âmes
sur lesquelles on s'arrête avec complaisance, pas un
de ces soupirs de probité qui vous soulagent. Est-ce
à dire pour cela que la pièce de Le Sage soit immo-
rale? Les personnages le sont, mais la pièce ne l'est
pas. Comme l'a très bien dit M. Saint-Marc Girardin :
« C'est sans doute un défaut de Le Sage de ne regarder la morale que comme un accessoire subalterne ;
mais, dans la comédie, l'aspect du vice et de la bassesse n'est-il pas assez repoussant par lui-même, sans
qu'un personnage vienne proclamer son horreur, et
nous avertisse de le haïr? » La morale sort ici de la
chute même de Turcaret. Les folies de sa femme
qu'il a délaissée, les révélations de sa sœur qu'il a
méconnue, les poursuites de ses créanciers qu'il a

trompés, le jugement et la prison qui l'attendent, sont la punition légitime de son insolence, de son manque de cœur, de ses désordres privés et de son cynisme effronté. Cette averse de honte et de malédictions, qui tombe sur le traitant ruiné, rejaillit sur tout ce monde qui l'entoure et vit à ses dépens. La dernière exclamation de Frontin, son cri de triomphe et d'espoir, est un avertissement indirect à l'adresse de cette société qui s'achemine vers les folies de l'agio et la grande banqueroute de Law. Turcaret l'annonce et la prépare.

Après avoir donné au Théâtre-Français cette œuvre capitale, Le Sage abandonnait la haute comédie de mœurs et de caractère, pour se tourner vers le Théâtre de la Foire. Il y trouvait des succès plus faciles, plus rapides, plus lucratifs peut-être, et aussi l'occasion de se venger des auteurs et des acteurs de la Comédie-Française. Une de ces farces assez médiocres, intitulée *La Querelle des théâtres*, se termine par le refrain de « Vive la Foire et l'Opéra ! » double rivalité dont les comédiens royaux se plaignent amèrement, s'il faut en croire l'auteur. En général, ces petites pièces, où la pantomime et la musique tiennent autant et plus de place que le dialogue, n'ont pas beaucoup de consistance. Ce sont moins des comédies véritables que des canevas, des prologues, des parodies, comme celle de l'opéra de *Télémaque*[1]. Arlequin, Pierrot, Scaramouche, Polichinelle y jouent les principaux rôles. Nous reviendrons plus tard sur ce sujet en parlant des théâtres forains et populaires avec Panard et Collé.

1. Parodie en un acte et en vaudeville représentée à la foire Saint-Germain, 1715.

sait à quoi s'en tenir. Le *Francaleu* de la *Métromanie* exprime bien cette passion générale alors :

> J'ai vu ce charme en France opérer des miracles,
> Nos palais devenir des salles de spectacles ;
> Et nos marquis, chaussant à l'envi l'escarpin,
> Représenter Hector, Sganarelle et Crispin [1].

N'est-ce pas le cas de répéter avec Juvénal :

> *Natio comœda est.*

Le mot échappe à Piron dans une lettre écrite à son ami M. Legoux Gerland en 1768 :

« Tous nos seigneurs d'épée, d'Église et de robe ressemblent à des troupes de Brioché [2] ; aussi ont-ils tous pour premier meuble, dans leurs petites maisons, de petits théâtres de marionnettes, où, pour la gloire et le bien de l'État, ils s'exercent à jouer des opéras-comiques. Je ne sais comment, en temps de guerre, nos armées s'en trouveront ; mais c'est merveille de voir comment s'en trouve la littérature dans cette capitale, et surtout la pauvre poésie. »

L'art, en se vulgarisant à l'infini, court risque de s'amoindrir et de se dégrader. La forme de la comédie s'altère et se modifie peu à peu. Le vers, c'est-à-dire le langage des dieux et des héros, comme on l'appelle, est resté le seul jugé digne de la tragédie. L'entreprise de La Motte dans son *Œdipe en prose* aboutit à l'immense éclat de rire provoqué par l'auteur du *Temple du goût* :

> Ouvrez, ouvrez, c'est mon Œdipe en prose.

La comédie devait se contenter plus aisément de

1. Acte III, scène v.
2. Le père des Marionnettes.

cette forme. Déjà Molière en avait donné l'exemple, non seulement dans ses *Précieuses* et son *Pourceaugnac*, qui pouvaient encore passer pour des farces, mais dans l'*Avare* et le *Festin de Pierre*, œuvres d'importance. Fénelon avait même déclaré qu'il préférait la prose de l'auteur à ses vers. Cependant la haute comédie reste d'abord fidèle à la forme poétique. La Chaussée lui-même la défend contre les attaques de son ami La Motte. Toutes ses hardiesses se bornent à user des rimes croisées et des vers inégaux à l'imitation de l'*Amphitryon*. Voltaire, dans l'*Enfant prodigue* et dans *Nanine*, emploie le vers de dix syllabes, comme plus léger, plus voisin du langage familier que l'alexandrin, trop majestueux selon lui. Diderot tient pour la prose, comme se rapprochant davantage de la nature et de la vérité. Marivaux, le contempteur et le parodiste de l'Iliade, l'ami de Fontenelle et de La Motte, émaille son style de brillants et de *concetti*, qui éclipsent aisément la poésie incolore et monotone de La Chaussée. Bientôt Sedaine oppose aux grâces mignardes et coquettes de Marivaux, à ce joli caquetage du beau monde, le langage simple et franc de la société bourgeoise. Enfin Beaumarchais donne à la prose un relief, une âpreté, un mordant que le vers de comédie a perdu depuis longtemps. Un genre nouveau, l'opéra-comique, provoque ce mélange de la prose et des vers que nous avons déjà signalé chez Dufresny.

Mais ces formes extérieures ne sont pas le plus intéressant à nos yeux. Ce que nous cherchons en effet dans l'histoire littéraire, à côté des leçons du goût, c'est le mouvement, la vie. La beauté plastique, si charmante qu'elle soit, ne nous suffit pas. Nous aimons à sentir palpiter sous l'œuvre d'art l'âme d'une société. C'est là ce que nous avons demandé à la tragédie de Voltaire, si défectueuse parfois, et ce que nous demanderons bien davantage encore à la comédie, plus voisine de la réalité. Il nous faut donc rappeler en peu de mots l'état des mœurs et des idées, pour expliquer l'influence réciproque du théâtre sur la société et de la société sur le théâtre.

II

Le dix-huitième siècle s'annonce comme une ère de relâchement, d'émancipation et de désordre, qu'amènent la réaction antireligieuse contre l'hypocrisie dévote de l'âge précédent à son déclin, les scandales donnés par le Régent, par le Roi, par la noblesse, le clergé, les classes dirigeantes, qui ne savent plus se conduire elles-mêmes. L'éloquent sermon de Massillon *sur les Exemples des grands* met à nu la plaie du temps. Une société où l'on voit un archevêque de Paris mourir sans confession ; un abbé de Saint-Germain, comblé de bénéfices et criblé de dettes, jouer la comédie et écrire à Collé en style de parade ; où le plus brillant représentant de l'aristocratie, un duc de Richelieu, le vainqueur de Mahon, chanté par Voltaire, tient école de libertinage ; une telle société ne peut avoir des principes bien solides ni bien sérieux. Le plaisir sans frein paraît être devenu la loi suprême, l'unique préoccupation du moment :

> Voici le temps de l'*aimable Régence*,
> Temps fortuné, marqué par la licence,
> Où la Folie, agitant son grelot,
> D'un pied léger parcourt toute la France ;

Où nul mortel ne daigne être dévot,
Où l'on fait tout, excepté pénitence.
Le bon Régent, de son palais royal,
Des voluptés donne à tous le signal [1].

On dirait d'un grand carnaval, où prélats, gentils-hommes, magistrats, mènent la danse. Le cardinal de Rohan, dans son palais épiscopal de Sens, se ruine à donner des fêtes étourdissantes, mêlées de bombances et de galanteries. Collé fait jouer devant quatre évêques la farce des *Accidents ou des Abbés*, pièce si libre, dit-il, qu'il n'a pas osé la faire imprimer.

Cependant Duclos, dans ses *Mémoires sur les mœurs du siècle*, prévoit que cette folie s'arrêtera.

« Le siècle, dit-il, ne deviendra pas meilleur, il ne se corrigera pas; mais il changera du moins, ne fût-ce que par l'ennui et le dégoût de l'indécence. On réclamera la vertu jusqu'à un certain point pour l'intérêt du plaisir.... Il n'y a rien, par exemple, qui soit si décrié que l'amour conjugal : ce préjugé est trop violent, il ne peut pas durer [2]. »

La réaction annoncée par Duclos éclatait déjà avec le *Philosophe marié* de Destouches et le *Préjugé à la mode* de La Chaussée, deux pièces décentes et morales, s'il en fut jamais. La comédie avait du moins l'honneur de cette vertueuse protestation. Mais la victoire n'était pas gagnée.

Un double courant se partage alors la société comme le théâtre. D'un côté, l'indifférence éhontée des libertins se moquant des principes et des préjugés ; les doctrines matérialistes des Helvétius, des d'Holbach et des Lamettrie, glorifiant l'*homme-ma-*

---

1. Voltaire, *la Pucelle*, chant XIII.
2. *Mémoires sur les mœurs de ce siècle*, 2ᵉ partie.

chine et la *femme à sensations*. De l'autre, des aspirations plus nobles et plus élevées, des idées de retour à l'innocence et à la simplicité primitives, aux joies de la famille et du foyer domestique. Jamais d'ailleurs, on n'a tant parlé de la vertu. Diderot renchérit encore sur La Chaussée dans son apostolat dramatique : « Je le répète donc : l'honnête! l'honnête! Il nous touche d'une manière plus intime et plus douce que ce qui excite notre mépris et nos ris. » Bien qu'il l'ait oublié quelquefois dans ses romans, l'auteur de la *Religieuse*, très honnête homme au fond, comprend la puissance et l'attrait de la vertu. Il voudrait épurer et moraliser la scène française. Mais en même temps déborde un flot de corruption et de libertinage, dont le comte d'Artois, depuis le dévot roi Charles X, se plaisait à retrouver la trace dans le *Mariage de Figaro*, et qui en faisait l'attrait piquant à ses yeux. Le point véreux se mêle trop souvent aux créations les plus charmantes de l'époque, au rôle de Chérubin dans Beaumarchais, à la *Manon Lescaut* de l'abbé Prévost, même à la *Cruche cassée* de Greuze. Cette corruption latente circule et s'infiltre partout : Voltaire, J.-J. Rousseau n'ont pu y échapper. Faut-il s'étonner que les auteurs de comédies, de farces, de gaudrioles en aient été atteints?

Le théâtre du dix-huitième siècle est un véritable forum, où s'agitent et se débattent chaque soir les idées qui troublent les têtes, les systèmes qui passionnent et divisent déjà la société. Là s'engage la lutte de l'esprit ancien et de l'esprit nouveau : là se discutent les questions du droit d'aînesse, de l'autorité paternelle, des rapports conjugaux, de l'inégalité des conditions : tout un ferment qu'on remue en riant, sans songer au péril qui peut en sortir. La comédie jette au vent ces idées vagues, éparses, qui vont se loger un matin dans le cerveau d'un logicien vigoureux ou d'un rêveur enthousiaste comme J.-J. Rousseau, et se traduisent alors en théories agressives et menaçantes. Le théâtre, sans doute, ne corrige pas toujours les mœurs, en dépit de la fameuse devise, mais il a le don d'insinuer et de vulgariser certaines audaces dont on s'effrayerait dans un ouvrage dogmatique, et que le rire fait passer.

Sans parler d'Aristophane, nous avons retrouvé jadis, dans les fragments de Ménandre, des pensées bien souvent neuves, hardies et généreuses, sur le sort des esclaves et la condition des femmes chez les anciens. Les *atellanes* conservent à Rome un dernier reste de la vieille liberté, même au temps des empereurs. La farce et la comédie moderne ont joui, elles aussi, depuis Gringore jusqu'à Beaumarchais, de précieuses et parfois d'étranges immunités. La marotte et le capuchon de la *Mère Sotte* continuent de les protéger, même en face du despotisme le plus ombrageux et le plus jaloux. Louis XIV défend l'auteur du *Tartufe* contre la cabale dévote; Louis XVI, vaincu par les instances de sa famille et de sa cour, souffre qu'on représente à Versailles le *Mariage de Figaro*. Cette tolérance accordée à la Muse comique lui permet de dire son mot sur tout, un peu à tort et à travers.

Par elle, le théâtre va devenir un miroir réflecteur, qui reproduit non seulement les mœurs, les physionomies de l'époque, mais ses rêves, ses chimères, ses illusions, son étalage de philanthropie sentimentale, ses déclamations vertueuses mêlées aux théories

les plus effrontées sur l'amour et sur le mariage. La
morale relâchée du *Sopha* et de *Faublas* s'allie au
stoïcisme et au déisme de l'*Émile*; la gravité philosophique aux crudités et aux folies du genre grivois.
Une société, si positive qu'elle soit, ne vit pas seulement de réalités : la fantaisie et l'imagination ont
aussi leur part, surtout au théâtre, qui nous transporte, un moment, du monde vulgaire dans l'idéal
ou du moins dans la fiction. Il reste à voir de quels
éléments va se former et se nourrir la comédie.

III

Entre tous ces éléments, l'esprit tient le premier
rang. Si jamais on a pu dire que l'esprit en France
courait les rues, c'est bien évidemment à cette époque. Il s'applique à tout, même aux plus graves problèmes de la science avec Fontenelle; à l'érudition,
avec Hénault, de Brosses, La Monnoye; à l'économie
politique, avec l'abbé Galiani. Un grave magistrat, le
président de Montesquieu, lui consacre sa première
œuvre, les *Lettres persanes*, feu d'artifice éblouissant
par lequel s'ouvre l'âge nouveau; singulier prélude à
l'*Esprit des lois*, que de mauvaises langues appelle-
ront aussi *de l'Esprit sur les lois*. Enfin, il s'incarne
dans l'écrivain le plus universel, le plus populaire et
le plus fécond du siècle, dans ce composé d'air et de
feu qui a nom Voltaire. D'autres auront peut-être
autant et plus de génie; nul n'aura plus d'esprit que
lui. Ce fluide léger, volatil, insaisissable, passe du
maître au valet, de la conversation dans les écrits, du
salon au cabaret, de l'académie dans les cafés. C'est
lui qui, se renouvelant sans cesse et prenant toutes

les formes, inspire, jusqu'à la fin du siècle, à Beaumarchais ses *Mémoires*, au marquis de Bièvre ses calembours, au marquis de Champcenetz ses chansons, à Rivarol ses gazettes, à Lebrun ses épigrammes. Il ne se retrouve nulle part plus vif, plus brillant, plus souverain qu'au théâtre.

Mais, s'il a ses qualités, il a aussi ses défauts, inhérents à notre race. Elle lui doit sa légèreté superficielle, son insouciance et sa frivolité, son imprévoyance du lendemain, sa facilité à se consoler des plus grands revers, à compromettre les plus graves intérêts pour une chanson ou un bon mot. On pardonne volontiers à Frédéric II, ce roi libre penseur et philosophe, cet égoïste et infidèle allié de la France, d'avoir gagné la bataille de Rosbach, puisqu'il a fourni l'occasion d'un couplet contre Soubise et Mme de Pompadour.

Ce règne exclusif de l'esprit, que nous ont reproché et parfois envié nos voisins, fait tort chez nous, même à la comédie. Ailleurs, en parlant de Dufresny, nous avons montré comment l'homme le mieux doué, en abusant de ce don, peut arriver à ne produire aucune œuvre durable. Molière, chez qui le bon sens s'unit au génie, a fait de l'esprit lui-même un ridicule lorsqu'il dégénère en pointes frivoles et en jeux de mots, comme dans les madrigaux ou les sonnets de Mascarille, d'Oronte et de Trissotin.

Fontenelle et La Motte, ces *dilettanti* littéraires, ont déjà remis en honneur le genre précieux. Sans doute, quelques talents originaux et primesautiers, comme Piron, Collé, Panard, réclament au nom du genre simple et naturel; mais ils ne sont pas exempts de la maladie commune. On dirait que tout l'esprit français d'alors a été mis en bouteilles comme du champagne, ficelé, cacheté et chauffé, pour s'évaporer en mousse légère. Marivaux, le roi des beaux-esprits au théâtre, étourdit de son papillotage aimable tout un monde de gourmets et de délicats. Le *Figaro* de Beaumarchais n'est-il pas encore un virtuose plein d'élan, de verve, de malice et d'audace, comme l'auteur lui-même, produit d'une société où l'on pardonne tout à l'esprit? N'espérons donc plus trouver ici de ces fortes études, de ces observations profondes sur la nature humaine, telles que nous les a données Molière. L'esprit mobile et léger, glissant à la surface, domine partout, même dans la *Métromanie* de Piron, même dans le *Méchant* de Gresset, comme dans les opéras-comiques de Favart. Si la comédie y renonce parfois, c'est pour tomber dans la déclamation et le pathos du drame bourgeois et philosophique, de ce que Diderot appelle le *genre sérieux*, trop voisin du genre ennuyeux, le seul que proscrive formellement Voltaire.

Le pathétique ou la sensiblerie est un élément nouveau, dont s'enrichit ou s'embarrasse la comédie du dix-huitième siècle, et qu'elle transmet à notre temps. Jusque-là elle s'était contentée de faire rire; elle entreprend maintenant de faire pleurer. Racine avait porté au comble, dans l'art tragique, le pouvoir des larmes. La jeunesse et surtout les femmes s'étaient laissées entraîner dans ce courant d'émotions qui modifie peu à peu le tempérament et le goût du public français, en s'adressant au système nerveux, à la partie tendre et féminine de notre être. Mais jusqu'alors le pathétique n'est guère sorti des limites de la tragédie. Racine lui-même, le jour où il entre sur le terrain comique avec les *Plaideurs*, n'en use que pour le rendre plaisant dans la péroraison de l'*Intimé* en faveur du chien Citron :

..... Venez, famille désolée.

Plus tard, La Chaussée, recueillant le pathétique énervé et amolli des mains de Campistron, qui s'en est déjà servi avec le *Jaloux désabusé*, entreprend de le transporter dans le domaine de la comédie. Il s'en tient d'abord au ton moyen, aux petits incidents de la vie ordinaire, qui effleurent l'âme et l'attendrissent, sans la déchirer profondément. La sensiblerie, mitigée et tempérée par un rire souvent forcé, reste sa note favorite. Il va plus loin dans *Mélanide*, espèce de mélodrame romanesque, où il essaye de jouer le grand jeu de la passion, et de voir jusqu'où peut s'étendre l'ébranlement nerveux de son public : genre d'expérience bien souvent renouvelé de nos jours.

Diderot, avec la fougue et l'emportement d'un homme à système, se sert du pathétique ou du pathos comme de la raison et de la logique, à forte dose. Ce ne sont plus des émotions douces et tendres, des serrements de cœur et des soupirs à demi étouffés, mais des secousses violentes qu'il essaye de produire, des exclamations, des convulsions, des cris, accompagnés d'une pantomime fiévreuse et désordonnée que Molé met à la mode, mais contre laquelle protestent Préville et les acteurs de l'ancienne Comédie-Française.

Sedaine et Collé, l'un dans le *Philosophe sans le savoir*, l'autre dans *Dupuis et Desronais*, ramèneront le pathétique à un diapason plus raisonnable. Beaumarchais en use et en abuse dans *Eugénie*, et prétend même le faire entrer dans le *Mariage de Figaro*. Florian le mêlera aux fadeurs de la philanthropie sentimentale, dans ses *Arlequinades* vertueuses et larmoyantes. Fabre d'Églantine, Collot d'Herbois, Monvel, en assaisonneront leurs comédies révolutionnaires et déclamatoires.

Parmi les travers du dix-huitième siècle, il en est un qui tient une large place au théâtre, c'est la monomanie de ce qu'on a très bien nommé la *raison raisonnante* [1] ; non pas de cette raison native, ingénue, qui s'exprime sous la forme populaire du bon sens, comme nous l'avons entendue par la bouche de Gorgibus, de Chrysale, de Sganarelle ; mais de cette raison dogmatique et pédantesque qui dégénère trop souvent en dissertation et en sermon. Sans doute, le théâtre de Molière a ses raisonneurs : les Philinte, les Ariste, les Clitandre, les Chrysalde. Mais ce ne sont pas des théoriciens ambitieux, des prêcheurs solennels, des utopistes ou des rêveurs en lutte avec la société. Interprètes du sens commun, leur fine ironie nous fait sourire sur les exagérations et les folies de l'espèce humaine, sans fulminer ni s'irriter contre elle : leur devise commune est celle de Philinte :

> La parfaite raison fuit toute extrémité,
> Et veut que l'on soit sage avec sobriété.

Si parfois un cri de la conscience, de la probité et de la raison révoltée échappe à Chrysalde contre les faux dévots, à Clitandre contre les pédants, ils se gardent bien de l'enflure, de la jactance et de la déclamation.

---

1. M. Taine, *Origines de la France contemporaine*, t. I.

Le ton devient tout autre chez les raisonneurs du dix-huitième siècle. Voltaire lui-même, entraîné par les ardeurs de la lutte, l'a déjà changé dans ses tragédies, à partir d'*Œdipe*, de *Brutus* et de *Mahomet*. Les homélies édifiantes du *Révérend Père La Chaussée*, comme l'appelle Piron, mettent la comédie sur le même pied que la tragédie : l'une déclame autant que l'autre. Avec Diderot, la note s'élève encore et arrive au paroxysme de l'exaltation ; l'influence de J.-J. Rousseau et sa rhétorique enflammée ajoutent à cette fièvre de la propagande philosophique, à ce débordement de la *raison raisonnante* sur le théâtre. On a bien des fois médit de la scolastique, de son empire qui s'étend jusqu'à nos farces et à nos moralités, où les *entités* et les *quiddités* reparaissent sous forme de personnages comiques, tels que *Banquet*, *Gourmandise*, *Friandise*, *Je bois à vous*, etc. Mais le bagage philosophique[1], dont se charge la comédie du dix-huitième siècle, n'est souvent guère plus léger.

La *Nature* est, avec la *Raison*, une des puissances que le théâtre invoque le plus volontiers. Nulle part sans doute son empire n'est plus légitime que dans la comédie. Boileau l'a dit :

> Que la nature donc soit votre étude unique,
> Auteurs qui prétendez aux honneurs du comique[2].

Mais il y a différentes manières de la comprendre et de l'exprimer. Cette Nature, dont on parle tant, ressemble un peu à la Raison, dont elle est l'alliée. Elle devient tour à tour emphatique et solennelle avec les

---

1. Voir la thèse de M. Fontaine sur *Le Théâtre et la Philosophie au XVIIIe siècle*.
2. *Art Poétique*, ch. III.

uns, débraillée et licencieuse avec les autres : elle crie, pérore et déclame contre la société, avec laquelle on la met continuellement aux prises.

Cette pauvre société, qui croule, est battue en brèche de tous côtés : ses préjugés, ses vices, ses abus, trop nombreux, hélas! sautent aux yeux. La Comédie les dénonce et les raille sans pitié. La noblesse, le clergé, la cour elle-même applaudissent aux attaques contre les privilèges dont ils profitent, et qu'ils essayeront trop tard de sauver.

Les liens de la hiérarchie se rompent dans la famille comme dans l'État; les distinctions entre les rangs et les conditions s'effacent. Dans Molière, chaque classe de la société a son caractère, sa langue, son costume et sa physionomie. Au dix-huitième siècle, tout se brouille et se confond de plus en plus. Marivaux, le peintre du beau monde, se plaît à ces travestissements où soubrettes et valets prennent, pour un moment, la place des grandes dames et des gentilshommes, comme dans le *Jeu de l'Amour et du Hasard*. Diderot, qui se flatte de marquer et d'accentuer les conditions en les substituant aux caractères, nous montre le vieux Lysimond qui appelle son fidèle domestique André : *Mon cher ami*. Le meunier de Collé pose familièrement la main sur l'épaule du Roi, qu'il prend pour un simple gentilhomme, et ne veut pas être tutoyé. Plus tard, l'*Arlequin* de Florian, devenu à son tour chef de maison et grand seigneur, traite en camarades les domestiques auxquels il commande, après avoir si longtemps obéi lui-même. Nous sommes loin des coups de bâton dont Léandre et Lélie payaient les services de Mascarille et de Scapin. La révolution s'opère sur le théâtre avant de passer dans les mœurs et les institutions.

Aux approches de 89, les gentilshommes renoncent à l'habit brodé et à l'épée, réservés pour la cour et les grandes cérémonies, et se promènent en habit noir uni, conduisant eux-mêmes leur cabriolet[1]. Jadis le bourgeois aspirait à se faire gentilhomme; le gentilhomme alors se fait bourgeois. Le *Philosophe* de Sedaine, M. Vanderk, après des revers de fortune, renonce à son titre de comte pour prendre le nom et la maison d'un riche marchand hollandais, son bienfaiteur. Il y a bien sans doute encore des commandeurs d'Auvilé pour protester contre cette honteuse promiscuité ; mais le mouvement est donné, et c'est du théâtre qu'il est venu. Dans cette vieille société française, si aristocratique par certains côtés, voici que déborde tout à coup, comme un torrent irrésistible, le flot de la démocratie. La *Folle journée* de Beaumarchais en sera l'éclatant triomphe. Figaro se sent déjà très supérieur à son maître, qui s'est donné seulement la peine de naître.

La question sociale va se compliquer bientôt de la question politique, et même religieuse. Déjà Voltaire a fait retentir, aux applaudissements du parterre, ce vers hardi de *Mérope* :

> Le premier qui fut roi fut un soldat heureux.

Favart à son tour, dans la comédie des *Trois Sultanes*, nous parle de la France où règne un *roi citoyen*, mot nouveau assez singulièrement appliqué à Louis XV, le plus despote et le plus égoïste des sultans chrétiens.

1. Mémoires du comte de Ségur.

Le jeune duc de Chartres, depuis Louis-Philippe, bat des mains à ces paroles de Brutus :

Vivre libre et sans rois.

L'Église, associée à la royauté, se trouve un jour exposée aux mêmes attaques. Voltaire, dans son *Œdipe*, ne ménage guère plus les prêtres que les rois :

Les prêtres ne sont pas ce qu'un vain peuple pense.

Néanmoins, tant que dure la vieille monarchie, le clergé n'est pas mis directement en scène. Quand viendront les jours de la Révolution, la comédie reprendra avec plus de rancune et de haine les médisances de la farce et du fabliau contre les moines et les abbés. On applaudit le *Fénelon* de Marie-Joseph Chénier ; on pleure et on s'indigne aux *Victimes cloîtrées* de Monvel. La Réforme, à sa naissance, avait jadis inspiré la grossière comédie du *Pape malade* : le théâtre révolutionnaire nous offrira la *Journée du Vatican* ou le *Mariage du pape*, qui ne vaut guère mieux.

Tels sont les éléments très divers dont s'alimente l'art comique au dix-huitième siècle.

IV

A l'étude des formes variées que revêt la comédie, des sentiments et des idées qu'elle exprime, il nous faudra joindre l'examen des théories qu'elle a suscitées. Cette raison raisonnante, dont il a été question tout à l'heure, enfante le goût des systèmes. L'*Esprit des lois* de Montesquieu, le *Contrat social* de J.-J. Rousseau, aussi bien que les *Conférences de l'entresol* et les doctrines économiques de Quesnay et de l'abbé Galiani, attestent cette tendance générale du siècle. Le théâtre aura, lui aussi, ses théoriciens, ses utopistes et ses rêveurs. Sans doute, l'étude des œuvres elles-mêmes est d'une valeur et d'une démonstration plus efficaces que toutes les théories. Il peut arriver cependant que telle préface, tel commentaire de Diderot ou de Voltaire, nous intéresse avant tout. Voir non seulement ce qu'a fait, mais ce qu'a voulu faire un homme de talent, ce qu'il a quelquefois pressenti, entrevu, et ce qu'un autre a réalisé, peut offrir aussi son genre d'instruction. Rappelons-nous les longues dissertations dont Voltaire a fait suivre ou précéder son *Œdipe*, son *Oreste*, sa *Mort de César*. La préface de l'*Écossaise* est plus spirituelle, plus divertissante que la comédie elle-même, qui ne l'est guère, il faut l'avouer.

Piron, qui ne se flatte pas d'imiter Voltaire, et qui le déteste cordialement, accompagne de longues préfaces ses tragédies et ses comédies. Diderot semble n'avoir écrit le *Fils naturel* et le *Père de famille* que pour justifier ses théories. Si médiocre qu'en soit le résultat, ces idées n'en forment pas moins une page importante de l'histoire littéraire du temps. Reprises en Allemagne par Lessing, elles nous reviendront plus tard comme des nouveautés séduisantes pour bien des gens qui n'admirent que ce qui arrive de l'étranger. Beaumarchais, disciple enthousiaste de Diderot, débute, lui aussi, par un manifeste, l'*Essai sur le poème dramatique*, placé en tête de son *Eugénie*, et s'annonce comme le prophète ambitieux d'un art nouveau, avant d'avoir montré par son exemple que l'inspiration véritable l'emporte sur tous les systèmes.

En face de ces grands agitateurs du monde littéraire et dramatique, se forme le camp des critiques tempérés et mitigés : La Harpe et Marmontel, souvent bons juges des œuvres d'autrui et médiocres écrivains ; Grimm, esprit mordant, incisif, ayant la pointe, le flair, le coup d'œil du critique, et se trompant quelquefois aussi, comme dans son horoscope sur Diderot et Beaumarchais. Collé, l'auteur des chansons et des amphigouris, est encore, dans son *Journal*, un critique ne manquant ni de verve, ni de goût, ni de malice, mais ayant ses préventions : partisan déclaré de la tradition, qu'il défend contre les novateurs, même alors qu'il innove lui-même. Puis viendra Mercier, l'auteur du *Tableau de Paris*, esprit fantasque, bourru et bizarre plus encore qu'original, affichant l'idée de compléter la révolution sociale par une révolution analogue sur le théâtre, se flattant de détrôner Molière en se mettant lui-même à sa place : vrai *sans-culotte* de la critique, dans lequel l'orgueil naïf de l'apôtre s'allie à la fougue et aux crudités brutales des démolisseurs. Enfin, tandis que deux écrivains aimables, Collin d'Harleville et Andrieux, reprennent d'un pas tranquille les vieux sentiers de l'art comique, un talent âpre et violent, Fabre d'Églantine, apporte sur la scène ses passions de sectaire, et lance, avec son *Philinte*, un prologue retentissant comme un cri de guerre contre les pacifiques et les modérés, endormis dans le quiétisme du passé.

L'histoire des théories dramatiques aura pour complément celle des scènes rivales, des grands et des petits théâtres qui se disputent la faveur publique. La Comédie-Française, l'Opéra, les Italiens eux-mêmes, en possession de leurs privilèges, voudraient pouvoir étouffer les spectacles de la Foire : l'Opéra-Comique, ce nouveau-né qui fait déjà grand bruit dans sa petite salle, et même ces innocentes Marionnettes dont la vie ne tient qu'à un fil, mais dont le babil importune, agace et fait crever de jalousie leurs puissants voisins. De là une guerre acharnée. Après le succès de *Turcaret*, Le Sage, brouillé avec les Comédiens Français, leur oppose la concurrence des Marionnettes, concurrence redoutable par le succès qu'elle obtient et par les attaques dirigées contre les représentants du genre sérieux. Piron prend sa revanche des mépris de Voltaire sur les tréteaux de la Foire : *Arlequin-Deucalion* s'égaye aux dépens *d'Artémire* ; *Zaïre* elle-même n'échappe pas aux lazzi de Polichinelle. A certaines heures l'autorité intervient, entraînée par la ligue des intérêts et des amours-propres mis en jeu. En face de la triple conspiration de Voltaire et des comédiens français et italiens, Favart se verra forcé un jour de quitter l'Opéra-Comique, ruiné par des succès trop éclatants.

Plus tard, au milieu des orages de la Révolution, les deux théâtres rivaux de la *Nation* et de la *République*, accusés l'un de modérantisme, l'autre de jacobinisme, fourniront tour à tour, avant comme après le 9 Thermidor, des victimes à la proscription. L'art de l'auteur et de l'acteur n'a rien à gagner à ces tourmentes : privé du calme et du recueillement dont il a besoin, il court risque de se dégrader au contact des passions mesquines ou brutales. Si le tumulte du Forum et de l'Agora est favorable à l'éloquence, il réussit moins à la poésie, qui est faite pour suivre ou précéder plutôt que pour accompagner l'action, à moins qu'il ne s'agisse de chants de guerre, comme ceux de Tyrtée ou la *Marseillaise*. La paix et la liberté sont toujours pour l'art la meilleure des conditions.

CHAPITRE VIII

RETOUR A LA COMÉDIE DE CARACTÈRE.
DESTOUCHES (1680-1754).

*Le Philosophe marié. — Le Glorieux. — Le Dissipateur.
La Fausse Agnès. — Le Tambour nocturne.*

Dans le chapitre précédent nous avons essayé d'exposer la situation et les destinées de la comédie au dix-huitième siècle. Nous avons montré dans quel milieu, sous l'influence de quelles mœurs et de quelles idées elle allait se développer. Maintenant il nous faut étudier de plus près les formes diverses qu'elle a revêtues.

La *comédie de caractère*, la première qui s'offre à nous comme un glorieux héritage du passé, va reparaître un moment, non pas dans toute sa plénitude et sa puissance, telle que nous l'a montrée Molière ; mais ayant encore, pour la soutenir, l'élégance correcte du lettré homme du monde, alliée à la finesse du diplomate, chez Destouches ; la verve endiablée du poète amoureux de son art, chez Piron ; les grâces du bel esprit jointes aux mérites de l'écrivain délicat, chez Gresset. Le *Glorieux*, la *Métromanie*, le *Méchant*, ces trois pousses d'automne venues sur le vieux tronc comique de l'âge précédent, n'en ont pas moins encore leur verdeur et leur éclat momentané.

Après la période de deuil et de silence qui suit la mort de Molière, nous avons vu la comédie renaître avec Regnard, Dancourt et Le Sage. C'est ce que nous appellerons volontiers la première génération des héritiers de Molière : elle garde encore du maître une part de sève native, l'art de peindre et de faire vivre les personnages et les ridicules ; la gaieté franche et spontanée. Destouches avec Piron et Gresset forment la seconde génération : la veine comique s'est affaiblie ; le jet devient moins naturel et moins continu. Les ébauches, les tâtonnements, les déviations précèdent ou suivent l'œuvre maîtresse, qui apparaît comme une bonne fortune passagère de l'écrivain.

Destouches reste ou croit rester l'héritier et peut-être le restaurateur de la comédie de caractère telle que l'a créée Molière au dix-septième siècle. A ne consulter que l'étiquette ou le titre de ses pièces, on comprend son illusion. L'*Irrésolu*, le *Médisant*, l'*Indiscret*, l'*Ambitieux*, le *Glorieux* semblent faire suite à l'*Avare*, au *Misanthrope*, et compléter cette série de portraits humains mis en scène par la comédie. Mais l'exécution est bien différente, sans parler même de la distance énorme entre les talents. Destouches introduit un caractère dans le cadre d'une action dramatique, et s'efforce de lui faire une place qui le mette en saillie. Molière fait sortir l'action même du caractère : c'est celui-ci qui en est l'âme, qui donne à tout le mouvement et l'impulsion. Autour du personnage principal se groupent un certain nombre de personnages secondaires qui s'appuient, s'éclairent et 'expliquent mutuellement. Ce grand art de créer des ypes qui durent et vivent dans la mémoire des hommes ra se perdant tous les jours : le *Glorieux* de Destouches, le *Métromane* de Piron, le *Méchant* de Gresset n'en offrent déjà qu'un pâle et dernier reflet.

Les théories nouvelles et plus commodes de La Chaussée et de Diderot, substituant les situations ou les conditions aux caractères; le joli caquetage de Marivaux, mettant l'esprit de l'auteur à la place de celui des personnages, hâtent encore cette décadence d'un genre épuisé. La comédie nous rendra bien les physionomies extérieures, les masques, les costumes, les allures et les manières de la société contemporaine : c'est par là qu'elle nous intéresse. Mais où est l'individualité, le type qui nous frappe et soit resté dans la mémoire des spectateurs après le *Turcaret* de Le Sage et avant le *Figaro* de Beaumarchais? Vous le cherchez en vain. Qui de nous se rappelle le nom d'un seul personnage de Marivaux ? C'est le Comte, c'est le Marquis ou le Chevalier, la Marquise ou la Comtesse, une variété du genre plutôt qu'un individu. Que représentent pour nous les noms de *Durval*, de *Constance*, de M. et Mme *Argant*, de *Doligni* père et fils, de *Mélanide* dans La Chaussée? Et le *Fils naturel*, et le *Père de famille* chez Diderot, savons-nous seulement comment ils s'appellent? Combien Harpagon, Don Juan, Alceste, M. Jourdain sont à nos yeux des êtres plus vivants ! Nous les connaissons, et leurs noms seuls éveillent l'idée de vices et de ridicules toujours présents à notre souvenir. Sachons gré du moins à Destouches d'avoir cherché à ressaisir et à continuer la tradition du grand art, bien que le résultat n'ait pas toujours couronné ses efforts, et qu'il ait trop souvent mis des titres à la place des caractères et des personnages.

Destouches est en quelque sorte le Mentor de la comédie française au dix-huitième siècle, en attendant que La Chaussée en devienne le prédicateur attitré. Moins gai que Regnard, moins spirituel que Dufresny, moins naturel que Dancourt, moins profond que Le Sage, il est le représentant de la Muse comique assagie et refroidie, mais gardant de précieuses qualités d'observation, de style et de composition. Mélange d'officier, de diplomate, d'homme du monde et de lettré, il est ce qu'on appelle un écrivain distingué : son talent se compose d'étude, de réflexion, de combinaison plus encore que d'inspiration. Collé parlant de lui le proclame homme d'un grand talent, mais de peu d'esprit : — ce n'est pas l'esprit qui lui manque, c'est la verve plutôt qu'il fallait dire. Il n'a pas le diable au corps en écrivant, comme l'aura Piron à certaines heures, et s'en tient surtout au précepte de Boileau :

> Aimez donc la raison ; que toujours vos écrits
> Empruntent d'elle seule et leur lustre et leur prix.

Par la régularité de ses principes littéraires, moraux et religieux, Destouches se rattache encore au dix-septième siècle. Il soumet au jugement de Despréaux ses premiers essais poétiques et en reçoit un bienveillant accueil. Regnard avait débuté tout autrement.

L'auteur du *Glorieux* eut pourtant aussi ses aventures, s'il faut en croire certains biographes, qui d'ailleurs sont assez peu d'accord. « Quoique nous ignorions le détail de ses premières années, dit d'Alembert, nous avons lieu de croire qu'elles furent très orageuses, mais à la vérité par la faute de ses parents bien plus que par la sienne. » La volonté de sa famille se trouve aux prises avec la nature : l'une prétendait faire de lui un homme de robe, et l'autre un homme de lettres. A ce sujet, d'Alembert déclame fort contre les pères qui combattent la vocation de leurs fils : point contestable cependant, il faut l'avouer, si l'on songe aux vocations manquées et aux génies incompris devenus un fléau pour leurs familles. Après des études brillantes faites au collège des *Quatre-Nations*, Destouches le quittait ayant en tête et même déjà en poche une tragédie des *Machabées*. Brouillé bientôt avec ses parents et sans ressources, il se serait enrôlé dans une troupe de comédiens de province : tel est le fait raconté par d'Alembert dans son éloge de Destouches lu en pleine Académie ; fait démenti, il est vrai, par le fils du poète, entré dans les mousquetaires noirs, et peu flatté sans doute d'avoir pour père un ancien cabotin. Destouches aurait partagé en cela le sort de Molière et de Dancourt, qui ne sont pas des gens trop méprisables. D'Alembert ajoute encore « qu'il eut le courage d'avoir des mœurs et d'opposer au cruel arrêt lancé contre son état la décence exemplaire de sa vie ». Trait à noter, que nous retrouverons plus tard dans ses œuvres, où la décence est toujours respectée.

Mais on était tant soit peu glorieux dans la famille, et ce titre de comédien semblait une tache sur son blason bourgeois. Aussi le Théâtre de la Foire se fit-il l'écho d'un bruit désagréable à l'oreille du poète :

> De son brillant auteur,
> *Autrefois grand acteur*,
> La muse excelle,

          Nous donnant, chaque jour,
          Des pièces bonnes pour
             Polichinelle.

D'après les biographes amis, Destouches se serait
engagé comme volontaire dans l'armée, et aurait
assisté au siège de Landau et à la bataille de Fried-
lingen, où il fut légèrement blessé. Il était en garni-
son à Huningue, lorsque, pour occuper les loisirs de
ses quartiers d'hiver, il composa le *Curieux impertinent*,
sa première comédie, représentée dans le salon de
M. de Puysieux, gouverneur de la ville et ambassadeur de France en Suisse. Selon d'autres, il était
alors directeur d'une troupe de comédiens à Soleure;
et ce fut à ce titre, comme orateur de la société, qu'il
avait fait la connaissance de l'ambassadeur, dont il
devint le secrétaire.

En tout cas, d'une façon ou de l'autre, le théâtre
lui ouvrit toujours le chemin de la fortune avant
celui de la gloire. Le succès de la pièce qui, des scènes
de Soleure et de Schaffhouse, passa sur celle de la
Comédie-Française, à Paris; de nouvelles productions
dramatiques, l'*Ingrat*, l'*Irrésolu*, le *Médisant*, l'*Obstacle
imprévu*, attirèrent sur lui les regards du Régent, qui
aimait à captiver les gens de lettres, et ne dédai-
gnait pas de les associer aux affaires diplomatiques.
N'avait-on pas vu le poète anglais Prior figurer parmi
les négociateurs du traité d'Utrecht? Destouches
avec sa bonne tenue, son esprit délié, discret, délicat,
fut jugé digne d'être attaché comme secrétaire à la
personne de l'abbé Dubois, ambassadeur de France
en Angleterre. Ce voyage lui profita de toute façon :
Destouches, mêlé aux affaires et à la meilleure société,
acheva de s'y former comme observateur des mœurs

et des caractères : le diplomate vint en aide au poëte
comique. En même temps il s'initiait à la littérature
anglaise, d'où il rapporta des souvenirs faciles à
reconnaître dans quelques-unes de ses dernières œuvres, telles que le *Dissipateur* et le *Tambour nocturne*.

Le poëte, aussi habile à conduire une affaire qu'une
intrigue de comédie, se vit chargé par l'abbé Dubois
d'une mission délicate. Il s'agissait d'obtenir l'appui
du roi d'Angleterre auprès du Régent en faveur de
l'ambassadeur de France, candidat au siège épiscopal
de Cambrai, devenu vacant par la mort du cardinal de
La Trémouille. « Comment voulez-vous, s'écria le roi
George, qu'un prince protestant se mêle de faire un
archevêque en France ? Le Régent en rira lui-même
et n'en fera rien. — Pardonnez-moi, Sire, répliqua
Destouches : il en rira, mais il le fera : premièrement,
par respect pour Votre Majesté ; en second lieu,
parce qu'il trouvera la chose plaisante. » Le fait arriva comme l'avait prévu Destouches, et Dubois vint
s'asseoir sur le siège où était mort Fénelon.

Après six ans de séjour en Angleterre, le poëte-di-
plomate revenait la tête remplie d'observations et de
souvenirs qu'il se proposait d'utiliser plus tard. Parti
célibataire, il rentrait en France marié à l'insu de son
père, et tirait de là un premier sujet de comédie. Une
gratification de cent mille livres qu'il recevait du
Régent pour ses services, lui permettait de se retirer
à la campagne, où il vivait en sage, renonçant à la
politique et voué tout entier aux lettres, sa première
et sa dernière passion. Ce fut au sein de cette paisible
retraite, dans son domaine de Fortoiseau, près Melun,
qu'il composa ses œuvres capitales : le *Philosophe
marié* et le *Glorieux*.

Destouches est un comique du genre tempéré, sans gaieté folle, mais aussi sans bassesse et sans trivialité ; homme de bonne compagnie, esprit délicat et froid, lançant discrètement la pointe et soulignant les mots avec plus de finesse que de verve et d'entrain. Vrai tempérament de diplomate, fait pour jouer, non les premiers rôles, mais les confidents et les secrétaires intimes. Sa comédie est une œuvre de cabinet : elle en a les qualités et les défauts. Celle de Molière, si profonde, si méditée qu'elle soit, naît, pour ainsi dire, au milieu de l'action théâtrale : celle de Regnard, parmi les joyeusetés, les saillies, la gaieté intarissable de ce pays de Cocagne, où il convie ses amis des deux sexes à boire, à jouer et à chanter. Tout autre est la vie calme, régulière, studieuse, qu'on mène à Fortoiseau.

Entrez dans le cabinet ou dans l'atelier du poète. Là on cultive le portrait moins encore à la façon de Molière que de La Bruyère. Chaque comédie de Destouches est comme un cadre ou un compartiment dans lequel il enferme un caractère. Le moraliste l'emporte sur le peintre. L'observateur à froid se livre à un travail d'analyse et de combinaisons savantes, composant ses figures de pièces de mosaïque, au lieu de les tracer en quelques traits vigoureux et hardis. La vie et le coloris manquent trop souvent. On dirait des silhouettes plus encore que des portraits, des dessins à l'estompe ou à la plume, aux teintes grises, fines et délicates ; des statues régulières et froides, qui attendent l'étincelle de Prométhée. Mais l'étincelle ne vient pas.

Poète judicieux, *écrivain correct*, *auteur estimable*, tels sont les titres qu'on accorde le plus volontiers à

Destouches ; un large ensemble de qualités moyennes ;
la finesse et l'aisance du dialogue, une versification
facile, un comique noble, une grande abondance de
morale et de réflexions, un talent naturel s'éloignant
de tout ce qui est faux, précieux et recherché ; une
certaine entente de la scène, une habile conduite de
l'action, tout ce qui est de savoir-faire et de réflexion ;
tout, excepté ce *vis comica* qui est un don de Dieu
ou du Diable. Voltaire écrit à Cideville (1733) : « Destouches a fait une comédie héroïque, c'est l'*Ambitieux*. La scène est en Espagne. On dit que cela n'est
ni gai ni vif : et, comme dit fort bien Legrand, de po-
lissonne mémoire :

> Le comique écrit noblement
> Fait bâiller ordinairement.

Ce Destouches-là est assurément de tous les comiques
le moins comique. » C'est, en effet, son côté faible.
S'il essaye parfois d'être plaisant, il court risque de
tomber dans le rire forcé et grimaçant, parce qu'il sort
de sa nature. Ses admirateurs se consolent en lui donnant l'avantage sur Molière pour les dénouements, sur
Regnard pour la tenue et les mœurs. Il ne perd jamais
de vue cette sage maxime, que le théâtre doit corriger les hommes en les amusant.

La comédie morale et instructive semble avoir été
la prétention et l'objet principal de Destouches. Sur
ce point, il va plus loin que les grands maîtres du
dix-septième siècle. Corneille déclare que le but du
théâtre est tout d'abord le plaisir : si, par libéralité
d'âme, le poète y joint une instruction, tout est pour
le mieux ; mais le plaisir est la première condition de
l'art dramatique : Molière est du même avis, et trouve

que *le grand art est de plaire*. Boileau lui-même, le grave et sévère Boileau, nous dira :

> Ainsi, *pour nous charmer*, la tragédie en pleurs
> D'OEdipe tout sanglant fit parler les douleurs,
> D'Oreste parricide exprima les alarmes,
> Et, *pour nous divertir*, nous arracha des larmes.

Charmer, divertir, voilà l'important d'abord.

Destouches est resté fidèle à cette pensée de La Bruyère : « Ce n'est point assez que les mœurs du théâtre ne soient point mauvaises : il faut encore qu'elles soient décentes et instructives ». Lui-même explique dans la préface du *Glorieux* ses principes à cet égard : « Je crois que l'art dramatique n'est estimable qu'autant qu'il a pour but d'instruire en divertissant. J'ai toujours eu pour maxime incontestable que, quelque amusante que puisse être une comédie, c'est un ouvrage imparfait et même dangereux si l'auteur ne s'y propose pas de corriger les mœurs, de tomber sur le ridicule, de décrier le vice, et de mettre la vertu dans un si beau jour qu'elle s'attire l'estime et la vénération publique [1]. »

Élève de Boileau, Destouches a le talent des sentences devenues proverbes, l'art d'enchâsser une pensée juste dans un vers « épuré aux rayons du bon sens ». Ainsi :

> La critique est aisée, et l'art est difficile.

> Chassez le naturel, il revient au galop.

Il est telle de ses pièces dont on ne se rappelle qu'un

---

1. Chose curieuse! ce dix-huitième siècle, dont on a tant accusé les mœurs, avec quelque raison, est celui qui se pique le plus de moralité au théâtre : sur ce point Destouches, La Chaussée, Diderot, Beaumarchais sont d'accord dans leurs préfaces.

trait ou un vers charmant, comme celui de l'*Irrésolu* :

> J'aurais mieux fait, je crois, d'épouser Célimène.

« Un de ces traits qui seuls valent tout un rôle », s'écrie d'Alembert, en exagérant un peu, comme Boileau pour le sonnet. Et il félicite en même temps Destouches d'avoir bravé la double épreuve du théâtre et du cabinet. Fontenelle, en le recevant à l'Académie, lui adresse ce compliment : « Vos vers se lisent, et cette louange si simple n'est pourtant pas fort commune ». Ce cachet moral et sentencieux, joint à l'ordonnance de la composition et à la peinture générale des caractères, a contribué à faire valoir Destouches près des étrangers, qui le placent immédiatement après Molière. Lessing n'hésite même pas à le mettre au-dessus. Cette partialité est-elle aussi naïve et aussi sincère qu'on pourrait le croire? Peut-être éprouvait-il au fond ce sentiment d'envie que cherchait à satisfaire Schlegel lorsqu'il déclarait le *Roi de Cocagne* de Legrand supérieur au *Misanthrope* de Molière. Mais c'est assez parler de l'homme et du poète en général : il est temps d'arriver aux œuvres capitales qui ont fait vivre son nom.

II

Le *Philosophe Marié* [1] dispute au *Glorieux* le premier rang. Destouches trouvait là un double attrait : 1° une thèse morale à soutenir ; 2° des souvenirs et des sentiments personnels à exprimer. — Nous avons dit comment le mariage était compris et pratiqué dans le

---

1. Représenté en 1727.]

beau monde du dix-huitième siècle. Aux dédains et aux pudeurs affectées des précieuses, avaient succédé les doctrines éhontées des libertins, des roués, proclamant pour l'homme le droit d'avoir toutes les femmes, excepté celle dont il était l'époux ; l'indifférence égoïste et superbe des philosophes, voyant dans le lien conjugal une servitude ; enfin un faux respect humain faisant regarder comme une faiblesse ce qui était une loi de la nature et de la raison.

Peut-être Destouches, si sage qu'il fût, avait-il donné lui-même un moment dans ce travers des esprits forts, partisans du célibat. Ses préventions étaient tombées devant les charmes de miss Dorothée Blakstone, dont il avait fait sa femme, sans oser d'abord l'avouer à son père ni à ses amis. Par raison diplomatique ou autre, ce mariage resta secret jusqu'à son retour en France : une imprudence de sa belle-sœur laissa seule transpirer ce mystère. C'est sa propre histoire qu'il a mise en scène. Il s'y est représenté lui-même sous le nom d'Ariste, le prétendu sage, victime et dupe d'un préjugé. Sa femme s'y retrouve également sous la figure de l'aimable et honnête Mélite, l'épouse résignée non sans peine à cacher un amour et un hymen dont elle est fière. Sa belle-sœur, sous les traits de l'indiscrète et babillarde Céliante, peinte, dit-on, au naturel avec une ressemblance frappante : petite vengeance du poète, qu'elle avait souvent impatienté. Enfin, son père, avec lequel il s'était réconcilié par sa piété filiale et sa générosité, dans la personne du bonhomme Lisimon. Sans y songer, Destouches revenait ici aux premières inspirations de l'ancienne comédie bourgeoise, au temps où Adam de la Halle, un contemporain de saint Louis, mettait en scène dans le *Jeu de la Feuillée* son propre père, maitre Henri, et ses amis de bouteille et de plaisir, Henri le Mercier, Riquèce Aurri et Gillot le Petit. Il est vrai que la vieille farce est d'un ton bien différent.

Ici le comique délicat et réservé, glissant entre deux sourires, nait de la fausse position où se trouve un homme qui n'ose pas être tout simplement heureux, en avouant l'amour qu'il éprouve pour sa femme et sa légitime union avec elle. Époux au dedans, garçon au dehors, le point d'honneur philosophique l'attache au rivage d'un célibat apparent, pour ne pas déroger à ses principes et ne pas démentir les propos qu'il a souvent tenus contre le mariage. Ce philosophe a le tort de manquer de philosophie, de trembler devant l'opinion.

> . . . . . . Entre nous, ma faiblesse
> Est de rougir d'un titre et vénérable et doux,
> D'un titre autorisé, du beau titre d'époux,
> Qui me fait tressaillir lorsque je l'articule,
> Et que les mœurs du temps ont rendu ridicule.
> Ce motif, je le sens, n'est pas des plus sensés,
> Mais[1] . . . .

Ce noble cœur, ce fier esprit, si jaloux de son indépendance, est l'esclave d'un préjugé. Cet ami de la vérité n'ose la dire. Il dissimule avec ceux auxquels il doit toute sa confiance : il expose l'honneur et la réputation de celle qu'il aime à tous les mauvais bruits, à tous les soupçons, aux grossièretés de son oncle Géronte qui la prend pour *une créature*, aux entreprises indiscrètes du marquis du Lauret, qui la courtise de la meilleure foi du monde et prétend à sa

---

1. Acte I, scène II.

main. — Et tout cela pourquoi? pour sauver sa réputation de célibataire entêté, pour s'épargner les brocards d'un monde railleur et se donner les apparences d'une inflexibilité de principes qu'il n'a point au fond.

Une autre raison vient s'y joindre : le besoin de sauver l'héritage d'un oncle, qui menace de se fâcher contre son neveu, et qui parle de le marier avec une riche héritière de treize ans, sa propre belle-fille. Motifs puérils et intéressés, qui n'ont rien de bien sérieux ni de bien élevé, en face d'une passion véritable, surtout pour un honnête homme tel qu'Ariste.

Malgré le talent incontestable et l'habileté avec laquelle l'action est conduite, il faut reconnaître qu'il y a dans les situations comme dans les caractères bien des invraisemblances et des exagérations. Comment ce philosophe amateur, tout entier à ses réflexions et à ses livres, a-t-il pu, dans ses loisirs studieux, devenir assez riche pour soutenir son père tombé dans le dénûment? Destouches, lui, était diplómate et bien payé, quand il envoyait à l'auteur de ses jours quarante mille livres sur ses économies. — Et puis comment Ariste a-t-il cru devoir cacher si longtemps une union selon son cœur à ce bon Lisimon, qui ne demande qu'à lui ouvrir ses bras? — Comment Mélite, qui doit avoir sa fierté et le souci de son honneur tout autant que le philosophe *misogame*, accepté-t-elle une position équivoque aux yeux du monde et de la famille de son mari? C'est pousser bien loin la résignation que de dire seulement :

> A d'indignes soupçons votre secret m'expose.
> Nous demeurons ensemble, et j'apprends tous les jours
> Que cela fait tenir d'impertinents discours.

Je n'en murmure pas. De ma seule innocence
Je me fais un rempart contre la médisance[1].

Est-ce assez? Comment ne proteste-t-elle pas au premier mot blessant de Géronte?

Cet oncle, que l'auteur cherche à rendre plaisant en forçant les traits, est d'une rudesse et d'une grossièreté que l'orgueil de la richesse ne suffit pas à expliquer. Son goût pour les rasades et ses familiarités ne sont pas toujours du meilleur ton. Nous avons là un échantillon du comique grimaçant chez Destouches.

Le vieux père Lisimon, bonhomme assez effacé, devenu pauvre pour avoir été trop honnête, malmené par son frère l'égoïste et fortuné Géronte, dont il voudrait pourtant conserver l'héritage à son fils, n'a rien qui rappelle l'autorité ni la faiblesse paternelle. Il ne vient là que pour fournir au philosophe l'occasion de témoigner son bon cœur et son respect filial : sans relief, sans couleur, on comprend qu'il n'ait fait fortune ni dans le monde ni au théâtre. A tout prendre, nous aimons mieux encore l'oncle Géronte.

La vive et rusée servante Finette ; la sœur jalouse, étourdie, capricieuse et fantasque, Céliante, s'emportant contre le pacifique Damon au moment même où elle va l'épouser :

Oui, monstre, il est écrit que je t'épouserai,
Mon penchant m'y contraint, mais je m'en vengerai[2];

le marquis galant, sceptique, railleur et bon enfant, l'ami du Lauret, sont les personnages les plus vivants de la pièce et, sinon les plus vrais, les plus amusants.

1. Acte I, scène VI.
2. Acte V, scène X.

Cette comédie du *Philosophe marié*, malgré ses imperfections et ses défauts trop visibles, n'en obtint pas moins un éclatant succès près des contemporains. Il y avait là d'abord une thèse relativement nouvelle et hardie en faveur du mariage, une grande vérité morale qui avait pour bien des gens l'attrait d'un paradoxe. Les hommes, les femmes surtout s'y intéressaient vivement, comme on le faisait hier encore chez nous pour la question du divorce débattue dans *Madame Caverlet*. — Aux discussions sur le mariage s'en joignaient d'autres sur la philosophie, un fruit nouveau très goûté alors par les uns, très décrié par les autres. Le vieux Géronte est au nombre des opposants.

Qu'est-ce qu'un philosophe, selon lui ?

> . . . . Un fou, dont le langage
> N'est qu'un tissu confus de faux raisonnements,
> Un esprit de travers qui, par ses arguments,
> Prétend en plein midi faire voir des étoiles.

L'attaque n'est pas bien forte et rappelle ces déclamations vagues qu'on entend encore tous les jours. Néanmoins Ariste croit devoir prendre en main la défense de la philosophie, qui lui a rendu pourtant d'assez mauvais services :

> Loin qu'en systèmes vains son esprit s'alambique,
> Être vrai, juste, bon, c'est son système unique.
> Humble dans le bonheur, grand dans l'adversité,
> Dans la seule vertu trouvant la volupté,
> Faisant d'un doux loisir ses plus chères délices,
> Plaignant les vicieux et détestant les vices :
> Voilà le philosophe [1].

1. Acte IV, scène III. — Plus tard, devenu dévot et d'une dévotion militante, Destouches publiera, dans le *Mercure galant*, contre les libertins et les philosophes, une multitude d'épigrammes inoffensives par leur faiblesse.

Le parterre d'alors, amoureux de philosophisme, applaudissait passionnément ces vers, qui nous semblent bien froids aujourd'hui.

Mais il est d'autres scènes plus vives, plus piquantes, et même d'un véritable comique : par exemple, celle où le marquis vient prier Ariste de l'aider à obtenir le cœur et la main de Mélite. Du Lauret arrive d'un ton leste, jovial, demi-railleur, plaisantant son grave ami dont il ignore encore le secret, et lui causant de mortelles inquiétudes sans le savoir :

> Ah ! mon pauvre garçon, seriez-vous marié ?
> Il court de certains bruits,... mais je ne puis les croire,
> Et j'ai querellé ceux qui forgeaient cette histoire.
> . . . .
> Vous avez tant raillé, déploré la folie
> De tout homme d'esprit qui pour jamais se lie ;
> Vous avez en public si hautement fait vœu
> De vivre philosophe et garçon, que, pour peu
> Qu'il vous soupçonne enfin d'avoir fait le contraire,
> Avec tout ce public vous aurez une affaire [1].

En même temps, il lui avoue qu'il est devenu amoureux de Mélite et songe à l'épouser :

> Trêve donc d'arguments ! La chose est résolue
> Et, si vous m'appuyez, sera bientôt conclue.

ARISTE.

> Qui ? moi, vous appuyer !

LE MARQUIS.

> Oui, j'ai compté sur vous.

ARISTE (*avec colère*).

> Vous avez très mal fait.

1. Acte III, scène ii.

LE MARQUIS.

D'où vous vient ce courroux ?
Mélite à vos conseils me paraît si soumise.

ARISTE.

Je ne veux point aider à faire une sottise.

LE MARQUIS.

Voici Mélite. Au moins ne la détournez point
De m'épouser.

ARISTE.

Oh non, je vous promets ce point.

Cet importun du Lauret, qui semble tout compromettre et tout brouiller, devient à la fin le sauveur de la situation. C'est lui qui se charge d'épouser la fillette de treize ans, et d'assurer l'héritage de l'oncle Géronte à son ami Ariste. Le philosophe, de son côté, sacrifiant tout respect humain, fait amende honorable au mariage :

Pour vous mettre, Mélite, au comble de vos vœux,
En face du public resserrons nos doux nœuds ;
Et prouvons aux railleurs que, malgré leurs outrages,
La solide vertu fait d'heureux mariages[1].

Ainsi finit la comédie.

En somme, le *Philosophe marié* est un personnage du temps, qui a eu son mérite d'actualité et qu'on ne comprend plus guère de nos jours. On dirait un profil, une ombre qui passe, plus encore qu'un caractère.

III

Le *Glorieux*[2] est resté dans l'opinion publique

1. Acte V, scène x.
2. Représenté en 1732.

l'œuvre capitale de Destouches. Certains admirateurs l'ont même appelé le chef-d'œuvre comique du dix-huitième siècle. C'est beaucoup, c'est trop dire. D'Alembert déclare qu'elle est la première pièce où le pathétique se trouve allié au comique, sans l'altérer ni l'écraser, comme il arrivera plus tard dans les drames bourgeois de La Chaussée. Cette heureuse alliance des deux principes est, selon lui, ce qui fait la nouveauté et l'originalité du *Glorieux*. Il y joint le mérite de la composition, des scènes touchantes, du style le plus ferme et le plus élevé qu'ait jamais trouvé Destouches, des vers frappés au bon coin, enfin l'ensemble d'une œuvre qui compte et dure dans l'histoire littéraire d'une nation.

Malgré ces qualités supérieures, il faut avouer que les caractères laissent encore à désirer, que le Glorieux, ce superbe comte de Tufière, est, comme le *Philosophe marié*, un personnage incomplet. Et pourtant l'auteur a pris soin de nous tracer son portrait dès le début :

> C'est l'homme le plus vain qu'ait produit la nature.
> Pour ses inférieurs plein d'un mépris choquant,
> Avec ses égaux même il prend l'air important :
> Si fier de ses aïeux, si fier de sa noblesse,
> Qu'il croit être ici-bas le seul de son espèce :
> Persuadé d'ailleurs de son habileté,
> Et décidant sur tout avec autorité ;
> Se croyant en tout genre un mérite suprême ;
> Dédaignant tout le monde et s'admirant lui-même ;
> En un mot, des mortels le plus impérieux,
> Et le plus suffisant et le plus glorieux [1].

Jadis d'Aubigné avait illustré, sous le nom de baron de Fæneste, le gentilhomme hâbleur et vaniteux qui

—————

1. Acte I, scène iv.

préfère le *paraître* à l'*être*, mais sans songer à tirer de lui autre chose qu'un personnage grotesque. Destouches a fait de son Glorieux un rôle moitié grave, moitié plaisant : le type de l'orgueil aristocratique aux prises avec les nécessités de la vie, qu'il subit à contre-cœur, et avec les affections de famille, dont il se détache par vanité. Il justifie le mot de La Rochefoucauld : « Si la vanité ne ruine pas entièrement les vertus, du moins elle les ébranle toutes ». Ainsi le Glorieux, sans être méchant au fond, va devenir mauvais fils, mauvais frère, mauvais maître, et deviendrait au besoin mauvais mari. Peut-être y avait-il chez lui un certain essor vers la grandeur, mais la gloriole a tout corrompu. Elle produit un singulier mélange de hauteur et de bassesse, de forfanterie et de duplicité. Inégal et indécis comme l'Ariste du *Philosophe marié*, il est plein de défaillances et de contradictions. S'il défend à ses domestiques de lui adresser la parole, s'il supplie son père de ne pas se faire connaître, et répond à Lisimon qui lui demande : « Quel est cet homme-là ? — C'est mon intendant », il se résigne à vider deux bouteilles avec un futur beau-père grossier et malotru; il plie son orgueil à des concessions parfois humiliantes, et dans quel but ? pour obtenir en mariage une jeune fille dont il convoite la dot encore plus que la personne :

> Ah ! maudite fortune, à quoi me réduis-tu ?
> Si tes coups redoublés ne m'ont point abattu,
> Veux-tu m'humilier par l'appât des richesses ?
> Et n'a-t-on tes faveurs qu'à force de bassesses[1] ?

Ce Glorieux n'a pas le courage de sa vanité jusqu'au

---

1. Acte IV, scène x.

bout. Tour à tour matamore fastueux et diplomate insinuant, il menace et il supplie ; il élève la voix et la baisse ; il prend de grands airs en face de Lisimon, puis s'accommode à ses rustiques familiarités. Après avoir renié son père, le fils orgueilleux, vaincu par les reproches de Lycandre, finit par tomber à ses genoux, en lui demandant pardon. Il regagne ainsi le cœur du vieillard et celui d'Isabelle qu'il méritait si bien de perdre par ses mensonges et sa mauvaise foi. C'était là, ce semble, le dénouement naturel et le châtiment légitime d'une vanité si peu scrupuleuse et si hautaine. L'auteur y avait songé d'abord, et terminait ainsi. Mais l'acteur Dufrène, un glorieux lui-même, déclara qu'il ne jouerait pas le rôle dont il était chargé, si le comte de Tufière était sacrifié à la fin. Destouches eut la faiblesse de céder à ses exigences, et changea le dénouement, aux dépens de la leçon morale qu'il avait prétendu tirer de sa comédie. Le vice, au lieu d'être puni, se trouve récompensé au prix d'un léger repentir, dont l'effet peut sembler douteux, malgré les promesses du Comte à Isabelle :

> Vos goûts, vos sentiments feront mon caractère [1].

Un caractère se transforme-t-il si aisément ? — Rentré en possession de ses titres, de sa fortune, ayant toutes les ivresses de la grandeur, il aura bien de la peine à devenir et surtout à rester modeste. Ce *mea culpa* final est un démenti donné au précepte d'Horace :

> . . . . . . *Servetur ad imum*
> *Qualis ab incepto processerit....*

[1]. Acte V, scène VI.

Est-ce qu'Harpagon, est-ce que don Juan songent à se repentir?

Au rôle du *Glorieux*, Destouches oppose comme contraste un caractère tout différent, un gentilhomme aussi outré dans son humilité que le Comte l'est dans son orgueil : c'est Philinte, qui cache sous ce nom de passe une naissance illustre et une grande fortune. Il se fait si petit qu'il en est plat et rampant, se découvrant et s'inclinant devant un valet qu'il appelle *monsieur*. Berné, moqué par Isabelle et Lisette, qui sont prises de migraine à son aspect, ce pauvre amant déshérité est fait pour dégoûter de la modestie.

Le personnage le plus actif de la pièce est l'aimable Lisette, qui, simple servante, a conquis le cœur du fils de la maison. Elle n'appartient pas au monde ordinaire des soubrettes. C'est une déclassée (genre nouveau dans la comédie), une fille de bonne famille, que des revers de fortune ont réduite à la domesticité. Elle en use d'un air si libre, si familier, et parfois même si supérieur avec sa maîtresse Isabelle, son amant Valère et le vieux libertin Lisimon, qu'elle les domine tous. A la fin, on apprend que cette terrible, spirituelle et charmante Lisette est tout simplement la fille de Lycandre et la sœur du Comte. L'élément romanesque, dont Molière se sert parfois dans ses dénouements, sans y attacher grande importance, tient déjà une assez large place dans les comédies de Destouches. Le roman mis en action deviendra bientôt le fond des pièces de La Chaussée.

Lisette a pour agent et instrument le valet de chambre du Comte, Pasquin, un valet de Gascogne hâbleur et sentencieux, qui nous égaye par ses bouffées de vanité, par ses aveux, ses confidences sur son maître et le magnifique château qu'il lui bâtit en imagination sur les bords de la Garonne.

> D'abord ce sont sept tours entre seize courtines,...
> Avec deux tenaillons placés sur trois collines,...
> Qui, formant un vallon dont le sommet s'étend
> Jusque sur... un donjon... entouré d'un étang [1]....

On voit d'ici le paysage tant soit peu noyé dans la brume d'une description imaginaire. Un autre laquais, La Fleur, ennuyé d'avoir un maître auquel on n'ose parler, enrageant d'un silence plus insupportable pour lui que les coups de bâton, est encore une figure assez amusante.

Le vieux Lisimon, le père d'Isabelle, appartient à ce genre comique grimaçant que nous avons déjà signalé chez Destouches. Bourgeois enviable par ses écus, resté vilain de cœur et d'esprit, grossier comme un manant, libertin comme un grand seigneur, disputant à son fils Valère les faveurs de Lisette, tutoyant tout le monde parce qu'il est riche, et appelant le comte de Tufière *mon garçon*. C'est là un de ces beaux-pères impossibles que les gentilshommes ruinés subissent un moment, pour fumer leurs terres et redorer leur blason, mais qu'on renvoie bientôt à l'office et à la cuisine avec les Gotons et les Margots.

Un type plus digne et plus noble est celui de Lycandre, le père du Glorieux. Certes, il est loin d'égaler le Géronte du *Menteur* ou le don Louis du *Festin de Pierre*, mais il est du moins de leur famille. Gentilhomme de race, par le cœur plus encore que par le sang, bien qu'éprouvé par la mauvaise fortune, il garde le sentiment de sa dignité :

1. Acte IV, scène I.

> Mais pour moi qui ne suis ni superbe ni vain,
> Je prétends me montrer, et j'irai mon chemin [1].

Quand son fils le conjure à genoux de différer, de ne pas se faire connaître,

> J'entends. La vanité me déclare à genoux
> Qu'un père infortuné n'est pas digne de vous [2].

« Ces deux vers sont admirables, dit La Harpe : ils ont une sorte de beauté fort rare et presque unique dans la comédie, le sublime de l'expression : car on peut qualifier ainsi *la vanité qui parle à genoux.* » Destouches a parfois de ces bonnes fortunes d'écrivain plus encore que de poète. — Lycandre cède pour le moment et remet à plus tard sa vengeance :

> .... Je retiens ma colère,
> Espérant que bientôt il me sera permis
> De me faire connaître et de punir mon fils [3].

L'heure vient où cette colère éclate publiquement comme un tonnerre sur la tête de ce fils ingrat :

> .... Redoute mon courroux,
> Ma malédiction, ou tombe à mes genoux [4].

Tout l'orgueil du Comte fléchit et s'abaisse devant l'accent souverain de l'autorité paternelle :

> Eh bien ! vous le voulez. Rendez-moi méprisable ;
> Jouissez du plaisir de me voir si confus.

Mais le pardon rentre bientôt dans le cœur du père :

1. Acte IV, scène VII.
2. *Ibid.*
3. Acte IV, scène VIII.
4. Acte V, scène VI.

c'est lui qui se charge de rassurer Isabelle en lui disant :

> Mon fils est glorieux, mais il a le cœur bon ;
> Cela répare tout.

Le cœur bon, c'est en effet l'espoir et l'illusion dont les parents aiment à couvrir les défauts ou les désordres de leurs enfants. L'est-il toujours ? Pour le comte de Tufière, même après son repentir, il est permis d'en douter.

Destouches avait trouvé avec le *Glorieux* une note nouvelle dans ce long dialogue des pères et des fils, qui se poursuit depuis des siècles sur le théâtre. Aussi le succès fut-il grand, doublé encore par l'admirable jeu des acteurs. Voltaire, qui attendait pour la pièce l'épreuve de la lecture, finit par céder au torrent, et envoya son grain d'encens à l'heureux poète :

> Auteur solide, ingénieux,
> Qui du théâtre êtes le maître,
> Vous qui fîtes le *Glorieux*,
> Il ne tiendrait qu'à vous de l'être [1].

Ce fut précisément ce qu'on lui reprocha bientôt d'avoir été dans sa préface, où il félicitait naïvement les spectateurs de s'être honorés eux-mêmes en honorant l'auteur de leurs applaudissements. Esprit critique et moraliste, représentant du comique noble, il y parlait d'épurer la scène, de la purger de ces frivoles saillies, de ces débauches d'esprit, de ces faux brillants, de ces sales équivoques, de ces fades jeux de

---

1. Il écrit à d'Argental 1748 : « J'ai vu jouer le *Glorieux* : je suis plus que jamais convaincu que c'est un ouvrage égal aux meilleurs de Molière par les mœurs, et supérieur à presque tous par l'intrigue. »

mots, dont elle avait été trop souvent infectée. C'était une attaque indirecte contre le Théâtre de la Foire, peu sympathique à Destouches. Les Marionnettes se vengèrent et ripostèrent en donnant *Polichinelle comte de Tanfier*, premier essai de Favart au théâtre. L'auteur futur des opéras-comiques débutait par ce malin vaudeville :

> Le brillant *Glorieux*
> N'a paru radieux
> Qu'à la chandelle ;
> Dès qu'au jour il parut,
> Le public en pourvut
>   Polichinelle.
>
> Sa préface nous dit
> Qu'il a beaucoup d'esprit :
> Le prouve-t-elle ?
> L'on n'y découvre que
> La suffisance de
>   Polichinelle.

« Le refrain de Polichinelle, dit Collé, est d'autant plus malin que Destouches avait assez l'air d'un polichinelle. Gros, ventru, il semblait être bossu par derrière et par devant [1]. »

IV

Le *Glorieux* avait marqué l'apogée du talent de Destouches. Après cet éclatant succès, il ne fait plus que déchoir ; sa veine et sa bonne fortune semblent l'avoir abandonné. L'*Ambitieux*, comédie dont on fait grand bruit avant sa représentation, la *Belle orgueilleuse*, l'*Amour usé*, la *Force du naturel*, sont autant d'échecs plus ou moins complets. Le *Dissipateur* lui-

1. Journal de Collé, 1754.

même, qui devait se relever plus tard, trouva d'abord un accueil assez froid ; et pourtant cette œuvre ne manque pas de mérite. Il y a là moins encore une peinture de caractère sérieusement creusée, approfondie, qu'une image de la société contemporaine, de ce monde désœuvré où l'on songe à jouir avant tout, où l'on perd follement son temps comme son argent. Le goût effréné, insensé de la dépense est un des travers que nous avons déjà signalés. C'est alors que l'abbé de Saint-Germain, avec 300 000 livres de rente, trouve moyen de se ruiner deux fois ; que le cardinal de Rohan, avec sa batterie de cuisine en argent massif, en fait autant. Plus fou encore, le maréchal de Richelieu jetant par la fenêtre une bourse remplie d'or qu'il avait donnée à son petit-fils, et que celui-ci rapportait pleine. Tous ces grands seigneurs et financiers sont de véritables bourreaux d'argent. En face de pareils exemples, le *Dissipateur* nous paraît trop sage : nous voudrions plutôt un *diable à quatre* en pleine effervescence, un panier percé s'en allant par tous les bouts, au lieu de ce vicieux incomplet qui finit par s'amender et se convertir au cinquième acte.

Destouches, qui avait assez longtemps vécu en Angleterre, qui avait lu et même traduit une partie de son théâtre, s'est évidemment rappelé le *Timon* de Shakespeare, ce grand seigneur athénien taillé sur le modèle des barons anglais, de ces puissants châtelains qui, comme Warwick, nourrissaient à leur table des milliers de vassaux et de courtisans. Le Dissipateur français n'a cependant pas ces proportions grandioses : c'est un fils de famille étourdi, naïf, dépensier, qui prend plaisir à se laisser gruger, voler, ruiner par ses intendants, ses amis et ses maîtresses, sans avoir à vrai dire l'orgueil du faste ni l'entraînement de la passion. Héritier d'un père avare, il semble prendre à tâche de réparer, par ses prodigalités, les torts de la lésinerie paternelle. Il achève de dévorer consciencieusement cette fortune, en attendant la succession d'un vieil oncle plus riche et plus ladre encore que son père. Cléon, bien qu'il donne son nom à la pièce, ne joue qu'un rôle secondaire, plus passif qu'actif, celui d'une bonne vache à lait.

L'action est conduite par une femme plus habile à elle seule que tous les hommes ensemble. Julie, jeune veuve éprise d'amour pour Cléon, malgré ses infidélités, travaille de son mieux à le ruiner pour le bon motif, afin de l'amener à un dénuement absolu qui le délivre de ses flatteurs, de ses amis, de ses maîtresses, et ne lui laisse plus d'autre refuge que la générosité de sa véritable amante. La partie jouée ici par Julie est des plus scabreuses, et risque de la faire ressembler parfois à la Baronne du *Turcaret*. Elle ne se sauve que par l'intention, plus honnête que le procédé.

Du reste, le personnel féminin qui entoure Cléon a des allures assez étranges : Julie se justifie à la fin par la franchise et la loyauté de sa conduite. Mais Cidalise, Arsinoé, Araminte, Bélise, dans quelle classe les ranger? Ce sont des femmes du monde plus que libres, qui ne craignent pas d'aller souper avec des jeunes gens, ayant l'espoir de trouver parmi eux un mari. Shakespeare, dans son *Timon*, n'hésite pas à mettre en scène de vraies courtisanes, auxquelles le Misanthrope confie le soin de sa vengeance. Destouches, moins hardi, se contente de nous offrir des dames galantes, qui semblent encore appartenir à la société polie. Avec elles, nous revenons à ces héroïnes de comédie telles que nous les avons trouvées sur le théâtre espagnol, et plus tard dans Scarron et dans Regnard, loin de la vraisemblance et de la réalité. Pourtant tout n'est pas chimérique ici. La licence des mœurs, le goût des plaisirs et le besoin d'argent sont les traits généraux les plus exacts qui reproduisent la physionomie du temps. On entrevoit la corruption qui s'infiltre dans la société française, le monde interlope et douteux où vont bientôt se mêler toutes les classes et les conditions.

Les hommes marchent de pair avec les femmes. Le Comte qui pousse Cléon à sa ruine, et rêve de lui voler sa maîtresse et sa fortune du même coup ; le Marquis ivrogne et libertin, le vieil oncle Géronte, dont l'avarice n'a d'égal que sa sottise et sa crédulité ; le Baron lui-même, malgré ses prétentions à la franchise et ses sermons qu'on n'écoute guère, nous offrent un assez triste échantillon de l'humanité. Le meilleur de tous est encore le valet Pasquin, honnête au fond et pillard de circonstance, qui de guerre lasse, ne pouvant arrêter la débâcle, s'est décidé comme le Chien de la fable, à prendre son morceau dans la curée.

> . . . . J'ai fait comme ce chien
> Qui portait à son cou le dîner de son maître,
> Et trouvant d'autres chiens qui voulaient s'en repaître,
> Quand il crut ne pouvoir se sauver du hasard,
> Leur livra le dîner pour en manger sa part [1].

Shakespeare nous a montré Timon, dans sa détresse,

---

1. Acte I, scène i.

ne trouvant de fidèle que son intendant. Ici, c'est Pasquin qui a l'honneur de ce noble rôle. Quand tous les amis de Cléon l'ont abandonné, il s'attache à son maître plus que jamais :

> . . . . . . Je ne sais point ce que l'on me destine ;
> Mais, qu'on me chasse ou non, mon pauvre cœur s'obstine
> A ne vous point quitter ; et, jusques à la mort,
> Je suis bien résolu de suivre votre sort.

CLÉON.

Que feras-tu de moi? Je suis un misérable....

PASQUIN.

Le peu que je possède....

CLÉON.

> Ah ! ce trait-là m'accable :
> Voilà le seul ami qui me demeure [1].

Il lui en reste un autre : c'est Julie, qui apparaît comme la Providence personnifiée sous les traits d'une femme. Cléon corrigé s'incline devant elle et reconnaît

> Qu'une femme prudente est la source des biens [2].

C'est ainsi que se trouve justifié le second titre de la pièce : l'*Honnête friponne*.

Parmi les dernières productions de Destouches, il nous faut citer encore deux comédies en prose : la *Fausse Agnès* et le *Tambour nocturne*. La fausse Agnès n'a rien de commun, que le nom, avec l'Agnès de l'*École des femmes*. Elle rappellerait plutôt à la fois le *Galant jardinier* de Dancourt et les *Folies amoureuses* de Regnard. Cette Agnès, qui joue la sottise et la folie pour échapper aux poursuites d'un préten-

---

1. Acte V, scène xv.
2. Acte V, scène xxi.

dant désagréable, est une de ces filles luronnes et résolues comme Agathe, faites pour dérouter les tuteurs et les parents les plus sévères. Sa mère, la baronne de Vieux-Bois, a conçu l'heureux projet de la marier avec un gentilhomme du voisinage, bel esprit et poétâtre, Apollon de village, qu'on écoute comme un oracle, M. Des Mazures. Angélique, qui a vu Paris et fait connaissance avec un jeune colonel appelé Léandre, finit par dégoûter son prétendant, en jouant si bien la sotte, que celui-ci s'effraye à l'idée d'épouser une pareille oie, dont on lui a pourtant vanté l'esprit. Léandre est venu de son côté s'engager comme garçon jardinier avec son propre valet, qui s'est fait accepter lui-même comme jardinier en chef. Ce genre de travestissement, où maîtres et serviteurs changent si volontiers de costume et de condition, va entrer de plus en plus dans les mœurs théâtrales du dix-huitième siècle, et nous prépare aux idées égalitaires qui triompheront en 89.

Le *Tambour nocturne* nous ramène aux imitations anglaises de Destouches : lui-même reconnaît qu'il a tiré sa pièce d'Addison. « Je me garderai bien, dit-il dans la préface, d'imiter ici la plupart des meilleurs écrivains anglais, principalement leur fameux Dryden, qui, après s'être enrichis aux dépens de nos auteurs, font une longue préface pour les critiquer et pour les tourner en ridicule [1].... J'avouerai franchement que cette pièce n'est point de mon invention et que c'est plutôt une traduction libre qu'une production de mon esprit. » — C'est là en effet une comédie tout anglaise par certains côtés. On y boit, on y mange, on

1. Chose qui se pratique encore de nos jours ailleurs qu'en Angleterre.

y parle de revenants. Le goût des bombances et des rasades, si commun dans le théâtre anglais depuis Falstaff, était alors moins bien accueilli sur la scène française. Aussi Destouches prévoit-il l'obstacle, qui n'existerait plus de nos jours[1] : il a donc francisé la pièce de son mieux, et en a tiré quelques scènes assez plaisantes. Notamment celle où le Baron, que l'on croit mort et dont l'esprit vient, dit-on, chaque soir battre du tambour, interroge son intendant, M. Pincé, sur la conduite de sa veuve et sur les témoignages de douleur qu'elle a donnés après la mort de son époux.

Le Baron. — Combien de temps a-t-elle pleuré ?

M. Pincé. — Pendant trois grands jours.... Ses yeux furent noyés de pleurs jusqu'au moment où le tailleur vint lui essayer ses habits de veuve. Dès qu'elle les vit, ses larmes tarirent : elle devint muette et immobile, et la parole ne lui revint qu'après qu'on lui eut dit que le noir lui seyait parfaitement.

M. Pincé ajoute d'autres confidences assez désagréables au Baron.

Quand elle était seule, elle ne pleurait point, mais dès que quelqu'un lui rendait visite, elle versait des torrents de larmes.

Le baron. — Elle me faisait trop d'honneur de me pleurer en compagnie.

Puis, comme le Baron s'étonne de voir sa femme se consoler et songer à un nouveau mariage, Pincé lui dit :

Mon cher maître, vous ne faites pas attention qu'il y a dix-huit mois que vous êtes mort.

Et le Baron termine par cette réflexion philosophique :

Les femmes qui ont été heureuses avec leur premier mari sont toujours les plus disposées à en prendre un second.

1. *L'Ami Fritz* et bien d'autres pièces suffisent à le prouver.

Destouches partage avec Voltaire l'honneur d'avoir introduit en France les premières imitations du théâtre anglais. Il n'y a pas trouvé sans doute une source de rajeunissement pour l'art comique, dont il s'est contenté de maintenir et de relever la dignité. C'est là son principal mérite : il y a joint l'éclat d'un court, mais véritable triomphe avec le *Glorieux*. Compter dans sa vie un jour où l'on occupe, où l'on émeut, où l'on passionne le monde, et, après ce jour, laisser encore une œuvre et un nom dans la littérature de son pays, c'est quelque chose à coup sûr. Destouches a connu cette gloire ou cette bonne fortune, et la garde aux yeux de la postérité.

CHAPITRE IX

PIRON (1689-1773).

Son caractère et sa vie. — L'opéra-comique : *Arlequin-Deucalion*.
Comédie de caractère : *La Métromanie*.

I

Piron vaut mieux que sa réputation. Il est devenu
le héros et la victime d'une légende singulièrement
accrue par la malignité de ses ennemis et par la
sottise de ses admirateurs. On l'a chargé ainsi d'une
foule de méfaits et de facéties plus ou moins indignes
de lui. Un péché de jeunesse, une ode libertine[1] composée après boire, sur un défi de son ami Jehannin,
l'a compromis pour jamais aux yeux de ses contemporains et de la postérité. Quand le jeune poète, menacé de poursuites pour cette œuvre anonyme, rendue
trop tôt célèbre, vint trouver le président Bouhier,
celui-ci le rassura en lui disant : « Si l'on vous accuse
d'avoir fait cette pièce, dites que c'est moi qui en
suis l'auteur ». On ne trouve plus guère de ces ma-

---

1. L'*Ode à Priape*, dont il dit lui-même :

> Il ne mit à l'hymne folle,
> Jeunesse et vin de concert,
> Que le temps de la parole
> Et que celui du dessert.

gistrats ainsi disposés à couvrir les fautes d'un homme
d'esprit ; mais c'était en Bourgogne, et comme en
famille, que cela se passait. Louis XV, qui avait grand
besoin d'indulgence pour lui-même, se montra plus
sévère que le président Bouhier, et refusa, sur cet
unique grief, de confirmer l'élection de Piron à l'Académie [1]. Pourtant le poète avait fait depuis longtemps son *mea culpa*. Il en parle avec une certaine
amertume dans la préface de sa *Métromanie* et dans
sa *Lettre aux Académiciens* :

> Je n'ai point oublié les torts de ma jeunesse,
> Ni, pour me repentir, attendu la vieillesse.

Dans le testament littéraire qu'il rédige à l'exemple
de Villon, il s'exprime ainsi : « Je lègue à ces jeunes
insensés qui auraient la démangeaison de se signaler
en écrits licencieux, je leur laisse, dis-je, mon exemple,
ma pénitence et mon repentir sincère et public ».
N'était-ce point assez pour désarmer les juges les plus
exigeants et les plus prévenus? Malgré les écarts de
sa conduite et de sa parole, Piron est un honnête
homme et même un chrétien, ayant des principes
religieux et moraux plus solides que la plupart des
écrivains du xviiie siècle. Témoin son *De profundis* :

> C'est du fond de mon cœur, grand Dieu, que je t'implore,
> Du fond d'un cœur frappé d'un salutaire effroi,
> Que le remords poursuit, que le regret dévore,
>   Et qui toujours espère en toi !

L'abbé de Voisenon disait à propos de cette pièce:
« Si dans l'autre monde on se connaît en vers, cet
ouvrage pourra l'empêcher d'entrer dans le ciel,

---

1. Fontenelle disait à ce sujet : « Si Piron a fait la fameuse ode,
il faut bien le gronder, mais l'admettre ; s'il ne l'a pas faite, fermons-
lui notre porte ».

comme son ode l'a empêché d'entrer à l'Académie ».
En vérité, l'abbé de Voisenon était bien difficile à
l'égard d'un pauvre pécheur repentant.

Lui est-il arrivé, ainsi qu'on l'a raconté, étant enfant
de chœur, au milieu d'une procession surprise par une
grande pluie, de laisser tomber dans le ruisseau la
croix dont il était porteur, en disant : « C'est toi qui as
fait le bouillon, tu le boiras ! » Il réparera cette gami-
nerie en écrivant plus tard au bas d'un crucifix :

> O de l'amour divin sacrifice éclatant !
> De Satan foudroyé quels sont donc les prestiges ?
> Admirons à la fois et pleurons deux prodiges :
> Un Dieu mourant pour l'homme, et l'homme impénitent.

Impénitent, Piron s'est bien gardé de l'être. Ce rieur,
ce moqueur, cet étourdi que l'ivresse du vin et de la
gaieté entraine à tant d'irrévérences, n'a jamais été un
impie ni un athée systématique. Il se sépare nettement des Encyclopédistes et de toute l'école philosophique, aussi bien que son ami Collé. C'est là un
point à noter avant de parler de ses œuvres, qui ne
sont pas toutes édifiantes sans doute, et auxquelles
on ne saurait appliquer, comme dit Sainte-Beuve, ce
vers de la *Métromanie* :

> La mère en prescrira la lecture à sa fille [1].

Piron aime la vertu, quoiqu'il ne la suive pas toujours et puisse répéter avec Ovide :

> . . . . . *Video meliora proboque;*
> *Deteriora sequor....*

Il aspire à la gloire, tout en ayant l'air parfois de

____

1. Acte III, scène VII.

s'en moquer : il n'eût pas dédaigné l'Académie, bien
qu'il se console de ne pas y entrer, en composant
une épitaphe restée plus fameuse que bien des discours solennels :

> Ci-gît Piron, qui ne fut rien,
> Pas même académicien.

Ce qu'il méprise le plus au monde, après le mensonge, c'est l'argent. « Vous n'êtes pas riche, mon
pauvre Piron », lui dit un jour Voltaire, si bien pourvu
de ce côté. « Cela est vrai, réplique Piron, mais je
m'en moque ; et c'est comme si je l'étais. » Il porte en
lui le meilleur aliment de gaieté, un grand fonds de
philosophie pratique et de résignation, jusqu'à se
laisser battre par sa femme devenue folle, sans vouloir permettre qu'on l'enferme [1].

La malice d'un singe et la simplicité d'un enfant, un
esprit pétillant de saillies et un cœur d'or, voilà Piron.
Avec cela, un corps solidement bâti fait pour durer
longtemps : il vécut jusqu'à l'âge de quatre-vingt-quatre
ans, ayant sa tête « *honorée de toute sa chevelure*, et qui
mieux est, ajoute-t-il (à la barbe du sot proverbe [2],
qu'il ait dit faux ou vrai), de sa *chevelure noire* ». Tel
est le portrait qu'il trace de lui-même dans une lettre
à son ami M. Legoux Gerland, où il met en parallèle
« sa face de roi de Cocagne » vive, fleurie et rubiconde
avec la maigre et chétive figure de Voltaire. A une
taille de cinq pieds huit pouces ajoutez un certain
air dégingandé, tant soit peu béat ou étonné, qui le

---

1. Piron se maria à l'âge de cinquante-deux ans avec Mlle de Bar,
qui en avait cinquante-trois. Les deux époux se connaissaient depuis
vingt-deux ans. — Voir la lettre qu'il écrit à sa mère sur ce mariage
et le journal de Collé, peu flatteur pour Mme Piron.

2. On connaît le proverbe : *Tête de fou ne blanchit jamais.*

fait ressembler à un niais franc-comtois; si bien que ses amis même l'appellent le *grand dadais*, le *petit binbin* : enfin une vue si courte qu'elle l'expose à des méprises aussi plaisantes que celles du *Distrait* de La Bruyère. Notamment, le jour où il voit tous les passants se découvrir avec respect devant lui, et une bonne femme se prosterner à ses genoux, il s'imagine que c'est à lui qu'on rend tous ces honneurs, et ne s'aperçoit pas qu'il y a une Madone suspendue au-dessus de sa tête.

Piron, par son esprit comme par sa physionomie, est bien un produit bourguignon. Avec son âme franche, naïve, ouverte de tous côtés, il a dû subir les diverses influences du milieu ambiant : celles de son pays, de son quartier, de sa famille et du collège même où il a été élevé. Il est né dans cette bonne ville de Dijon dès longtemps fameuse par ses pains d'épice, sa charcuterie et sa moutarde, sans compter les bons vins de cette *Côte d'Or* plus riche que les mines du Pérou : tout ce qui peut stimuler la soif et la satisfaire. Le buveur et l'écrivain se confondent : tous deux aiment le salé, l'épicé. « Il y a tant de sel dans ce que je compose, dans ce que j'écris, dans ce que je dis, que, par toutes ces pensées salées qui traversent les organes où vous dites que se font les filtrations d'où vient l'esprit sublime, mon corps reste altéré dans toutes ses parties, de façon que je me sens de la soif aux talons comme à la gorge[1]. »

Le quartier de l'ancienne ville où il naquit, appelé le *Bourg*, était tour à tour le théâtre de processions religieuses, de réveillons pantagruéliques et de chari-

____

1. Lettre à l'abbé Legendre.

varis carnavalesques. La *Mère Folle* de Dijon jouissait d'immunités égales à la *Mère Sotte* de Paris, et qui durèrent plus longtemps. Le bon duc Philippe lui avait jadis octroyé une charte, maintenue encore par Louis XI. C'est au milieu de ces franchises bourgeoises qu'a été élevé Piron. Comme Rabelais, comme le cardinal Dubois, il eut pour père un apothicaire, biberon et rimeur en renom dans le pays, Aimé Piron, grand pourvoyeur de couplets pour les fêtes et confréries du Bourg, ami et collaborateur de La Monnoye[1]. Le jeune poète fut bercé dès l'enfance au bruit des noëls bourguignons, parmi les propos des buveurs, comme Gargantua. Il entendit vanter de bonne heure l'oracle de la *dive bouteille*; ce fut à lui, s'il faut en croire la légende, qu'Aimé Piron demanda l'horoscope de ses trois fils, en les soumettant à l'épreuve de *la vérité dans le vin*. Sainte-Beuve a raconté cette scène, et l'a comparée plaisamment à celle où le vieux don Diègue éprouve la force de ses trois fils, dans le *Cid* espagnol[2].

Leur mère, pieuse et sage, d'une humeur moins gaie que son mari, était la fille de l'illustre sculpteur Dubois, un nom que la gloire des arts a rajeuni parmi nous. Son influence, insensible d'abord, n'en a pas moins laissé dans l'âme du jeune homme un grain de sénevé religieux, qui germera plus tard. Enfin le collège, avec ses études toutes littéraires, son apothéose perpétuelle des grands poètes du passé, bien qu'il y fût un écolier assez indocile et assez irrégulier, éveille

1. Un aimable érudit bourguignon, M. Durandeau, nous a fait connaître les noëls et autres poésies d'Aimé Piron.

2. Article imprimé en tête d'une édition des œuvres de Piron, par M. Troubat.

en lui ces douces chimères de la gloire qu'il fera
revivre plus tard chez M. de l'Empyrée. La préface de
la *Métromanie* nous offre un récit naïf de ces premiers
rêves et de ces premiers enivrements.

Sur cette route de la gloire, deux inspirations diverses se partagent et se disputent l'âme de Piron :
l'une joviale, moqueuse, satirique, qui se rattache
aux noëls, aux réveillons et aux charivaris de la
Mère Folle ; l'autre plus sérieuse, plus grave, plus
élevée, mêlée de pompe et de majesté, celle qui a en-
fanté les écrivains orateurs sur le sol bourguignon,
les Bossuet, les Crébillon, les Buffon. De l'une naîtront
ces joyeuses reparties, ces quolibets et ces épigrammes qu'il *éternue* à la face des gens, ces opéras-comiques et ces parodies où il excelle; de l'autre, ces comédies sérieuses, ces tragédies, ces odes, ces traductions des Psaumes de la pénitence, partie inférieure
de son bagage littéraire. Au point de jonction où se
rencontrent les deux courants, une œuvre originale,
qui restera l'œuvre maîtresse, le principal titre de
Piron à l'immortalité, la *Métromanie.*

Mais, avant d'en venir là, c'est surtout par ses jovia-
lités et ses boutades que le futur écrivain s'est rendu fameux. Grimm l'appelle « une machine à saillies » : son
talent consiste surtout dans la soudaineté et l'à-
propos. Aussi une bonne part de ce comique en action nous échappe-t-elle aujourd'hui avec les circonstances qui l'ont fait naître. Cependant il nous en
arrive quelques bouffées par la légende [1].

Piron, inconnu à Paris, était déjà célèbre dans sa

1. « Vous dire mes bons mots, mes apostrophes, mes invectives,
ce serait vouloir arranger les combinaisons des atomes. » (Lettre à
Mlle de Bar.)

province, d'abord par sa malheureuse ode, puis par
ses exploits dans les escarmouches poétiques et sa-
tiriques entre les farceurs et arquebusiers beaunois
et dijonnais. Les deux villes étaient en rivalité, et les
beaux esprits de Dijon se divertissaient fort aux dépens des *ânes de Beaune*. Le malin champion était entré
en lice par une ode grotesque à propos d'un concours où
l'honneur de l'Arquebuse se trouvait engagé. De là une
interminable mêlée de lazzi et de chansons. Quelques
mots de Piron sont restés célèbres comme coups d'es-
toc. Ainsi un de ses amis le voyant abattre des têtes
de chardon avec sa canne : « Que faites-vous là? lui
dit-il. — Je coupe les vivres aux Beaunois », répondit Piron. — A quelque temps de là, malgré les me-
naces proférées contre lui, il se rend à une fête donnée
par les gens de Beaune, et, s'exerçant déjà dans cet
art de la parodie où il devint si mordant, il répond à
ceux qui tentent de l'effrayer, en déclamant ces deux
vers de tragédie :

> Allez, je ne crains point leur impuissant courroux;
> Et, quand je serais seul, je les *bâterais* tous.

Le soir au milieu du spectacle, une voix ayant crié
du parterre : « Paix donc, Messieurs! on n'entend
pas. — Ce n'est pas faute d'oreilles! » riposta Piron,
et toute la salle fut en émoi. L'auteur du bon mot
jugea prudent de déguerpir avant la toile baissée,
car on voulait le mettre en pièces.

Ce formidable talent de l'ironie put bien agacer et
désarçonner un jour le plus grand railleur et moqueur
du siècle, Voltaire. Dès leur première entrevue, ces
deux hommes d'esprit s'étaient voué une haine irré-
conciliable. Il y avait entre eux antipathie de caractère

et de tempérament. Voltaire, avec ses finesses, ses habiletés, ses calculs de diplomate, ses airs de supériorité parfois dédaigneuse, devait blesser la simplicité, la franchise et la fière indépendance de Piron. L'un était parisien, l'autre provincial; celui-ci avec sa taille athlétique, son appétit indomptable, sa soif inextinguible, digne de Frère Jean des Entommeures, raillait volontiers la mine étique, la frêle santé de cet illustre personnage, qui ne se nourrissait et ne s'abreuvait que d'électuaires, d'eaux minérales et de décoctions. Tous deux s'étaient rencontrés une première fois dans le salon de Mme de Mimeure en tête-à-tête, se regardant déjà comme deux chiens de faïence : Voltaire grignotant un morceau de pain sans mot dire, et Piron, après avoir essayé vainement d'entamer la conversation, tirant de sa poche un flacon de vin. Depuis on s'était retrouvé à Bruxelles à la table du général Des Brosses, et là, s'il faut en croire une lettre du poëte dijonnais à Mlle de Bar, l'auteur de la *Henriade* aurait été battu en règle dans un pugilat à coups de langue :

> Je chante le vainqueur du vainqueur de la terre,
> Binbin, qui mit à bas l'invincible Voltaire.

« Lisez la fable du *Lion et du Moucheron*, et vous lirez notre histoire [1]. »

La victoire fut-elle aussi complète que le prétend Piron? Voltaire n'en dit rien, et Grimm semble incliner à le croire : « Personne, dit-il, n'était en état de soutenir un assaut avec Piron : il avait la repartie terrassante, prompte comme l'éclair, et plus terrible

---

1. Lettre à M. Legoux-Gerland, *Œuvres inédites de Piron*, publiées par M. Honoré Bonhomme.

que l'attaque : voilà pourquoi M. de Voltaire craignait
toujours la rencontre de Piron, parce que tout son
brillant n'était pas à l'épreuve des traits de ce combattant redoutable. » — Le tort du vainqueur fut de
prétendre s'égaler à ce soi-disant vaincu, même dans
la tragédie. On sourit lorsqu'il écrit à Mlle de Bar :
« Est-ce donc à l'auteur de *Cortez*[1] à plier devant le
faiseur de *Zulime?* » — Et quand les comédiens, pour
le décider à corriger certaines parties de son *Fernand
Cortez*, lui citent l'exemple de M. de Voltaire : « Il
travaille en marqueterie, réplique-t-il, moi je jette en
bronze. » — Que les vers de la *Métromanie* soient mieux
frappés, plus sonores, plus poétiques même, que ceux
d'*Œdipe*, de *Brutus* et de *Mahomet*, nous le voulons
bien. Mais enfin *Zaïre* et *Mérope* valent cent fois mieux
que *Callisthène*, *Gustave Wasa* et *Fernand Cortez*, tragédies mort-nées.

Emporté par son antipathie, Piron devient injuste
à l'égard de Voltaire et du dix-huitième siècle tout
entier, lorsqu'il écrit à M. Maret : « Pour moi, Scythe
et grossier Anacharsis, resté tel depuis cinquante ans
au milieu de l'urbanité corrompue, littérateur isolé,
libre de toutes entraves, du sein de l'indépendance,
je prononce et pense haut et net, et je m'écrie : « Mon-
« sieur le dix-huitième siècle, vous ne tenez rien ; votre
« Voltaire n'est que le faible écho de vos antécédents ;
« qu'un médiocre versificateur grimpé sur l'antithèse
« et l'épithète ; qu'un mauvais poète sans génie et sans
« invention ; un large moraliste ajouté à votre disso-
« lution ; un annaliste infidèle, amusant et frivole ;
« un philosophe avorté, un théologien de balle ; c'est

---

1. Dernière tragédie de Piron.

« enfin le roi des *Quinze-Vingts* et le scandale des
« nations. » — Par l'esprit et la tradition, Piron est
un Français de la vieille roche : il appartient à cette
famille d'écrivains gaulois qui procèdent de Villon, se
continuent par Marot, Régnier, et plus tard, dans un
ordre supérieur, Molière et La Fontaine. « Je suis,
dit-il, un dernier Gaulois transporté dans la nouvelle
France. » Gaulois tant soit peu attardé et rétrograde,
il faut l'avouer.

L'anglomanie, mise un moment à la mode par Voltaire, a le don de l'exaspérer. En recevant le *Beverley*
de Saurin imité de l'anglais, il lui exprime à la fois
son admiration et ses regrets : « Quel dommage
qu'une si belle jonchée de fleurs flatte l'orgueil d'une
nation qui ne vous a fourni que la caisse grossière et
la terre noire!... J'en veux aux Anglais, ce sont des
sots orgueilleux[1] qui nous méprisent; et nous, de
plus agréables sots qui leur faisons la cour. On ne voit
que petits *anglophilites*, parlant lettres et politique, les
élever aux nues pendant qu'ils en rient. Tous ces bavar-
deaux croient jouer le rôle héroïque de gens qui
ont la justice de révérer le vrai mérite dans leur ennemi même : on ne s'y trompe pas. Ils ne sont, ou que
des fats insolents qui veulent se faire un honneur
d'humilier l'auditoire, ou que des chiens couchants
qui lèchent les pieds du maître brutal qui les bat. »
— Piron éprouve, contre ces adorateurs aveugles de
l'Angleterre, un peu de cette mauvaise humeur que

---

1. « Je les entends se dire : ces pauvres Français sont de drôles
de gens, de belle ressource. Nous leur avons escamoté, à beaux deniers comptants, leurs possessions d'Amérique et d'Asie, et, par représailles, pour venger leurs malheurs guerriers, au lieu d'épée,
ils ont mis la plume à la main, et se dédommagent en pillant nos
beaux esprits. » (Lettre à M. Saurin, 1768.)

nous a causée parfois le fétichisme de certains germanisants, prenant leur mot d'ordre et leurs modèles à Berlin. On n'est pas toujours maître de ses impatiences patriotiques.

Avec ses préventions gauloises et provinciales, le gai rimeur se trouve jeté au milieu de ce beau monde parisien toujours affamé de nouveautés politiques, philosophiques ou littéraires. Pour lui, il est resté au fond le petit-fils de la *Mère Folle*, le confrère de l'ancien *Abbé des Cornards*. C'est à ce titre qu'il va se voir chargé de sauver l'Opéra-Comique, ce joyeux enfant de la vieille farce et du vaudeville, deux genres français, s'il en fut jamais.

II

Le poète vivait assez pauvrement de ses fonctions de secrétaire chez le chevalier de Belle-Isle, qui oubliait de lui payer ses gages, lorsqu'il vit un matin Francisque, directeur de l'Opéra-Comique à la foire Saint-Germain, arriver chez lui tout effaré. Son malheureux théâtre était menacé de mort par la triple opposition de la Comédie-Française, qui lui faisait interdire le dialogue; de l'Opéra, qui réclamait le privilège des grands morceaux de chant et de musique; des Italiens, qui se réservaient les ariettes. Les Marionnettes mêmes le jalousaient. Que restait-il à l'Opéra-Comique? Le monologue tout au plus, par grâce, la pantomime et la danse. On imagina bien, il est vrai, d'indiquer, sur des écriteaux suspendus à des perches, les rôles des acteurs et les paroles des airs joués par la musique : le public chantait lui-même en chœur les couplets; mais cela ne pouvait durer longtemps.

Ce fut dans ces conditions que Francisque réclama de Piron, au plus tôt, une pièce pour son théâtre, et le quitta en jetant sur sa table cent écus payés d'avance. L'honnête auteur n'en voulait pas avant d'avoir achevé son travail, bien qu'il en eût grand besoin. Enfin il fallut céder. Piron entreprit et accomplit dans l'espace de deux jours ce tour de force : une comédie-monologue en trois actes, *Arlequin-Deucalion* (1722). Au personnage principal, ayant seul le droit de parler, il était permis du moins d'ajouter des comparses. D'abord sa femme Pyrrha, une femme *qui ne parle pas*, rôle nouveau et comique dans son genre, qui rappelle la *femme mute* de Rabelais. Puis, Polichinelle, simple marionnette dont la voix sort de la coulisse. Puis, un perroquet échappé au déluge et qu'on entend à la cantonade. Enfin les dieux de l'Olympe, convoqués pour la circonstance, et les enfants nés des pierres jetées par Deucalion et Pyrrha jouent le rôle de figurants et remplissent la scène.

La pièce débute par un effroyable vacarme de musique, de tonnerre, d'éclairs et de pluie battante, à travers lesquels on voit paraître Arlequin monté sur un tonneau sauveur remplaçant l'arche de Noé :

> Me voilà délaissé ! Je suis seul en ce monde !
> Il n'est plus à ma voix personne qui réponde[1] !

Le monologue est sa seule ressource : il va donc en user.

Eh bien ! je ne vois personne à qui parler : il n'y aura personne aussi qui me fasse taire. Et puis, ne me voilà-t-il pas roi de toute la machine ronde ? Jamais monarchie universelle fut-elle acquise à plus juste titre, et fut-elle aussi moins litigieuse[2] ?

1. Acte I, scène I.
2. *Ibid.*

Il réfléchit en même temps qu'il est veuf, et par convenance croit devoir consacrer un bout d'oraison funèbre à sa chère Pyrrha, qu'il n'a jamais tant aimée que depuis qu'il la croit morte. Elle reviendra bientôt, mais muette.

Elle a perdu la parole ! Ah ! je vois ce que c'est. Le saisissement lui aura gelé le bec. Gare le dégel[1] !

Mais le commissaire de police est là pour s'y opposer, le dialogue étant interdit sur le Théâtre de la Foire.

Piron, tout gaulois et grivois qu'il nous semble d'abord, est aussi un lettré. Il l'est dans son *Arlequin-Deucalion* comme dans sa *Métromanie*, et un lettré tout plein de ses souvenirs de collège, dont il a si gaiement plaisanté dans la préface de sa comédie. Nous allons voir reparaître avec Arlequin les divinités du vieil Olympe, Apollon, Melpomène, Thalie, et la double cime classique du Parnasse, et le temple de Thémis, et Pégase ayant ici des oreilles d'âne et des ailes de dindon. C'est sur son dos qu'Arlequin va tenter une ascension céleste, où le suivra plus tard M. de l'Empyrée. La farce d'*Arlequin-Deucalion* elle-même est une parodie des *Métamorphoses* d'Ovide. Le poète ouvre ici la voie à l'opérette-bouffe telle qu'on l'a pratiquée de nos jours. Les auteurs d'*Orphée aux enfers* et de la *Belle Hélène* ont pu le surpasser pour la musique et la mise en scène ; mais, pour l'esprit, Piron est encore leur maître à tous.

Si humble que soit le Théâtre de la Foire, *Arlequin-Deucalion* nous ramène à la parodie allégorique, féerique et littéraire, telle qu'Aristophane l'a montrée dans ses *Nuées*, ses *Oiseaux* et ses *Grenouilles*. Sans

----

1. Acte II, scène IV.

doute, les maigres ariettes de notre opéra-comique, semées çà et là sur une prose familière et souvent triviale, ne sauraient être comparées aux chœurs lyriques du poète grec, à ces fantaisies charmantes où le sublime s'allie au grotesque, où l'imagination étale ses ailes diaprées de mille couleurs. Piron n'a point un pareil essor, même dans ses meilleurs moments. Il y a cependant plus d'un trait commun entre eux à signaler : un débordement de gaieté et de malice s'appliquant à tout, aux questions morales, sociales, littéraires, aux ouvrages contemporains, aux pièces des autres théâtres. Si Aristophane se plaît à citer et à parodier certains vers du *Bellérophon* et de l'*Hippolyte* d'Euripide, Piron n'épargne pas davantage le *Romulus* de La Motte, l'*Annibal* de Marivaux, l'*Artémire* de Voltaire. Il raille volontiers la muse tragique, une grave déesse à laquelle il essayera pourtant de sacrifier un jour, mais qui le favorisera moins que la joyeuse muse de la gaudriole et de la farce.

En fouillant dans son tonneau, Arlequin y découvre le *nobiliaire* de la Thessalie, jolie pièce de cabinet au lendemain du déluge. Les nouvelles générations dont il va devenir le père n'auront plus besoin de ces paperasses : « Les cadets seront frères de leurs aînés ; et, l'inégalité détruite, je réponds de l'ordre et de la félicité universelle. » — Arlequin résout à sa façon la fameuse question sociale, si souvent reprise depuis. Parmi les nippes de la défunte humanité, il trouve encore le dossier d'un vieux procès antédiluvien dont voici l'étiquette :

> *Pour* le sieur Mathanaze, admirateur des Anciens ;
> *Contre* dame Philantie, admiratrice des Modernes[1].

1. Acte III, scène III.

Il y a bien aussi quelques pointes malignes à l'adresse de Fuzelier et de Le Sage, qui approvisionnent le théâtre des Marionnettes, voisin et rival de l'Opéra-Comique.

Cette pièce d'*Arlequin-Deucalion* est à la fois une revue, une opérette, une farce et une moralité. Elle rappelle un peu la sotie du *Vieux Monde* représentée par Gringore au temps de Louis XII. Nous voyons défiler devant nous la nouvelle génération née des pierres jetées par Deucalion et Pyrrha. Là, comme dans la vieille farce, comparaissent les diverses classes de la société. Arlequin les note au passage. Le premier de ses fils est le *Laboureur* :

Tu es mon aîné, toi, et le premier de tous ces drôles-là, comme le plus nécessaire à leur vie. Laboure. En profitant de ta peine, ils te mépriseront : moque-toi d'eux : sue, vis, vis de paix; vis et meurs dans l'innocence [1].

Puis vient l'*Artisan* :

Serviteur à M. l'artisan! marche après ton aîné, toi, comme le siècle d'argent suivit le siècle d'or. Il sera nécessaire; tu ne seras qu'utile. Vivant dans les villes, tu seras plus près de la corruption [2].

L'*Homme d'épée* s'avance d'un air crâne, un chapeau à plumet sur la tête. Arlequin le décoiffe :

Chapeau bas! devant ton père, quand tes deux aînés sont dans leur devoir. Ne croit-il pas avoir été formé d'une pierre plus précieuse que les autres? Mon gentilhomme, un peu de modestie! Tout ton talent sera de savoir tuer, pour tuer ceux qui voudront tuer tes frères, et les troubler dans leurs respectables professions [3].

1. Acte III, scène VI.
2. *Ibid.*
3. *Ibid.*

Le personnage le plus désagréable aux yeux d'Arlequin, c'est le *Robin* :

Le vilain garçon! Celui-là me déplaît. Il a dans sa physionomie je ne sais quoi de malin, de flasque et de suffisant qui dégoûte et qui révolte…. Je voudrais, quand j'ai jeté la maudite pierre dont il est formé, l'avoir poussée à cent lieues en mer [1].

Piron semble avoir gardé les vieilles rancunes de Rabelais contre les *Chicanous* et les *Chats-fourrés*. Et pourtant le bon président Bouhier avait dû le réconcilier avec les robins.

Le succès d'*Arlequin-Deucalion* fut complet. Mais Piron prétendait à une gloire plus sérieuse. Il s'était mis à composer une grande comédie en cinq actes et en vers, les *Fils ingrats*, qu'il débaptisa ensuite pour l'appeler d'un nom moins lugubre, l'*École des Pères* (1728). Le folâtre pourvoyeur de l'Opéra-Comique s'empêtrait, bien avant La Chaussée, dans la glu de la comédie larmoyante, contre laquelle il devait lancer plus tard tant d'épigrammes. Averti du péril par son instinct, il se tirait de là au plus vite en changeant le titre de sa pièce, et rappelait dans sa préface que la vraie comédie devait avant tout être gaie. Mais il n'échappait à Charybde que pour retomber dans Scylla avec la tragédie, une des passions et des illusions de sa vie littéraire. *Callisthène* échoua piteusement; *Gustave Wasa* obtint un succès d'estime, on y trouvait quelques beaux vers; *Fernand Cortez*, son dernier effort tragique en 1744, fut aussi froidement accueilli du public que mal soutenu par les acteurs. Piron prenait sa revanche sur les théâtres de la Foire,

____

1. Acte III, scène VI.

où il donnait successivement l'*Antre de Trophonius*,
les *Enfants de la joie*, les *Trois Commères*, la *Vengeance
de Tirésias*, etc., etc. Riant lui-même et faisant rire les
autres, il s'amusait là comme au Caveau en compagnie
de Collé et de Gallet. Mais tout cela ne le conduisait
ni à la fortune ni à la gloire. Il n'avait point encore
touché le rameau d'or si longtemps rêvé. Il allait l'atteindre avec la *Métromanie*.

III

La *Métromanie*[1] est une œuvre à part, non seulement
dans le théâtre de Piron, mais encore parmi les comédies du XVIIIe siècle et de tous les temps. C'est la pièce
littéraire par excellence, sans trace de pédantisme ni
de bel esprit, avec tout le charme du naturel et de
l'abandon. Et pourtant, si vive, si gaie, si aimable
qu'elle soit, elle semble une des plus difficiles à jouer,
une des moins accessibles au gros public. Il lui faut,
comme l'a très bien remarqué Sainte-Beuve, un auditoire jeune, intelligent, ayant encore au sortir du
collège le souvenir des premières ambitions littéraires
et la poésie des illusions, quelque chose de cet enthousiasme et de cette ardeur généreuse qui inspirait
à Vauvenargues ses belles pages sur la gloire et la jeunesse[2]. A défaut de la pureté de mœurs, elle réclame
cette candeur de l'âme, que Piron garda jusqu'au bout,
comme La Fontaine, dans ses désordres aussi bien
que dans sa pénitence. Une jeunesse étiolée, racor-
nie et désabusée avant l'âge, serait incapable de com-

1. 1738.
2. « Les feux de l'aurore ne sont pas si doux que les premiers
regards de la gloire. »

prendre et de sentir une pareille œuvre. La *Métro-manie* a pour nous un charme analogue à celui de certaines poésies intimes de Musset : avec une allure cavalière, je ne sais quoi de riant et de printanier.

Voltaire appelle malignement cette pièce la *Piromanie*. Il a raison, et c'est précisément par là qu'elle nous intéresse, qu'elle est si franche et si vraie. Piron s'y révèle tout entier. La longue préface dont il la fait précéder est déjà une confidence. L'auteur y raconte sa vie de poète, ses rêves d'écolier affamé de gloire, les sages remontrances de son père, l'engageant à suivre une carrière *honnête*, régulière et lucrative, plutôt que de s'engager sur cette route par laquelle tant de génies incompris sont arrivés à la misère.

Il y joint les espérances, les illusions, les mésaventures de cette vie d'homme de lettres, à laquelle pourtant il ne saurait renoncer. Il nous dit comment la pièce est née dans sa tête, comment il en a trouvé les éléments en lui-même, comment aussi il a profité de certains traits, de certains événements contemporains, tels que la plaisante histoire de la prétendue Mlle Malcrais de la Vigne, la Muse bretonne, qu'il a cru pouvoir introduire dans son cadre, au risque de faire enrager un peu Voltaire. Cette préface est comme un prologue ou une parade sérieuse et spirituelle, qui nous aide à mieux comprendre la comédie.

Un jour donc, le démon de la poésie s'est emparé de Piron et l'a soutenu durant cinq actes : et ce ne sont pas là seulement des jets d'esprit, des saillies rapides et passagères ; c'est une œuvre solide, consciencieuse, largement et fortement bâtie. A la fièvre poétique sont venus se joindre les bons conseils

d'une Egérie, M{Mlle} Quinault, qui le pousse, le presse,
l'engage à retoucher la pièce, à la polir ; le décide
à remanier vingt fois telle ou telle scène, et lui inspire une ardeur de travail et un goût de perfection
dont il semblait incapable. Piron croit avant tout au
pouvoir de l'inspiration, et il a raison : « La vive,
belle et féconde inspiration [1] fit de tous temps les vrais
poètes, et peut seule surtout faire le poète français,
vu notre versification rimée et monotone, qui, moyen-
nant de l'huile et de la patience, met l'esprit le plus
médiocre à portée de s'en mêler, *invita Minerva*. » Il
distingue le vrai poète du versificateur, comme il dis-
tinguera tout à l'heure Damis de Francaleu. Mais le
travail joint à l'inspiration n'en est pas moins la condition de toute œuvre durable. C'est pour l'avoir ac-
ceptée, sur les instances de M{Mlle} Quinault, que l'auteur nous a légué sa *Métromanie*.

Risquer un poète sur la scène, n'était pas chose facile
et présentait bien des écueils. Il s'agissait de faire de
lui non plus un halluciné grotesque comme l'Amidor
des *Visionnaires* chez Desmarets ; non pas un cuistre
du Parnasse, un pédant vaniteux comme Lysidas ou
Trissotin ; non pas un prêcheur solennel, comme le
sera un jour le Chatterton d'Alfred de Vigny ; mais un
personnage amusant et sympathique à la fois, d'un
vrai comique, sans tomber dans le ridicule. Ce type
du poète, Piron l'a composé d'un double élément : l'un,
qu'il a pris en lui-même ; l'autre, qu'il emprunte à ses
confrères et à ses rivaux, en y ajoutant une pointe de
malice et de satire.

Damis, ce rêveur fantasque et distrait, perdu dans

----

1. Lettre à M. Legoux-Gerland.

les nues avec sa muse, c'est Piron pour la franchise, la naïveté, les espérances chimériques de gloire, le goût de l'indépendance, le mépris des biens positifs et de l'héritage qu'il s'expose à perdre en suivant sa vocation. Mais c'est en même temps, d'une façon générale, l'homme de lettres, tel qu'il l'a vu autour de lui, avec ses triomphes de vanité dont il s'enivre :

> Les gens de mon espèce ont le destin des belles,
> Tout le monde voudrait nous enlever comme elles[1] ;

avec sa prétention d'occuper le monde entier de sa personne et de son futur mariage :

> .... L'univers le saura[2] ;

avec cette pointe d'orgueil qui le pousse à se faire nommer M. de l'Empyrée, comme Arouet s'est fait appeler M. de Voltaire :

> Oui, j'ai depuis huit jours imité mes confrères.
> Sous leur nom véritable ils ne s'illustrent guères ;
> Et, parmi ces messieurs, c'est l'usage commun
> De prendre un nom de terre, ou de s'en forger un[3].

Enfin c'est encore l'homme de lettres, le poète dupe de son imagination, avec ses chaleurs de tête, plutôt que de cœur, dédaignant un mariage solide et sérieux pour se lancer à la poursuite d'une Iris en l'air, qu'il adore sans l'avoir vue :

> L'illusion nous frappe autant que l'existence,
> Et, par le sentiment, suffisamment heureux,
> De l'amour seulement nous sommes amoureux[4].

1. Acte I, scène VII.
2. Acte II, scène VI.
3. Acte I, scène VI.
4. Acte II, scène VIII.

Par un effet étrange et plaisant du tempérament poétique, la passion amoureuse chez Damis tourne elle-
même en métromanie ; il y voit surtout une occasion
d'exercer sa verve :

> Aussi bien, transporté du bonheur de ma flamme,
> Déjà, dans mon cerveau, roule un épithalame,
> Que, devant qu'il soit peu, je prétends mettre au net,
> Et donner au *Mercure*, en paiement du sonnet[1].

Cet amant platonique et littéraire, c'est La Motte devenu à cinquante ans le Céladon honoraire de la duchesse du Maine ; c'est Voltaire brûlant d'amour pour
la Muse bretonne qui se moque de lui dans le *Mercure*,
et lui apparaît un beau matin sous les traits de
M. Desforges-Maillard :

> Le masque tombe, l'homme reste,
> Et *la Muse* s'évanouit.

L'allusion à Voltaire et l'intention maligne de Piron
sont ici évidentes. Il appuie de telle sorte que personne ne puisse s'y tromper :

> Je répudiai donc la chimérique Iris.
> D'une beauté palpable enfin je fus épris.
> J'ai chanté celle-ci sous le nom d'Uranie[2].

Tout le monde savait alors quelle était cette nouvelle
muse : la marquise de Rupelmonde, avec laquelle Voltaire venait de faire un voyage en Belgique, après lui
avoir dédié sous le nom d'Uranie son épître du *Pour
et du Contre*, occasion de brouille avec J.-B. Rousseau.
En nous confiant ainsi les secrets de la coulisse poétique, les misères, les faiblesses et les accidents du

1. Acte II, scène VIII.
2. *Ibid.*

métier, Piron jouait le rôle d'enfant terrible. Mais il s'immole lui-même si volontiers qu'on ne saurait lui garder rancune. D'ailleurs, son Damis, tout en nous faisant rire, reste sympathique et honorable comme l'Alceste de Molière. Comme lui aussi, après nous avoir divertis par sa naïveté, il va devenir spirituel, mordant, incisif, ironique, et parfois même éloquent en face des autres professions qu'on prétend opposer à la sienne :

> Le nourrisson du Pinde, ainsi que le guerrier,
> A tout l'or du Pérou préfère un beau laurier.

Nous sommes loin de Trissotin cherchant à capter la dot d'Henriette. Dans son fier dédain pour toute autre carrière, Piron se rappelle sans doute le jour où un grand seigneur, le reconduisant et recevant en même temps un homme de qualité, dit à ce dernier : « Ne faites pas attention, ce n'est qu'un poète ». « Puisque les titres sont connus, répliqua Piron, je reprends mon rang », et il passa devant.

> L'avocat se peut-il égaler au poète ?
> De ce dernier la gloire est durable et complète ;
> Il vit longtemps après que l'autre a disparu ;
> Scarron même l'emporte aujourd'hui sur Patru [1].

Enfin, après la déconvenue de sa Muse bretonne, après sa pièce sifflée par les soins de son ami Dorante, auquel il pardonne généreusement ; après un mariage manqué par sa faute avec Lucile ; après un héritage perdu ou compromis, en dépit de toutes les mésaventures, plus conséquent, plus opiniâtre dans

____

1. Acte III, scène VII.

sa passion que ne l'ont été le *Philosophe marié* et le
Glorieux de Destouches, il s'écrie en terminant :

Vous à qui cependant je consacre mes jours,
Muses, tenez-moi lieu de fortune et d'amours [1] !

En face du métromane vraiment inspiré et fanatique, du poète d'instinct et de vocation, Piron place le
poète amateur et homme du monde, qui fait des vers
comme il ferait de la tapisserie, par désœuvrement,
par distraction ou par mode. Passion tardive et innocente, qui s'empare quelquefois des colonels en retraite, des magistrats et des préfets condamnés au
repos, de tous les hommes qui ont, au milieu des
affaires, gardé le goût de l'étude et une petite pointe
d'ambition littéraire non satisfaite. On leur doit, bon
an mal an, une ou deux traductions d'Horace, d'Anacréon, d'Ovide, etc. C'est ainsi que Francaleu s'est, un
beau matin, révélé poète au grand étonnement de ses
amis. Baliveau n'en revient pas :

Vous, poète ! Eh ! bon Dieu, depuis quand ? Vous !

FRANCALEU.

Moi-même.

Je ne saurais vous dire au juste le quantième.
Dans ma tête, un beau jour, ce talent se trouva ;
Et j'avais cinquante ans quand cela m'arriva [2].

Véritable été de la Saint-Martin pour l'inspiration
poétique.

Par une petite supercherie qui met son amour-
propre à l'abri, il s'est couvert du pseudonyme, en se
réservant le plaisir des éloges et s'épargnant l'a-
mertume de la critique. Dans cette espèce de colin-

1. Acte V, scène ix.
2. Acte II, scène i.

maillard littéraire, dont il rit lui-même comme d'un bon tour joué au public, il donne ses vers au *Mercure* sous le nom d'une jeune Bretonne, Mlle Mériadec de Kersic, de Quimper, personnage de pure invention : et c'est lui qui se trouve avoir éveillé dans l'âme de Damis une naïve passion pour la Muse invisible ; c'est lui qu'on préfère à sa propre fille Lucile, dont le poète refuse la main. L'histoire est si plaisante qu'en l'apprenant Francaleu éclate d'un fou rire. Sa métromanie, qui s'épanche en madrigaux et en sonnets dans le *Mercure*, aspire aussi aux lauriers de la comédie, dont on raffole chez les grands seigneurs comme chez les bourgeois. Il a, pour jouer une de ses pièces, convoqué le ban et l'arrière-ban : parents, amis, domestiques ; il saisit même en passant le camarade Baliveau pour le charger, malgré lui, d'un rôle :

> Aujourd'hui nous jouons une pièce excellente ;
> J'en suis l'auteur [1].

Francaleu, qui au fond reste un bon, cordial et prosaïque bourgeois, a pris, en devenant métromane, les travers et les ridicules de l'homme de lettres, et surtout de l'homme de lettres amateur. Comme l'Oronte du *Misanthrope*, il a la rage de lire ou de réciter ses vers à tous venants. Il se prépare à divertir Dorante par la lecture d'une tragédie de sa façon :

> Je suis en train de rire, et veux, malgré mon asthme,
> Lui lire tous mes vers sans en excepter un [2].

Il croit aux rapports de Lisette, qui, pour servir les amours de Dorante, lui parle des malins propos et des

1. Acte II, scène I.
2. Acte III, scène IV.

haussements d'épaules de M. de l'Empyrée, au sujet de ses vers.

> J'en croirais quelque chose, à son rire moqueur.
> Le serpent de l'envie a sifflé dans son cœur [1].

Et pourtant, tout en laissant sa fille libre de choisir un mari, il eût bien souhaité avoir pour gendre un poète qui fût pour lui un collaborateur, un confident digne de l'apprécier. C'est pourquoi il a été si heureux d'accueillir dans sa maison, sans le connaître, le neveu de son ami Baliveau, Damis, caché sous le pseudonyme de M. de l'Empyrée. Quand son vrai nom est découvert, il l'aime d'autant plus, et le défend contre les reproches de son oncle :

> Un garçon studieux, de probité, d'esprit,
> Beau feu, judiciaire, en qui tout se rassemble,
> Un phénix, un trésor [2]....

Mais ce phénix a peu de goût pour le mariage ; et Francaleu, trompé dans ses projets d'alliance poétique, se décide à donner sa fille à Dorante, le fils de l'homme contre lequel il plaide depuis longtemps, et que cet hymen doit réconcilier avec lui.

Bien que Piron nous affirme, dans sa préface, n'avoir eu personne en vue dans ce type amusant de Francaleu, on pourrait croire qu'il s'est souvenu d'un riche financier métromane chez lequel il fut placé d'abord, et qu'il mécontenta en admirant trop peu ses vers. Quant à l'oncle Baliveau, il a dû l'entendre tonner plus d'une fois dans sa famille.

Entre toutes ces têtes à l'envers, que trouble la pas-

1. Acte III, scène IV.
2. Acte V, scène IV.

sion de la poésie, de la gloire et de l'amour, Baliveau représente le bon sens pratique et positif allié à la vanité bourgeoise du capitoul, du magistrat provincial, qui s'indigne de voir son neveu trahir les belles espérances qu'on avait fondées sur lui, perdre son temps à Paris, et déserter Cujas et Barthole pour *courir le guilledou* de la Muse dans les coulisses du théâtre. Il espère qu'une bonne lettre de cachet va le tirer de là, quand il se laisse prendre lui-même au trébuchet de son ami Francaleu, et consent à jouer le rôle de père grondeur dans une comédie, où il se trouve subitement face à face avec son neveu, devenu M. de l'Empyrée. Cette scène, du plus franc comique, rappelle celle où Harpagon reconnaît dans son fils l'emprunteur de maître Simon. La stupéfaction mutuelle de l'oncle et du neveu, le choc qui en résulte, la joie naïve de Francaleu battant des mains d'enthousiasme en voyant les deux personnages de sa pièce entrer si bien dans l'esprit de leur rôle, excitent un éclat de rire général, irrésistible. Il est tel, que Baliveau lui-même, tout furieux qu'il est, se laisse entraîner :

.... J'ai ri. Me voilà désarmé[1].

En lisant cette scène, on songe à l'aventure de Piron poursuivi un jour par son père et se sauvant au plus vite par l'escalier, puis, arrivé à la quatrième marche, après avoir évité le coup de pied qui lui était destiné, se retournant pour dire : « Halte-là, mon père ! Vous savez qu'après le quatrième degré on n'est plus rien. » Le père rit et fut désarmé comme Baliveau.

1. Acte III, scène VII.

L'oncle pardonne au neveu, mais essaye de lui faire
entendre raison, et lui adresse un sermon en quatre
points, pour lui exposer la nécessité d'embrasser un
état sérieux. Piron n'avait qu'à se rappeler ici les ad-
monestations de son père, lui offrant d'opter entre
l'Église, la magistrature, le barreau, la médecine, etc.
Cette scène a été plus d'une fois reprise par l'auteur
comme un souvenir personnel dont il s'amuse. Dans
l'opéra-comique du *Caprice* (1724) il nous montre
déjà un père, ancien rimailleur qui, par jalousie de
métier, veut empêcher son fils de marcher sur ses
traces. Le jeune poëte, enivré de sa chère folie comme
M. de l'Empyrée, parle

> .... De monter à la gloire
> Et d'aller prendre place au temple de Mémoire !

Le Père :

Quelles chiennes de visions ! Eh ! maroufle, songe à gagner ta
vie avant l'immortalité !... Regarde, malheureux, regarde ton frère
le médecin et ton cousin l'avocat : voilà des gens utiles à la république, cela !

Mais le Caprice souffle à l'oreille du poëte ces mots
enchanteurs :

> Partez, volez sur l'Hélicon,
> Votre couronne est prête.
> Laissez dire le vieux barbon,
> Faites à votre tête !

C'est ce que fit Piron et ce que fera Damis, malgré
les sages avis de l'oncle Baliveau, qui ne croit guère
au temple de Mémoire :

> .... Ce temple prétendu
> (Pour parler ton jargon) n'est qu'un pays perdu,

> Où la nécessité, de travaux consumée,
> Au sein du sot orgueil se repaît de fumée [1].

Damis plaide la cause de la poésie avec une chaleur, un enthousiasme qui ferait de lui le plus éloquent des avocats, s'il consentait à entrer au barreau :

> Que la fortune donc me soit mère ou marâtre,
> C'en est fait : pour barreau, je choisis le théâtre ;
> Pour client, la vertu ; pour lois, la vérité ;
> Et pour juges, mon siècle et la postérité [2].

Vers sonores, éclatants, héroïques dans leur genre, comme ceux du Cid s'écriant :

> Mes pareils à deux fois ne se font pas connaître.

Il avoue hautement cet appétit de gloire qui le possède et son impatience de le satisfaire :

> Infortuné ! je touche à mon cinquième lustre,
> Sans avoir publié rien qui me rende illustre !
> On m'ignore, et je rampe encore à l'âge heureux
> Où Corneille et Racine étaient déjà fameux [3].

En vain Baliveau lui représente que la saison des poètes est passée, que l'art est épuisé après tant de chefs-d'œuvre :

> Mais les beautés de l'art ne sont point infinies.
> Tu m'avoueras du moins que ces rares génies,
> Outre le don qui fut leur principal appui,
> Moissonnaient à leur aise, et qu'on glane aujourd'hui [4].

Fontenelle, La Motte, Montesquieu, Voltaire [5] lui-

---

1. *Métromanie*, acte III, scène VII.
2. Acte III, scène VII.
3. *Ibid.*
4. *Ibid.*
5. Dans son *Siècle de Louis XIV.*

même parfois, étaient de cet avis. Damis ne s'effraye
pas de la lutte avec ces glorieux maîtres du passé :

> Ils nous ont dérobés, dérobons nos neveux.
> Et, tarissant la source où puise un beau délire,
> A tous nos successeurs ne laissons rien à dire.
> Un démon triomphant m'élève à cet emploi.
> Malheur aux écrivains qui viendront après moi[1] !

L'oncle finit comme avait fait souvent Aimé Piron
avec son fils, par une malédiction en règle :

> Indigne du bonheur qui t'était préparé,
> Rentre dans le néant dont je t'avais tiré[2].

En même temps il lui prédit la misère, le ridicule, les
clabauderies des cafés, les coups de dent de la satire
et de la critique, dont il va devenir la pâture. Mais
Damis les attend et les défie :

> L'Olympe voit en paix fumer le mont Etna.
> Zoïle contre Homère en vain se déchaîna ;
> Et la palme du *Cid*, malgré la même audace,
> Croît et s'élève encore au sommet du Parnasse[3].

Toute cette scène est une explosion continuelle de
vers étincelants. L'auteur a le droit de s'écrier avec
Damis :

> .... J'entre en verve ; et le feu prend aux poudres.
> Il part de moi des traits, des éclairs et des foudres[4].

Jamais Piron n'a eu plus d'élan, plus d'essor, et surtout
d'aussi longue durée. Jamais, depuis Molière et Regnard, le style de la comédie n'a été plus vif, plus

1. Acte III, scène VII.
2. *Ibid.*
3. *Ibid.*
4. Acte I, scène VI.

brillant. Sainte-Beuve, qui n'admire pas Piron outre mesure et lui marchande volontiers ses éloges, l'appelle *un des grands affronteurs de la rime*; c'est là, chez lui, un trait commun avec Régnier et avec Molière. Il a l'allure vaillante et brave, quelque peu crâne parfois, comme les jours où il a mis son chapeau de côté et son bel habit de fête. La *Métromanie* reste pour lui, comme le *Glorieux* pour Destouches, son principal titre aux regards de la postérité.

CHAPITRE X

Vert-Vert. — Le Méchant.

I

A Destouches et à Piron il faut ajouter Gresset,
comme représentant de la *comédie de caractère*, de
l'art et de la tradition classiques au dix-huitième siècle.
Le Méchant, par des qualités différentes ou semblables,
peut rivaliser avec le *Glorieux* et la *Métromanie*; quelques-uns même lui accordent le premier rang.

Gresset ne s'est pas trouvé, comme Destouches, mêlé
aux affaires et à la diplomatie; il n'a pas, comme Piron, promené sa jeunesse orageuse et folle à travers
les accidents d'une existence qui ressemble fort à la
vie de bohème, malgré les instincts bourgeois qui
persistent. Il s'est formé dans la retraite paisible du
collège, où il a été tour à tour élève et apprenti-maî-
tre, vivant avec les grands modèles qu'il a étudiés;
lisant, imitant et Térence et Molière, s'échauffant à
leur contact, et mêlant à ces goûts sérieux une pointe
d'ambition littéraire et de légèreté mondaine. C'est
là que le démon de la poésie est venu le tenter, dans

sa petite chambre du collège Louis-le-Grand, qu'il nous a si joliment décrite :

> Si ma chambre est ronde ou carrée,
> C'est ce que je ne dirai pas, etc.

Cette origine scolaire l'a tant soit peu compromis aux yeux des gens de lettres de profession, heureux de pouvoir lui reprocher, avec Voltaire,

> D'être au collège un bel esprit mondain,
> Et dans le monde un homme de collège.

Cet homme de collège n'en a pas moins fait une comédie très supérieure à l'*Enfant Prodigue* et à *Nanine*.

Provincial de naissance comme Piron, il a, comme lui, passé une partie de sa jeunesse dans sa ville natale d'Amiens. Venu plus tard à Paris, il se mêle discrètement au monde qu'il étudie et qu'il observe en spectateur réfléchi et silencieux, prenant ses notes sur la société parisienne, comme il les a prises jadis en lisant Plaute, Térence, Molière et Regnard. Quand il jette le froc aux orties et reçoit le congé des jésuites ses anciens maîtres, alarmés du succès obtenu par le *Vert-Vert* et *La Chartreuse*, il n'a rien de la fougue ni de l'emportement qui distingue parfois les échappés de séminaire. La pièce où il fait ses adieux aux Pères exprime l'effusion d'un cœur reconnaissant, et même un certain regret :

> Oui, même en la brisant, j'ai regretté ma chaîne,
> Et je ne me suis vu libre qu'en soupirant.

Voltaire semble plus joyeux que lui de cette rupture : « Je n'ai point lu les Adieux aux Révérends Pères, mais je suis fort aise qu'il les ait quittés. Un

poète de plus et un jésuite de moins, c'est un grand
bien dans le monde [1]. » Et pourtant Voltaire n'en
restait pas moins l'élève chéri du P. Porée et du
P. Tournemine, auxquels il dédiait ses tragédies.

Sorti du collège, Gresset s'aventure un peu dans
les coulisses du théâtre, sans y jouer le rôle d'un don
Juan, ni même d'un abbé galant. Songeant à se faire
des amis, il défend l'*Alzire* de Voltaire contre ses
détracteurs :

> En dépit du Zoïle et du censeur austère,
> Je compterai toujours sur un plaisir certain,
> Lorsqu'on réunira la muse de Voltaire
>   Et les grâces de la Gaussin.

Pour un homme de collège, ce compliment adressé
à l'auteur et à l'actrice n'était pas trop mal tourné.
Ses relations avec les gens de lettres et les poètes ses
confrères l'entrainent parfois au *Caveau* en compagnie
de Piron, de Collé et de Gallet. Mais on ne le voit jamais avec cette trinité buvante, chantante et trébu-
chante, prendre part à des facéties qui se terminent
chez le commissaire de police, aux éclats de rire de
tous les assistants. Sa gaieté est plus décente, plus
réservée et de meilleur ton. Dans l'éclat de sa gloire
printanière, Gresset, fêté, choyé, recherché, se vit un
moment l'auteur à la mode. J.-B. Rousseau, pour
faire enrager Voltaire, saluait en lui l'espoir du jeune
Parnasse français. Frédéric II lui faisait les offres les
plus brillantes, pour l'attirer à sa cour, au point d'en
rendre jaloux le philosophe de Ferney lui-même :

> Hélas ! que Gresset est heureux !
> Mais, grand roi, charmante coquette,

1. Lettre à M. de Cideville, 1736.

> Ne m'abandonnez point pour un autre poête,
> Donnez vos faveurs à tous deux [1].

Gresset se rappelait le sort de *Vert-Vert* :

> Mais dans les fers, loin d'un libre destin,
> Tous les bonbons ne sont que chicotin.

Il préféra sa patrie à Berlin et laissa le chicotin à Voltaire, si friand d'aller goûter les bonbons, souvent acides, de son ami Frédéric. Le *Méchant* l'avait porté au premier rang des poètes comiques. Après avoir recueilli les compliments des salons, les bravos du parterre et les suffrages de l'Académie française, où il entra en 1748, il se sentit atteint d'une véritable nostalgie de sa chère province. Revenu à Amiens, il y termina paisiblement ses jours au milieu des pratiques dévotes, comme avait fait Destouches. Comme lui aussi, il eut le tort de rendre sa dévotion trop bruyante. Vivant dans l'intimité de l'évêque d'Amiens Lamotte, qui n'était point l'ami du théâtre, il ne se contenta pas de brûler plusieurs comédies qu'il avait en portefeuille ; il voulut encore édifier le public par un manifeste retentissant, où il demandait pardon à Dieu de ses succès mondains. Les railleries et les accusations tombèrent sur lui de tous côtés. Piron lui décocha une de ses plus malignes épigrammes. Voltaire, qui déclarait les poètes dramatiques les meilleurs prédicateurs de l'Empire, ne pouvait tolérer une pareille hérésie. « Puisque Gresset a renoncé à embellir la scène, il faut bien que je la gâte. Je me damne, il est vrai ; cela est honteux à mon âge, mais j'aime passionnément à me damner. Vous connaissez

1. Lettre à Frédéric II, 1740.

sans doute l'épigramme de Piron sur ce fanatique
orgueilleux de Gresset. Qu'elle est jolie! qu'elle est
bien faite! Que l'insolence du jésuite est bien punie[1]! » Elle ne l'était point encore assez à son gré,
puisqu'il crut devoir revenir lui-même à la charge
dans le *Pauvre Diable*, où il nous montre :

> Gresset dévot, longtemps petit badin,
> Sanctifié par ses palinodies.
> Il prétendait avec componction
> Qu'il avait fait jadis des comédies,
> Dont à la Vierge il demandait pardon.
> Gresset se trompe, il n'est pas si coupable :
> Un vers heureux et d'un tour agréable
> Ne suffit pas ; il faut une action,
> De l'intérêt, du comique, une fable,
> Des mœurs du temps un portrait véritable,
> Pour consommer cette œuvre du démon.

Il ajoutait en note : « Gresset pouvait cesser de travailler pour le théâtre sans le dire. Si tous ceux qui
ne font point de comédies en avertissaient tout le
monde, il y aurait trop d'avertissements imprimés.
Cet avis au public fut plus sifflé que ne l'aurait été
une pièce nouvelle, tant le public est malin ! » Voltaire l'est encore plus que le public.

Quand on vit Gresset nommé successivement chevalier de Saint-Michel, historiographe de l'ordre de
Saint-Lazare et pourvu d'un titre de noblesse par
Louis XV, la médisance eut beau jeu pour crier à la
palinodie intéressée. Collé, plus équitable, ne voit
dans le manifeste de Gresset que l'œuvre d'un galant
homme qui a perdu la tête. « Il est bien plus simple
de penser, dit-il, que, retiré et vivant là-bas avec son

1. Lettre à M. de Cidevile, 1759.

évêque, saint homme tant soit peu bête et dévot, très
zélé, entouré d'ailleurs de nombre d'autres caillettes
pieuses, il se soit échauffé lui-même la bile. Il a l'imagination très vive; il est un peu faible; il a été élevé
dans de grands sentiments de dévotion, que dans sa
jeunesse il avait déjà poussés très loin, puisqu'il s'était
fait Jésuite. Qu'a-t-on besoin de chercher à cette âme
honnête d'autres motifs [1]?» — Remarquons seulement,
après le point de départ si différent, le terme commun
où se rencontrent Destouches, Piron et Gresset arrivant tous trois à la pénitence. Par là ils se rattachent
encore à la tradition de l'âge précédent.

II

L'heureux auteur du *Vert-Vert*, dans l'innocence de
ses premières inspirations, préludait, sans le savoir,
à son futur métier de poète comique, en racontant la
badine odyssée de son perroquet voyageur. Cette
bluette, un petit chef-d'œuvre dans son genre, le ran-
geait parmi les plus brillants représentants de la poésie légère, la seule qui fleurisse réellement au dix-
huitième siècle. Le ton rappelait l'aimable enjouement
de Marot et de La Fontaine :

> Les Muses sont des abeilles volages ;
> Leur goût voltige, il fuit les longs ouvrages,
> Et, ne prenant que la fleur d'un sujet,
> Vole bientôt sur un nouvel objet.

Le conteur devenait en même temps peintre de
mœurs, en nous décrivant d'une main fine et dis-

---

1. *Journal historique*, mai 1759.

crète tout ce petit monde de couvent, tel qu'il était
alors, sucré, confit, vivant de caquets et de chucho-
tements, allant, venant, du parloir au réfectoire et
à la chapelle, s'agitant sous le voile et sous la
guimpe, avec ses émotions, ses rivalités et ses co-
quetteries féminines :

> J'ai dévoilé les mystères secrets,
> L'art des parloirs, la science des grilles,
> Les graves riens, les mystiques vétilles.

Avant Picard, il nous fait entrevoir déjà ce doux
couvent des Visitandines de Tours, que nous retrouverons plus tard à l'Opéra-Comique :

> Les petits soins, les attentions fines
> Sont nés, dit-on, chez les Visitandines.
> L'heureux *Vert-Vert* l'éprouvait chaque jour.

Sorti du collège, Gresset allait rencontrer un autre
monde plus agité, plus tumultueux et plus complexe,
celui des beaux esprits, des petits-maîtres et des
coquettes. C'est de là qu'associant ses observations
personnelles à ses lectures, il tirera sa comédie du
Méchant. Mais il n'obtint pas, du premier coup, cette
bonne fortune au théâtre. Comme Piron, il s'aventura,
lui aussi, dans les hasards de la tragédie : l'aimable
chantre de *Vert-Vert* et de la *Chartreuse* n'avait ni le
souffle, ni l'élan, ni la vigueur nécessaires pour suffire
à une pareille œuvre. Son *Édouard III* (1740), très
inférieur au *Gustave Wasa* de Piron, ne vécut pas
même ce que vivent les roses. La comédie le consola
de ses infortunes tragiques (1745).

On a contesté à Gresset le mérite de l'originalité,
en prétendant que son *Méchant* était calqué sur le

Médisant de Destouches. Fréron, dès le premier jour, avait ouvert le procès et signalé plusieurs scènes communes aux deux pièces. Mais il accorde en même temps l'avantage à Gresset pour le style, l'imagination, l'aisance du vers. En somme, la postérité a prononcé : le *Médisant* est oublié, le *Méchant* est resté. Quant au fond et aux imitations, Molière n'a-t-il pas fait la même chose dans l'*École des Femmes*, dans le *Festin de Pierre*, et bien ailleurs, en s'appropriant, par le droit du génie, les sujets traités par ses prédécesseurs. La comédie du *Méchant* appartient à ce genre de haute comédie simple dont le *Misanthrope* est resté le plus parfait modèle. Pas d'intrigue, peu d'action, un fond uni comme une glace sur laquelle se réflètent un certain nombre de caractères et de portraits contemporains. Tout y est net, précis, lumineux : moins d'entrain, de verve, que dans la *Métromanie* de Piron, mais plus de finesse, de pratique du monde et d'observation : des traits de satire pénétrante, une vive et délicate peinture de la société parisienne analysée et jugée par un provincial.

Le *Méchant* semble être une petite revanche de la province sur Paris. Jusqu'alors en effet celle-ci avait fourni à la satire et à la comédie bon nombre de caricatures : Boileau et Molière, Parisiens tous deux, s'en sont volontiers amusés. Qu'on se rappelle le gentilhomme campagnard du *Festin ridicule*, et Pourceaugnac, et Mme d'Escarbagnas, et M. et Mme de Sotenville, et M. Harpin le receveur des tailles. Cathos et Madelon elles-mêmes sont encore des *pecques provinciales*. Voici qu'à son tour Amiens nous envoie, du fond d'un collège, un observateur et un peintre de mœurs, formé sans bruit à l'école de Molière.

Le gentil rimeur, qui s'amusait à lutiner innocemment sœur Agathe et sœur Thècle en compagnie de *Vert-Vert*, va maintenant toucher d'une plume alerte et maligne la chronique des salons, où règnent Laïs et Phryné. Cette société sceptique, railleuse, avide de scandales et de médisances, se trouve ici décrite avec sa frivolité, son néant ambitieux et sa malveillance calculée. C'est Cléon lui-même, l'un de ses coryphées et de ses idoles, qui se charge de vous la faire connaître :

> . . . . Paris ! il m'ennuie à la mort.
> . . . .
> Tout ce qu'on est forcé d'y voir et d'endurer
> Passe bien l'agrément qu'on y peut rencontrer :
> Trouver à chaque pas des gens insupportables,
> Des flatteurs, des valets, des plaisants détestables,
> Des jeunes gens d'un ton, d'une stupidité !...
> Des femmes d'un caprice et d'une fausseté !...
> Des prétendus esprits souffrir la suffisance,
> Et la grosse gaîté de l'épaisse opulence ;
> Tant de petits talents où je n'ai pas de foi ;
> Des réputations, on ne sait pas pourquoi ;
> Des protégés si bas ! des protecteurs si bêtes !...
> Des ouvrages vantés qui n'ont ni pieds ni têtes [1].

Cette vie de Paris a pourtant ses fanatiques, ses enthousiastes, qui, par genre, par habitude, par une sorte de superstition, répètent avec Valère :

> On ne vit qu'à Paris, et l'on végète ailleurs [2].

A cette folle ivresse du brouhaha et de l'étourdissement parisien, le poète oppose le contentement du bonhomme Géronte, heureux dans sa province, où il

1. Acte II, scène III.
2. Acte III, scène IX.

vit paisible et honoré. Quand Valère lui demande avec stupéfaction :

> Eh mais ! où vivez-vous?
>
> GÉRONTE.
>
>   Parbleu ! dans ma maison,
> M'embarrassant fort peu des intrigues frivoles
> D'un tas de freluquets, d'une troupe de folles ;
> Aux gens que je connais paisiblement borné.
> Eh ! que m'importe à moi si madame Phryné
> Ou madame Lucile affichent leurs folies [1]?

Il y a donc là, indépendamment de la peinture des mœurs et des caractères, une thèse générale, une question du jour, le parallèle entre la vie de province et celle de Paris. Gresset donne évidemment la préférence à la province et le prouve par son exemple.

Le *Méchant* est bien le produit de cette société oisive, raffinée, spirituelle, où une médisance, une intrigue galante, un bon mot, un mauvais tour joué au voisin deviennent de graves événements. Nous sommes dans le royaume du papillotage et de la frivolité. Cléon, qui est moins qu'un scélérat et plus qu'une mauvaise langue, se trouve bien à la taille de ce petit monde : un pygmée redoutable dans une tribu de myrmidons. Son plus grand désespoir est de voir des gens heureux ; aussi fait-il tout son possible pour s'épargner ce désagrément. Il a l'instinct malfaisant, sans profit immédiat, par amour de l'art. Sa méchanceté est une passion négative. C'est par là qu'elle prête à la critique. Ce personnage n'offre point un de ces types puissants comme le *Tartufe*, l'*Avare*, *Don Juan*, qui s'imposent à l'imagination par la vigueur

-----

1. Acte III, scène IX.

et l'unité : il se rattache plutôt à cette galerie de portraits flottants et légers, tels que le *Menteur*, le *Joueur*, le *Glorieux*, portraits charmants ou délicats, plus finement tracés que profondément gravés. Si l'action est simple, le héros principal est d'une nature un peu trop complexe. On lui a reproché d'enfermer et de réunir en lui toutes les variétés du méchant : l'envieux, le traître, l'hypocrite, le médisant, le menteur. Témoin cette énumération des qualités que lui donne Lisette :

> Un fourbe, un homme faux, déshonoré, perdu,
> Qui nuit à tout le monde, et croit tout légitime.
> . . . .
> Un mauvais cœur, un traître, enfin un homme horrible.
> . . . .
> Semer l'aigreur, la haine et la division,
> Faire du mal enfin, voilà votre Cléon [1].

« Que penserait-on, dit Fréron, d'un poète qui intitulerait sa comédie *le Vicieux*? » Ce serait là un titre bien vaste et bien vague sans doute, et c'est un peu le défaut qu'on peut reprocher au *Méchant*. Au lieu de trois ou quatre traits principaux, sa physionomie se compose d'une multitude de lignes qui se coupent et se croisent comme les hachures d'un dessin à la plume, ou comme les morceaux d'une [mosaïque. Peut-être cette dernière comparaison serait-elle la plus exacte et la plus vraie, surtout si l'on songe à quel degré de perfection cet art peut être porté. La part étant faite à la critique, on ne saurait méconnaître combien ce caractère du Méchant, ce composé de toutes les petites scélératesses que peut enfanter la

1. Acte I, scènes i et ii.

vie sociale, est habilement combiné, suivi, développé. Il s'assombrit par degrés, sans tourner au mélodrame, toujours vif, spirituel et gai dans sa perversité, et devient de plus en plus odieux, jusqu'au moment où il succombe sous le mépris d'Ariste et des honnêtes gens.

Molière est évidemment resté pour Gresset le modèle toujours présent. Comme Tartufe, Cléon est devenu le fléau et le mauvais génie d'une maison où il répand le trouble et la division. Malgré ses médisances et sa malignité, on ne voit que lui, on n'écoute que lui, on ne jure que par lui. Sa réputation d'esprit fort, son persiflage narquois et dédaigneux, son mépris des principes et des liens de famille ou d'amitié inspirent aux uns la crainte, aux autres l'admiration. C'est ainsi qu'il a pris un ascendant étrange sur Florise, à laquelle il communique la contagion de sa méchanceté ; sur le jeune Valère, dont il a fait, par ses leçons, un impertinent et un ingrat ; sur le vieux Géronte lui-même, qu'il flatte et amuse de ses médisances, tout en songeant à le faire interdire, pour lui enlever la direction de ses biens. Son nom, comme celui de Tartufe, remplit la scène longtemps avant qu'il y paraisse. L'auteur a voulu nous le faire connaître d'abord par des peintures anticipées, et différer son entrée jusqu'au commencement du deuxième acte. Instruit par l'exemple de Molière, il a su condenser et ramener ainsi les rayons de lumière sur ce personnage qu'il s'agit de mettre en relief, dès sa première apparition. Lisette nous a dessiné déjà la silhouette de cette figure qui va bientôt s'animer, se colorer et se compléter, quand l'original entrera lui-même en scène. Cléon a l'effronterie et l'orgueil cynique de sa mé-

chanceté et s'en fait gloire. Frontin, un honnête valet,
comme le Sganarelle de *Don Juan*, s'ennuie de cette
vie ambulante à laquelle le condamne la fâcheuse réputation de son maître :

> Pour vos maudits plaisirs, on nous a, pour la vie,
> Chassés de vingt maisons.. . . . .
> . . . .
> Ne prétendez-vous donc qu'au triste amusement
> De vous faire haïr universellement?

CLÉON.

> Cela m'est fort égal : on me craint, on m'estime;
> C'est tout ce que je veux; et je tiens pour maxime
> Que la plate amitié, dont on fait tant de cas,
> Ne vaut pas les plaisirs des gens qu'on n'aime pas.
> . . . .
> Quant aux amis, crois-moi, ce vain nom qu'on se donne
> Se prend chez tout le monde, et n'est vrai chez personne [1].

Dans le *Paradis perdu* de Milton, Satan contemple
avec un sentiment d'envie le bonheur d'Adam et d'Ève
encore innocents. « Ils sont heureux, dit-il, et moi je
suis banni du ciel ! » Et il conçoit l'idée de troubler
leur félicité. Le don Juan de Molière éprouve aussi
cette joie infernale à bouleverser l'amour de Pierrot
et de Charlotte. Le Cléon de Gresset, sans avoir les
mêmes proportions, rencontre également sur son chemin un amour pur et innocent qu'il s'agit de briser,
l'hymen projeté entre Valère et Chloé, deux cœurs unis
dès l'enfance, qu'il entreprend de diviser et de déchirer.
Pour cela, il gâte et corrompt Valère par ses conseils,
le raille sur ses amours de Céladon provincial, le dé-
tourne de Chloé et se propose de ravir la fille en faisant semblant de vouloir épouser la mère. C'est encore

1. Acte II, scène I.

un peu la tactique de Tartufe visant Marianne pour
arriver à Elmire. Du reste, l'amour véritable n'est jamais entré dans ce cœur flétri et desséché : Tartufe
lui-même, sous ce rapport, est plus sensible que Cléon :

> Toute femme m'amuse, aucune ne m'attache.
> Si par hasard aussi je me vois marié,
> Je ne m'ennuirai point pour ma chère moitié.
> Aimera qui pourra. . . . .
>
> . . . .
> Je puis avoir Chloé, je puis avoir Florise,
> Mais, quand je manquerais l'une et l'autre entreprise,
> J'aurais, chemin faisant, les ayant conseillés,
> Le plaisir d'être craint et de les voir brouillés [1].

Sans pitié même pour ce pauvre Frontin, auquel il
oublie de payer ses gages, Cléon lui jette la mort dans
l'âme en le détournant d'épouser Lisette :

> Quoi ! tu veux te mêler aussi de sentiment ?
>
> FRONTIN.
> Comme un autre.
>
> CLÉON.
> Le fat ! Aime moins tristement ;
> Pasquin, Lolive, et cent d'amour aussi fidèle
> L'ont aimée avant toi, mais sans se charger d'elle ;
> Pourquoi veux-tu payer pour tes prédécesseurs ?
> Fais de même ; aucun d'eux n'est mort de ses rigueurs [2].

De toutes les lâchetés, il n'en est peut-être pas de plus
indigne que cette calomnie jetée sur une honnête fille
et ce doute inspiré à son amant. Le caractère de
Cléon va se développant et se révélant ainsi par des
actes et des paroles, qui en démontrent toute la laideur, sous ses différents aspects.

Sa conversation avec Florise est un cours complet

1. Acte II, scène i.
2. *Ibid.*

d'égoïsme, d'indifférence et de malignité, à l'égard
des parents et du prochain. Il s'étudie à faire le vide
dans ce cœur de femme crédule et vaniteuse, à la dé-
tacher de sa fille, de son frère, de tout ce qu'elle aime
ou doit aimer.

> La parenté m'excède, et ces liens, ces chaînes
> Des gens dont on partage ou les torts ou les peines,
> Tout cela préjugés, misères du vieux temps ;
> *C'est pour le peuple enfin que sont faits les parents* [1].

S'amusant, s'échauffant, se grisant lui-même de sa
verve satirique, il peint d'avance à Florise et lui fait
partager les voluptés de la médisance, le doux plaisir
de mettre en pièces et Lesbie, et Mélite, et Orphise,
et Uranie :

> Je suis tenté, parbleu, d'écrire mes mémoires ;
>
> . . . .
> J'y ferai des portraits qui sauteront aux yeux [2].

Une de ces petites perfidies que s'est permise plus
d'une fois la rancune ou l'orgueil blessé : Chateaubriand lui-même n'a pas su y résister. Hypocrite en
même temps que médisant, Cléon joue la passion
pour Florise, à laquelle il feint de sacrifier le séjour
de Paris ; le dévouement pour Valère, qu'il égare et
trompe en l'appelant son ami ; la bonhomie avec
Géronte, qui s'entête jusqu'à la dernière heure,
comme l'Orgon de Molière, pour le fourbe dont il est
coiffé.

Mis au pied du mur et forcé de s'expliquer devant
la sommation formelle d'Ariste, il cherche encore des
échappatoires, paye d'audace et de fanfaronnades, se

1. Acte II, scène III.
2. *Ibid.*

pose en moqueur, en sceptique, et rit de ce nom de
Méchant qu'on lui applique :

> Oh bon ! quelle folie ! Êtes-vous de ces gens
> Soupçonneux, ombrageux ? Croyez-vous aux méchants ?
> Et réalisez-vous cet être imaginaire,
> Ce petit préjugé qui ne va qu'au vulgaire ?
> Pour moi, je n'y crois pas : soit dit sans intérêt,
> *Tout le monde est méchant, et personne ne l'est* [1].

Cette manière de brouiller les cartes et de confondre
tous les hommes dans une commune indifférence vient
échouer contre la nature ferme et loyale d'Ariste, qui
ne se laisse dérouter ni par les sophismes ni par les
faux-fuyants.

Ariste est un honnête homme, qui joint au bon
sens l'énergie d'un bon cœur. Moins fougueux, moins
outré qu'Alceste, moins résigné et moins tiède que
Philinte, il entreprend de lutter contre le mal, et
par l'amour du bien arrive à l'éloquence. Nous ne
connaissons pas de caractère plus sympathique sur
le théâtre : sa franchise, sa loyauté contrastent avec
la malice et la duplicité de Cléon, qu'il déteste et méprise ouvertement. Quand Valère, ébloui par le prestige et le succès du Méchant, s'écrie avec une sorte
d'admiration :

> Il a la fleur de tout, n'est esclave de rien,

Ariste, avec la fierté d'une noble conscience attristée,
lui répond :

> Vous le croyez heureux ? Quelle âme méprisable !
> Si c'est là son bonheur, c'est être misérable [2].

1. Acte IV, scène VII.
2. Acte IV, scène IV.

Ariste n'est pas seulement un sermonneur, un conseiller droit et sensé, mais aussi un homme d'action résolu et militant au besoin, sachant démasquer l'hypocrisie et la scélératesse. Quand Florise s'effraye des mauvais bruits que Cléon pourra répandre sur elle, sur sa fille, sur Géronte, il la rassure avec la confiance d'un cœur loyal qui se fait l'exécuteur et le vengeur de la morale publique offensée :

> . . . . Qu'il parle mal ou bien,
> Il est déshonoré, ses discours ne sont rien.
> Il vient de couronner l'histoire de sa vie ;
> Je vais mettre le comble à son ignominie.

Autant la conduite de Cléon est fausse, ambiguë, enveloppée de mystères et de réticences, autant celle d'Ariste est sincère, ouverte. C'est au grand jour et face à face qu'il veut dénoncer et confondre Cléon :

> . . . .
> Sans me cacher ; je veux qu'il sache que c'est moi :
> Un rapport clandestin n'est pas d'un honnête homme ;
> Quand j'accuse quelqu'un, je le dois, et me nomme [1].

Le bon et le mauvais génie de la maison se trouvent personnifiés dans ces deux rôles. C'est Ariste qui ramène Valère à ses vrais instincts de droiture et de loyauté ; c'est lui qui finit par dissiper, non sans peine, l'aveuglement de son vieil ami Géronte, avec lequel Cléon a failli le brouiller.

Géronte n'est pas seulement le père traditionnel de comédie, bonhomme crédule et entêté comme Argan et Orgon : c'est en même temps un provincial amoureux de sa propriété, de son château qu'il a

_____

[1]. Acte V, scène IV.

bâti, de son jardin qu'il a dessiné. Cléon prend soin
d'en avertir charitablement Valère.

> Ivre de son château, dont il est l'architecte,
> De tout ce qu'il a fait sottement entêté,
> Possédé du démon de la propriété,
> Il réglera pour vous son penchant ou sa haine
> Sur l'air dont vous prendrez tout son petit domaine.
> D'abord, en arrivant, il faut vous préparer
> A le suivre partout, tout voir, tout admirer,
> Son parc, son potager, ses bois, son avenue,
> Il ne vous fera pas grâce d'une laitue [1].

A part ce petit travers bien innocent, brave homme
cordial, plein d'élan, ennemi des façons et des simagrées, opiniâtre dans ses affections, même pour ceux
qui n'en sont pas dignes, difficile à regagner, quand
Valère l'a blessé au cœur dans son amour-propre d'oncle et de propriétaire ; mais pardonnant à la fin, et
résumant la morale de la pièce après le départ du
Méchant :

> Qu'il ne soit plus parlé de torts ni de querelles,
> Ni de gens à la mode et d'amitiés nouvelles,
> Malgré tout le succès de l'esprit des méchants,
> Je sens qu'on en revient toujours aux bonnes gens [2].

Les bonnes gens de Paris comme de province (car
il en est partout, Dieu merci !), voilà ceux pour lesquels Gresset a écrit cette jolie pièce du *Méchant*,
où il a mis, avec infiniment d'esprit, une part aussi
de son cœur. Cette part, nous la retrouvons encore
dans un groupe aimable de deux jeunes gens un
moment désunis et bientôt rapprochés : Valère et
Chloé, qu'on a prétendu comparer quelquefois à Paul

1. Acte II, scène vii.
2. Acte V, scène x.

et Virginie. Le parallèle est évidemment forcé. Valère a
traversé les salons de Paris ; il revient tout infatué des
beaux airs impertinents qu'il a pris dans le monde,
fort empressé de raconter les petites histoires scandaleuses dont il a rempli ses poches et sa mémoire.
Étourdi, babillard, évaporé, présomptueux et naïf à
la fois, il fait, sans le vouloir, la critique de cette société
parisienne qu'il croit porter aux nues :

> Tout est colifichet, pompon et parodie [1].

Son babil s'accroît encore en face de Géronte, tant il
pense se faire valoir en rapportant les dernières nouvelles de Paris :

> Julie a pris Damon, non qu'elle l'aime fort ;
> Mais il avait Phryné, qu'elle hait à la mort.
> Lisidor à la fin a quitté Doralise :
> Elle est bien, mais, ma foi ! d'une horrible bêtise [2].

Dans son étourderie inconsciente, il trouve moyen
de blesser à la fois le bon Géronte, dont l'accueil
ouvert et simple lui semble voisin de la sottise ou de
la rusticité, et cette tendre, cette naïve Chloé, son
amie d'enfance, dont il ose dire :

> *Elle avait de beaux yeux pour des yeux de province.*
> . . . .
> Je l'aime... sensément.
>
> GÉRONTE.
>
> Comment donc ?
>
> VALÈRE.
>
> Comme on aime,
> Sans que la tête tourne [3] . . . .

1. Acte II, scène VII
2. Acte III, scène IX.
2. *Ibid.*

Le petit-maître indifférent, en garde contre les entraînements du cœur, est un digne produit de cette belle éducation.

Pourtant la nature, qui est chez lui bonne au fond, finit par l'emporter sur l'influence délétère de Cléon. Rendu à lui-même, il a honte de son ingratitude et de sa cruauté ; il se repent et sent qu'il aime toujours sa chère Chloé :

> Je ne sais où j'en suis, ni ce que je résous.
> Ah ! qu'un premier amour a d'empire sur nous[1]!

Touchant monologue, l'un des plus sincères et des plus vrais, qui subitement transforme Valère à nos yeux et lui conquiert toutes nos sympathies. Un dernier reste de fausse honte, la crainte des railleurs, l'arrête encore à ce moment :

> Mais comment avouer mon amour à Cléon ?

Il a bientôt pris son parti. Les mâles conseils d'Ariste lui rendent le courage. Ce n'est pas seulement la défaite d'un méchant, c'est la conquête d'une belle âme rendue à l'amour et à la vertu. Ce revirement soudain chez Valère, ce contraste des deux langages, l'un venant d'un esprit corrompu, l'autre d'un cœur resté pur, donnent à ce rôle d'amant un cachet particulier.

Chloé ne ressemble pas non plus à toutes les amoureuses de comédie. Elle n'a ni l'humeur mutine d'Élise tenant tête à son père Harpagon, ni l'ingénuité désespérante d'Agnès en face d'Arnolphe, ni la fermeté résolue et ironique d'Henriette dans les *Femmes*

---

1. Acte III, scène XII.

savantes. C'est une jeune fille de province, discrète et docile, qui deviendra une victime sans murmurer. Quand Lisette lui annonce qu'il va falloir partir pour le couvent :

> Ma mère est ma maîtresse, il lui faut obéir;
> Puisse-t-elle à ce prix cesser de me haïr!

Elle n'en veut ni à sa mère ni à Valère, qui semble l'avoir oubliée au milieu des beautés de Paris :

> Si Valère m'aimait, s'il songeait que je l'aime,
> J'aurais dû quelquefois l'apprendre de lui-même.
> Qu'il soit heureux du moins ! Pour moi j'obéirai [1].

Et pourtant, si résignée qu'elle soit, dès qu'elle entrevoit Valère, son amour se rallume :

> Oui, je te le répète, oui, c'est lui que j'ai vu;
> Mieux encor que mes yeux mon cœur l'a reconnu [2].

Et à travers les inconséquences de Valère et les perfidies de Cléon, cet amour pur, innocent, naïf, se maintient et dure inébranlable dans ce cœur d'enfant. Elle voit revenir l'infidèle, et lui a déjà pardonné :

> Il revient, il me voit, il semblait vouloir plaire;
> Son trouble lui prêtait de nouveaux agréments,
> Ses yeux semblaient répondre à tous mes sentiments [3].

Ce petit portrait de jeune fille, légèrement esquissé

---

1. Acte I, scène VI.
2. Acte III, scène I. On pourrait rapprocher de ce vers charmant cet autre d'un vieux poème du moyen âge, le *Chastiement des Dames* :

> *Où est mes cuers, là vont mi œil.*
> Ou est mon cœur, là vont mes yeux.

3. Acte IV, scène I.

dans un coin du tableau, est plein de charme et de grâce.

Chloé a le malheur d'avoir une mère que sa présence embarrasse. Florise est de ces femmes coquettes, égoïstes, qui croient pouvoir se rajeunir et prolonger à leur profit l'âge de la galanterie, en renvoyant leur fille au couvent. Soumise à l'empire de Cléon, s'associant par faiblesse et par vanité à ses mauvais tours et à ses mauvais propos, enchantée de le voir médire des autres femmes, elle finit par comprendre un jour quel cas on fait aussi de sa personne et de son honneur, quand elle entend son prétendu adorateur dire en parlant d'elle :

> Une femme qui fuit le monde en enrageant,
> Parce qu'on n'en veut plus, et se croit philosophe ;
> Qui veut être méchante, et n'en a pas l'étoffe.
>
> . . . .
>
> Quoiqu'elle garde encor des airs sur la vertu,
> De grands mots sur le cœur, qui n'a-t-elle pas eu ?
> Elle a perdu les noms, elle a peu de mémoire ;
> Mais tout Paris pourrait en retrouver l'histoire :
> Et je n'aspire point à l'honneur singulier
> D'être le successeur de l'univers entier [1].

Ce désenchantement tardif, qui la ramène du monde de la galanterie à ses devoirs de mère, est dû à l'habileté de Lisette.

La soubrette, cette sentinelle vigilante de notre comédie, partage ici avec Ariste l'honneur de conduire et de dénouer l'action. Son œil clairvoyant de femme a du premier coup deviné dans Cléon, comme Dorine dans Tartufe, l'ennemi de la maison :

> C'est Cléon qui nous perd et brouille tout ici [2].

1. Acte V, scène IX.
2. Acte I, scène VI.

Elle reconnaît sa main malfaisante dans les caprices de Florise, dont l'âme est un miroir fidèle de son amant; dans les obstacles apportés au mariage de Valère et de Chloé, comme dans les entêtements du bonhomme Géronte. Aussi déclare-t-elle au Méchant une guerre acharnée, où elle lutte avec lui de finesse, d'astuce, et arrive à triompher. Le piège dans lequel elle l'attire, d'un commun accord avec Florise, rappelle la fameuse scène d'Elvire et de Tartufe, tandis qu'Orgon est sous la table. Le dénouement est le même; le traître, mis à découvert, est chargé de malédictions.

La servante Lisette et le valet Frontin sont de bonnes et honnêtes créatures, qui valent mieux que leurs maîtres : exemple assez fréquent dans le théâtre du dix-huitième siècle. Cléon se voit abandonné de tout le monde, même de son valet : la leçon morale s'ajoute ici au mérite littéraire de l'œuvre.

C'est par l'esprit et le style surtout que cette comédie du *Méchant* est restée une des productions durables de notre théâtre. Sans doute, le langage et le vers de Gresset ont moins d'ampleur, de coloris, de sonorité; la rime, moins de richesse que chez Molière ou même chez Piron. Mais il y a là aussi des qualités charmantes, un talent d'écrivain, une fluidité de style et de versification, un choix des termes propres que bien peu ont possédé. Gresset, sans avoir cette veine comique devenue si rare depuis Molière et Regnard, a du moins retrouvé en partie l'art si difficile de *faire rire les honnêtes gens.* Sa pièce, qui nous semble aujourd'hui froide sur la scène, est de celles qu'on relit toujours avec plaisir. Nombre de traits spirituels, de vers devenus proverbes sont restés dans toutes les mémoires, comme celui-ci :

L'esprit qu'on veut avoir gâte celui qu'on a [1],

et tant d'autres, qu'on cite à tout propos, sans savoir bien souvent d'où ils viennent. Un théâtre qui, dans sa décadence, à son automne, peut encore produire de pareilles œuvres, n'est pas si déshérité ni si tombé qu'on pourrait le croire.

1. Acte IV, scène VII.

CHAPITRE XI

La comédie nouvelle : Mélange des genres. — Caractère, talent et
théâtre de La Chaussée.

Jusqu'ici nous avons vu la comédie suivre la route
tracée par Molière ; c'est lui qui reste le grand inspirateur et le grand modèle. Nous allons la voir entrer
dans une voie nouvelle avec La Chaussée. Ce mérite
de la nouveauté, qu'on a regretté parfois de ne pas
rencontrer chez Destouches, Piron et Gresset, va se
trouver, du moins en apparence, chez un écrivain qui
leur est bien inférieur à tant d'égards, par l'esprit et
par le style. On s'accorde à reconnaître en lui le
créateur ou plutôt le rénovateur d'un genre dramatique qui a fini par envahir aujourd'hui tous nos
théâtres, depuis le Gymnase jusqu'à la Comédie-Française ; le Palais-Royal restant le dernier asile de la
vieille farce.

Avec des facultés médiocres, La Chaussée va devenir
chef d'école, et aura l'honneur d'entraîner à sa suite
des hommes qui lui sont très supérieurs, Voltaire,
Diderot et Beaumarchais. La littérature, comme la
guerre, comme la politique, a de ces bonnes fortunes

inespérées, qui portent un beau matin sur le pavois des écrivains ou des personnages secondaires. Autour de ce nom de La Chaussée vont s'engager des querelles mémorables sur le mélange des genres, sur la comédie larmoyante ou la tragédie bourgeoise. Les gens de lettres et le public se trouvent divisés en deux camps : les dissertations et les épigrammes pleuvent de tous côtés. La question n'est pas seulement française, elle devient européenne avec Diderot et ses manifestes, avec Lessing et sa *Dramaturgie*. Elle se réveillera de nos jours avec l'école romantique. C'est ainsi qu'une étude sur La Chaussée prendra des proportions que ne semblaient pas mériter le nom et le talent de l'auteur. Mais il y a deux choses à distinguer dans cette étude.

1° La question de principe et les opinions émises à ce sujet ;

2° La valeur de l'écrivain et de ses œuvres.

I

La comédie de caractère telle que l'a créée Molière et que l'ont continuée Regnard, Le Sage, Destouches, Piron, Gresset, exige avant tout un écrivain maître de sa plume comme le peintre de son pinceau, un contemplateur délicat ou profond de la nature humaine, un esprit vif, alerte et gai, des traits piquants et des saillies. La comédie nouvelle, telle que la représente La Chaussée, substitue aux caractères les situations, à l'écrivain le dramaturge, au moraliste observateur le moraliste prêcheur et raisonneur. Elle demande plus de sensibilité et d'émotion que de malice et de gaieté : le pathos même ne l'effraye pas. La division des genres est un principe commun à tous les grands maitres de l'âge précédent : c'est par là que notre théâtre diffère des théâtres anglais et espagnol. Corneille mêle bien quelques traits demi-comiques aux personnages de Félix dans *Polyeucte*, de Prusias dans *Nicomède*, où l'ironie s'allie d'une façon si neuve au sublime ; mais la tragédie conserve toujours sa grandeur et sa majesté. Molière, dans le *Tartufe* et le *Festin de Pierre*, où le ton de la comédie semble par moments si voisin du tragique, maintient cependant la séparation et la souveraineté du rire dans l'art comique. Au moment où don Juan est foudroyé, Sganarelle pousse ce cri plaisant : « Mes gages! mes gages! » C'est par le rire que commence et finit la pièce. Telle est la différence essentielle entre le drame espagnol et la comédie française. Cette distinction des genres va cesser avec La Chaussée. Nous entrons dans l'interminable série des comédies où l'on pleure.

Le pathétique mêlé au rire est-il conforme à l'art et à la nature, dont la comédie n'est que la représentation ? C'est ainsi que la question a été posée et résolue de bonne heure par les partisans du mélange. Lope de Véga n'hésite pas à la résoudre affirmativement au nom de la nature.

En mêlant le tragique et le comique, Térence et Sénèque, vous aurez une partie de la pièce qui sera sérieuse et l'autre qui sera bouffonne. Mais cette variété plaît beaucoup. La nature même nous en donne l'exemple, et c'est de ces contrastes qu'elle tire sa beauté [1].

Victor Hugo a repris depuis les mêmes arguments en y ajoutant celui du christianisme.

1. *Nouvel art dramatique.*

Du jour où le christianisme a dit à l'homme : Tu es double, tu es composé de deux êtres, l'un périssable, l'autre immortel, l'un charnel, l'autre éthéré…, il a du même coup introduit l'antithèse dans l'art et au théâtre.

La poésie née du christianisme, la poésie née de notre temps est donc le drame ; le caractère du drame est le réel ; le réel résulte de la combinaison toute naturelle de deux types, le sublime et le grotesque, qui se croisent dans le drame comme ils se croisent dans la vie et dans la création. Car la poésie vraie, la poésie complète est dans l'harmonie des contraires [1].

Pour soutenir cette théorie, les exemples ne manquaient pas dans Lope de Véga, dans Guilhem de Castro et dans Shakespeare. Rappelons-nous la scène du pauvre et du bouffon dans le *Cid* espagnol ; les plaisanteries de la nourrice dans *Roméo et Juliette* ; les grosses facéties de Falstaff dans la *Jeunesse de Henri V.*

Les anciens eux-mêmes étaient-ils aussi contraires au mélange des genres qu'on l'a cru et proclamé longtemps ? Sans doute, Aristote fait du rire l'élément de la comédie ; Aristophane en a largement usé, au point de passer pour un bouffon aux yeux de certaines gens ; mais ne mêle-t-il pas aux joyeusetés et aux indécences de sa muse comique le chant pur des *Initiés* et le ton sérieux, éloquent, attristé de ses *Parabases* ? Plus d'un fragment mélancolique de Ménandre [2] semble prouver que les larmes avaient aussi leur part dans la *Comédie nouvelle*. Le drame du *Cyclope* et la tragédie d'*Alceste* par Euripide, les *Rhinthonicæ tragœdiæ* ou les tragi-comédies de Rhinthon, poète de Tarente, cité par Cicéron [3], nous indiquent ce mélange chez les auteurs grecs. Les *Captifs* et le

1. Préface de *Cromwell*.
2. Voyez la belle étude de M. Guillaume Guizot sur Ménandre.
3. *Epistolæ ad Atticum*, I, 20.

Stichus de Plaute, l'*Andrienne* et l'*Hécyre* de Térence contiennent bien aussi une veine de pathétique, qui paraît se rapprocher du comique larmoyant.

> . . . . *Funus interim*
> *Procedit*; *sequimur*; *ad sepulcrum venimus*;
> *In ignem imposita est* : *fletur* [1].

Au moyen âge, le théâtre, comme l'art gothique, associe les deux éléments. Le personnage du Fou a, dans les Mystères, sa place indiquée par ces mots : *Hic Stultus loquitur*. Les bourreaux représentent l'élément comique dans la *Passion de Notre-Seigneur*. Les moralités édifiantes se confondent souvent avec la farce grivoise [2]. De leur côté les artistes mêlent, sur les portails et les vitraux des cathédrales, les figures grimaçantes des diablotins et des bêtes immondes aux nobles représentations de Dieu, du Christ, de la Vierge et des saints.

Malgré tant d'exemples réunis, de graves objections se sont produites contre ce mélange des genres :

1° L'unité d'émotion, a-t-on dit, vaut mieux au théâtre que la diversité. Les sentiments contraires qui divisent et partagent l'âme n'ont-ils pas pour effet de se nuire et de se neutraliser mutuellement ? Au milieu d'une grande douleur qui nous occupe, pouvons-nous songer à rire ?

2° La dignité de l'art ne se trouve-t-elle pas compromise par cet alliage discordant ? Comprendrait-on un tableau des Saintes Femmes au tombeau du Christ

---

1. *Andrienne*, scène I.
2. Le *Mystère de Griselidis*, composé en 1395, est déjà une sorte de comédie larmoyante ou de drame tiré du roman.

avec un mécréant ou un satyre grimaçant dans un coin ? une ascension de la Vierge avec des diables culbutés par des anges ?

Sans doute l'artiste a ses droits :

> . . . . *Pictoribus atque poetis*
> *Quidlibet audendi semper fuit æqua potestas;*

mais il a aussi ses devoirs. Il n'exprime pas seulement les contrastes de la nature, il ne la reproduit pas dans toute sa laideur, ni dans toutes ses discordances ou ses bassesses. Son œuvre est d'idéaliser, d'élever, de rétablir l'ordre et l'harmonie qui ne se trouvent pas toujours dans la réalité ; de porter à l'extrême le rire ou les larmes, la terreur ou l'admiration.

La question n'était pas, dès le début, posée d'une façon aussi absolue ni aussi générale, au dix-huitième siècle. Diderot, tout en vantant la tragédie bourgeoise comme plus voisine de la nature et de la vérité, désapprouve le mélange du rire et des larmes ; Fréron, tout en prenant la défense de La Chaussée, respecte encore le précepte d'Horace :

> *Sed non ut placidis coeant immitia....*

La Chaussée lui-même finit par renoncer au rire dans *Mélanide* et la *Gouvernante*, où le pathétique seul domine. Mais le comique larmoyant n'en reste pas moins la grande question débattue partout, dans les gazettes, dans les cercles littéraires, les académies, les salons et les cafés. Fréron, l'un des grands batailleurs de la critique, se déclare le champion de La Chaussée contre M. de Chassiron, conseiller au présidial de la Rochelle, ennemi déclaré du comique larmoyant, qu'il appelle *un monstre prêt à dévorer Thalie :*

style à la mode du temps. Le grave magistrat a dressé contre lui un réquisitoire en forme où il se charge de prouver :

1° Que la nouvelle manière de traiter le comique n'est pas autorisée par l'exemple des anciens ;

2° Que l'on n'a pas la liberté de changer sans cesse la nature de la comédie ;

3° Que le nouveau genre apporte moins de plaisir et d'utilité que celui du siècle de Molière ;

4° Qu'il n'est point destiné à passer à la postérité comme une nouvelle branche dramatique propre à orner la scène.

Fréron répond à chacune de ces objections [1]. Quand les anciens n'auraient pas connu l'espèce de comédie dont il est question, ce ne serait pas, à son avis, un motif pour la condamner. Le genre larmoyant lui semble même plus naturel, plus conforme à nos mœurs que la tragédie.

Les passions de Melpomène sont des passions violentes portées jusqu'à l'excès : les nôtres sont réprimées par l'éducation et par l'usage du monde. Les vices qu'elle peint sont des crimes, les nôtres sont des faiblesses ; ses héros sont des rois, et nous sommes des particuliers.... Le nouveau dramatique, manié par une main habile, et absolument dépouillé du masque de Thalie, sympathise mieux avec nos caractères, nos usages et notre façon de penser. Ses personnages sont des hommes polis, comme le sont la plupart des spectateurs.

L'analogie des situations, des mœurs et du langage entre les spectateurs et les héros du théâtre est-elle toujours, comme le suppose Fréron, une source d'é- motions et de succès auprès du public ? On pourrait le contester. Se figure-t-on que les gens du peuple

1. Lettres sur quelques écrits du temps, t. IV.

aiment tant à retrouver sur la scène les personnes de leur condition? N'oublions pas cette part d'idéal que chacun vient chercher au théâtre. Les infortunes des princes et des princesses, en les rapprochant de l'humanité, font souvent plus d'effet sur la foule. La *Tour de Nesle* remue le public des boulevards autant et plus que l'*Assommoir*. La mort de *Marie Stuart* l'émeut plus profondément que celle d'une simple bourgeoise. Pourquoi? Parce que l'infortune semble plus touchante par le contraste de la misère et de la grandeur. Sont-ce les villageois qui ont le plus de plaisir à voir les paysans sur le théâtre? Non, mais bien plutôt les gens du monde et les grandes dames, qui s'amusent de la naïveté de Pierrot ou d'Alain.

Répondant ensuite au second reproche, de changer, d'altérer la nature de la comédie, Fréron proteste de son respect pour Molière, dont l'art est sans doute très supérieur à celui de La Chaussée ; mais il invoque en même temps le droit d'invention :

> Molière, selon vous, par ses comédies de caractère, a frayé un chemin inconnu à l'antiquité. Le sentiment nous a ouvert une route inconnue à Molière. Nos genres sont tout à fait distingués : nous ne dénaturons rien, nous créons ; et nos comédies ne ressemblent pas plus aux comédies de Molière que les comédies de Molière ressemblent aux tragédies de Corneille.

Nous verrons bientôt que La Chaussée ne se souvient parfois de Molière que pour l'affaiblir et le gâter. Mais on ne saurait nier que l'avocat du genre larmoyant ne plaide ici habilement sa cause.

Arrivant à la troisième objection, sur le plaisir et l'utilité à tirer du nouveau genre, il en fait ressortir le côté moral : « Est-il vrai que tant de maximes si finement préparées, tant de préceptes si éloquemment

établis, tombent en pure perte sur les spectateurs ? »
Quant à l'horoscope final de M. de Chassiron sur la
fortune du comique larmoyant, Fréron n'y croit
guère.

> Il assure (M. de Chassiron) qu'il s'évanouira et qu'il passera
> rapidement avec la mode. C'est au temps à justifier cette prédic-
> tion : mais je crois que la prophétie contraire pourrait plutôt
> s'accomplir. On ne saurait trop varier les amusements au théâtre.
> Pourquoi vouloir resserrer le cercle de nos plaisirs déjà si
> étroit ?

Fréron ne s'est pas trompé. Le genre de La Chaussée l'a emporté de nos jours : l'esprit et la gaieté
française n'y ont pas gagné sans doute. Mais enfin
on pleure aujourd'hui bien plus qu'on ne rit sur notre
théâtre. Pourquoi ? Peut-être parce qu'il est plus
facile, comme l'a dit Fréron, de faire pleurer que de
faire rire. Pourtant, le jour où nous croyons retrouver un vrai fils de Molière ou de Regnard, comme
Émile Augier dans ses bons moments, quelle fête
nous lui faisons !

L'abbé Desfontaines, un autre ferrailleur de la république des lettres, vint avec Fréron au secours de
La Chaussée. Il regrette seulement qu'on appelle encore les pièces nouvelles des *comédies*, et propose de
leur donner le nom de *drames* ou de *romanédies* : le
premier titre a prévalu, le second eût été peut-être
mieux approprié. Un autre abbé plus illustre que Desfontaines, l'auteur de *Manon Lescaut*, l'émule de Richardson, se rangea aussi parmi les tenants et les
admirateurs de La Chaussée : le fécond romancier ne
pouvait manquer d'approuver un genre où domine
le romanesque.

Mais les adversaires ne s'endormaient pas non plus.

A leur tête brillait Piron, qui avait failli un moment se fourvoyer, lui aussi, dans le guêpier de la *Comédie larmoyante*, et qui s'en était tiré pour retourner bien vite aux tréteaux de la Foire. Ses épigrammes tombaient comme grêle :

> Connaissez-vous sur l'Hélicon
> L'une et l'autre Thalie?
> L'une est chaussée et l'autre non,
> Mais c'est la plus jolie.
> L'une a le rire de Vénus,
> L'autre est froide et pincée :
> Honneur à la belle aux pieds nus,
> Nargue de *la chaussée!*

La Chaussée n'essaya pas de lutter à coups de bec ou de plume avec Piron, mais se vengea en l'empêchant d'entrer à l'Académie [1].

Dans cette guerre faite à la comédie larmoyante, l'auteur de la *Métromanie* eut pour second son ami Collé, un gaulois comme lui, un poëte de la *Foire* et du *Caveau*, que révoltaient les balivernes solennelles et les triomphes retentissants de La Chaussée. Collé exhale sa mauvaise humeur dans son Journal :

Il est bien étonnant, dit-il, qu'un auteur de la médiocrité incurable dont est La Chaussée, ait donné pour ainsi dire le ton à son siècle, et qu'il ait eu le crédit de ramener un mauvais genre de comédie *qui était proscrit et qui n'est nullement nouveau.* On peut voir, par l'histoire du théâtre français récemment imprimée, que les pièces de roman et celles mêlées de tragique et de comique avaient été à la mode jusqu'à ce que Molière eût donné le modèle de la vraie comédie [2].

1. Collé l'affirme du moins : d'autres le nient (voyez la thèse de M. Lanson sur La Chaussée).

2. *Journal historique* de Ch. Collé, t. I, p. 53. — N'est-ce pas le cas de répéter avec Horace :

Multa renascentur quæ jam cecidère....

Toujours le *vieux neuf.*

Après avoir établi que ce passage du rire à l'attendrissement, du sérieux au plaisant, très possible dans un roman, est déplacé dans la comédie où l'on résume les événements et les situations, il se fait fort de prouver que La Chaussée n'a pas même réussi dans ce qu'on appelle *son genre*, et termine en disant : « Ce petit homme n'est pas fait pour aller à la postérité ». Il y est arrivé pourtant, mais non par la grande route de la gloire incontestée.

Voltaire, toujours habile à prendre le vent et le courant de l'opinion, avait paru un moment céder à l'attrait de ce genre nouveau, où il espérait peut-être réparer les échecs de sa muse comique. L'*Enfant prodigue* et *Nanine* sortirent de ce caprice passager. Mais son instinct, son goût naturel, sa crainte du ridicule et le froid accueil fait par son ami Frédéric à la comédie de *Nanine* l'eurent bientôt rejeté dans l'autre camp.

Comme vous n'avez pas réussi à m'attirer dans la secte de La Chaussée, lui écrivait Frédéric, personne n'en viendra à bout ; j'avoue cependant que vous avez fait de *Nanine* tout ce qu'on pouvait espérer. Ce genre ne m'a jamais plu.... Mon zèle pour la bonne comédie va si loin que j'aimerais mieux y être joué que de donner mes suffrages à ce monstre bâtard et flasque que le mauvais goût du siècle a mis à la mode.

En homme avisé, Voltaire se dit que le comique larmoyant pourrait bien n'avoir pas les rieurs de son côté, parti redoutable surtout en France, et finit aussi par lui décocher ce trait dans le *Pauvre Diable* :

> Souvent je bâille au tragique bourgeois,
> Aux vains efforts d'un auteur amphibie,
> Qui défigure et qui brave à la fois
> Dans son jargon Melpomène et Thalie.

Plus tard il achève de le condamner dans le *Dictionnaire philosophique* et dans ses remarques sur Corneille, où il appelle le comique larmoyant « un monstre né de l'impuissance d'être tragique ou plaisant ».

Entre ces deux partis extrêmes dont les uns saluent et applaudissent, dont les autres raillent et sifflent la comédie nouvelle, se place un tiers parti, quelque chose comme le centre gauche constitutionnel, libéral et conservateur, représenté par d'Alembert, La Harpe et Grimm. A titre d'ami du progrès, d'Alembert, faisant l'Éloge de La Chaussée, ne pouvait blâmer cette entreprise d'innover dans l'art. Il expose donc les raisons qui ont pu le justifier :

1° Les chefs-d'œuvre des grands maîtres impossibles à surpasser : la comédie de caractère portée à son apogée par Molière ;

2° Le nombre des caractères et des types originaux nécessairement limités et déjà décrits : par suite l'appauvrissement fatal de l'art comique ;

3° La nécessité de rajeunir cet art par des conceptions et des combinaisons nouvelles.

Enfin ce qui achève de justifier ce théâtre aux yeux de d'Alembert, c'est le succès même qu'il a obtenu : « On riait des épigrammes, et on retournait pleurer au *Préjugé à la mode* et à *Mélanide* » : c'est ce fonds de mœurs et de principes honnêtes qui s'y rencontrent, et cette sympathie naturelle qu'éveille chez les hommes réunis le spectacle de la vertu, même alors qu'ils ne la pratiquent pas.

Quant à l'objection tirée de l'exemple des Anciens, à qui ce genre aurait été inconnu, d'Alembert s'en moque plaisamment en rappelant à ce sujet l'argu-

mentation du savant curé Thiers contre les perruques
ecclésiastiques.

Nous ne connaissons jusqu'à présent de *couverture de tête* que
les bonnets, les chapeaux, les coiffes, les casques, les tiares, les
mitres et les turbans : or la perruque n'est ni bonnet, ni chapeau,
ni casque, ni coiffe, ni tiare, ni turban, ni mitre : donc elle n'est
pas faite pour couvrir la tête. D'ailleurs, ajoutait ce subtil dialec-
ticien, cette innovation n'a paru dans l'Église qu'au dix-septième
siècle, et ce que l'Église a ignoré jusque-là ne peut être qu'une
indécence très condamnable. — Tel était l'argument du curé
Thiers, et celui des adversaires du nouveau genre de comédie,
Mais le scandale ecclésiastique et le scandale dramatique contre
lesquels ils s'élevaient avec tant de logique et d'éloquence, ont
subsisté l'un et l'autre, au grand regret des argumentateurs.

Pourtant, après cette spirituelle sortie en faveur du
nouveau système, d'Alembert n'hésite pas à en reconnaître l'écueil et le danger. « Le défaut de ce genre
est d'entr'ouvrir la scène à beaucoup d'auteurs médiocres qui, incapables de la finesse comique et de
la sublimité tragique, pourront essayer, comme dit
Montaigne, *de vivoter dans la moyenne région.* »
Certaines gens s'en contentent, il est vrai, et trouvent qu'il est doux encore de *vivoter* dans le présent avec de belles recettes, sans espoir de vivre dans
l'avenir.

La Harpe, malgré son respect de la tradition classique et sa déférence pour les arrêts de Voltaire, ne
craint pas de se prononcer en faveur de La Chaussée,
tout en faisant quelques réserves. Il s'incline devant
ce succès qui dure encore, dit-il, même après cinquante ans. Peut-on soutenir que la comédie nouvelle
soit une corruption de l'art, une décadence? La Harpe
ne va pas jusque-là : il avoue cependant que le genre
mixte est inférieur à la tragédie et à la comédie sépa-

rées. « Comme la tragédie, il veut émouvoir, et il est beaucoup moins touchant ; comme la comédie, il veut amuser, et il est beaucoup moins gai. » Il a pour écueils la vulgarité et la monotonie, surtout avec la manie de moraliser à tout propos. Mais il a aussi ce don précieux d'intéresser et d'émouvoir au moins ses contemporains : c'est là son excuse et sa justification. La Harpe déclare que le *Préjugé à la mode* est une véritable révolution sur le théâtre.

Grimm, l'ami de Diderot, le critique avisé, pénétrant et libéral, sans parti pris ni préjugé, dit aussi son mot dans le débat. Il accepte le genre larmoyant comme très naturel, très légitime, et d'ailleurs connu bien avant son prétendu inventeur, M. de La Chaussée. Il trouve seulement que les critiques dirigées contre ce genre seraient mieux à l'adresse des auteurs, qui en ont fort mal usé, sans en excepter La Chaussée et Voltaire lui-même.

On peut leur reprocher à tous d'avoir fait des *romans* au lieu de faire des *comédies*, et d'avoir cru suppléer au défaut de génie en imaginant des situations intéressantes qui supposaient une infinité d'aventures romanesques.... J'imagine un genre de comédie bien plus tragique, si l'on peut ainsi parler, que le larmoyant. Pourquoi empêcherais-je, par exemple, mon *Joueur* ou mon *Dissipateur* de se tuer à la fin de ma pièce, dans les accès de désespoir qui sont ordinairement les suites de ces égarements ? Une telle comédie, bien conduite, serait plus dans la nature que la plupart de nos tragédies, et j'ai dans la tête qu'elle produirait des effets étonnants [1].

Le vœu de Grimm a été exaucé de nos jours et au delà.

Le succès de La Chaussée ne fut pas moins grand à

_____

1. *Correspondance littéraire*, avril 1754, t. I.

l'étranger qu'en France. Riccoboni écrivait à Muratori pour lui signaler l'apparition d'un art nouveau. Il est vrai qu'il se trompe un peu dans son appréciation, en félicitant l'auteur d'avoir introduit dans la comédie les gens de bonne compagnie. Est-ce que Molière ne met pas en scène les marquis, les grandes dames, toute la société aristocratique du temps?

Lessing, si dédaigneux pour les tragédies de Corneille et de Racine, est plein d'indulgence et de sympathie pour l'auteur du *Préjugé à la mode*, et voudrait avoir fait une *Mélanide*. Le grand critique prend aussi la parole dans cette question du mélange des genres, et nul, il faut l'avouer, ne l'a élevée plus haut. Répondant à Lope de Véga et, par anticipation, à Victor Hugo, il réfute, d'abord au nom de l'art et de la raison, l'argument tiré de la nature.

Sans doute, la nature nous offre le spectacle de la diversité. Mais autre chose est la nature, autre chose est l'art. N'y a-t-il pas dans la nature une foule de monstres dont la reproduction serait contraire à tous les principes de la beauté et de l'harmonie? Un artiste aura-t-il fait œuvre d'art en se bornant à reproduire les veines du marbre parce que le marbre a des veines? La nature dans sa valeur infinie n'est un spectacle que pour un esprit infini. Pour qu'elle procure de vraies jouissances à des esprits finis, il faut que l'homme jouisse de la faculté de la limiter, de lui poser des bornes qu'elle ne se fixe pas à elle-même. Autrement nous ne jouirions pas de la vie : nous serions troublés par la diversité de nos sensations, et, à force de sentir trop de choses à la fois, nous finirions par n'en plus sentir aucune. L'art nous sert précisément à opérer la séparation des éléments qui se contrarient, et à ne réunir dans la même œuvre que ceux qui s'harmonisent[1].

1. Lessing, *Dramaturgie de Hambourg*, trad. de M. de Suckau, revue et annotée par M. Crouslé; introduction de M. A. Mézières.

Après avoir si bien défendu théoriquement la division des genres, il semble ne plus s'en soucier lorsqu'il s'écrie ailleurs :

Qu'entend-on enfin par le mélange des genres ? Qu'on les sépare aussi exactement que possible dans les traités dogmatiques, à la bonne heure ; mais quand un homme de génie, dans des vues plus hautes, en fait entrer plusieurs dans un seul et même ouvrage, il faut oublier le livre dogmatique, voir seulement si l'auteur a réalisé son dessein. Que m'importe qu'une pièce d'Euripide ne soit ni tout récit, ni tout drame ? Nommons-la un être hybride. Il suffit que cet hybride me plaise et m'instruise plus que les productions régulières de vos auteurs corrects, tels que Racine et autres. Le mulet n'est ni un âne ni un cheval : en est-il moins une des plus utiles bêtes de somme [1] ?

Aujourd'hui la question du mélange des genres a été résolue d'une façon décisive par le succès. On ne le conteste plus guère ; le tout est d'en savoir faire bon usage.

Voyons quel parti en a tiré La Chaussée.

II

Pierre-Claude Nivelle de La Chaussée, né dans une riche famille de financiers, eût pu n'être qu'un heureux désœuvré, corrompu et corrupteur, comme tant d'autres, au sein de l'opulence. Le goût des lettres fit de lui un homme studieux, appliqué, un défenseur de la morale au théâtre [2], où elle avait couru souvent de si grands dangers. Retenu par un certain fonds de

---

1. Lessing, *Dramaturgie de Hambourg*, p. 236.
2. Plus que dans sa vie privée, s'il faut en croire sa correspondance retrouvée à la bibliothèque de l'Arsenal et analysée en partie par M. Lanson.

bon sens, de discrétion et de timidité, il n'eut pas, comme Horace, l'aiguillon de la pauvreté, qui donne parfois de l'audace aux jeunes poètes :

> . . . . *Paupertas impulit audax*
> *Ut versus facerem* ;...

ni, comme Voltaire, cette soif de célébrité qui saisissait le jeune Arouet dès le collège. Il cultive d'abord la muse en silence et en secret, jusqu'au jour où les *Paradoxes* de La Motte sur Homère et la guerre engagée à ce sujet entre les amis et les ennemis de la poésie lui fournirent l'occasion d'entrer en lice. Malgré son amitié pour La Motte, il se fit le second de M. de la Faye comme champion de la rime et des vers. L'*Épitre de Clio*, sa première offrande publique à la Muse, obtint l'honneur de quatre éditions successives. Le début en est assez faible. C'est Clio qui parle et confie à son nourrisson la cause de la poésie :

> O toi, jadis élevé dans mon sein,
> Enfant nourri de mon lait le plus sain,
> Viens, prends la plume et le style d'Horace.

Il ne les a pas retrouvés du premier coup, et ne les retrouvera même jamais. Cependant la pièce est d'un ton facile, aimable, ingénieux. Rien n'annonce encore un novateur. La Chaussée semble imbu des plus sages principes de l'orthodoxie littéraire ; il méprise Ronsard, révère Malherbe, s'incline devant les grandes figures de Corneille, de Racine, de Despréaux ; encense Quinault, Crébillon, J.-B. Rousseau, et l'auteur de la *Henriade* par-dessus tout. En vain, on lui crie que le temps des poètes est passé, que les

sources de l'inspiration sont taries, que l'heure de la
prose est venue :

> Comme autrefois sous les pas des neuf sœurs,
> On voit encor renaître autant de fleurs ;
> Et, tous les jours, Apollon les prodigue
> Au chantre heureux du vainqueur de la Ligue.

Voltaire, sensible aux compliments, surtout à ceux
qui venaient de la jeunesse, répondit à cet hommage
par ce quatrain flatteur :

> Lorsque sa muse courroucée
> Quitta le coupable Rousseau,
> Elle te donna son pinceau,
> Sage et modeste La Chaussée.

Un moment en effet Voltaire, qui eut dans ses affections littéraires tant de caprices et d'infidélités, se
passionne pour La Chaussée, auquel il offre sa tragédie d'*Alzire*. Bientôt il lui cède les suffrages dont
il dispose pour une place vacante à l'Académie française [1]. S'ils finissent par ne plus s'entendre sur la
division des genres et sur le comique larmoyant,
auquel Voltaire sacrifiera pourtant un jour, il existe
entre eux un lien commun, la défense de la poésie et
de la langue :

---

1. « Il y a huit jours, Monsieur, que je fais chercher votre demeure, pour présenter *Alzire* à l'homme de France qui sait et qui
cultive le mieux cet art si difficile de faire de bons vers. . . . . .
. . . On m'a parlé aujourd'hui d'une place à l'Académie française ;
mais ni les circonstances où je me trouve, ni ma santé, ni la liberté que je préfère à tout, ne me permettent d'oser y penser. J'ai
répondu que cette place devait vous être destinée, et que je me
ferais un honneur de vous céder le peu de suffrages sur lesquels
j'aurais pu compter, si votre mérite ne vous assurait de toutes les
voix. » (2 mai 1736.)

> La langue est une, en prose comme en vers ;
> Et la grammaire, en tout genre d'écrire,
> Exerce un droit que l'on ne peut proscrire.
>
> . . . .
>
> L'unique objet que notre art se propose
> Est d'être encor plus précis que la prose ;
> Et c'est pourquoi les vers ingénieux
> Sont appelés le langage des dieux.

Dans ses premières ardeurs de néophyte, il croit, avec la plupart des hommes de son temps, aux mérites de la difficulté vaincue :

> L'esprit veut être un peu mis à la gêne,
> C'est l'aiguillon qui le tient en haleine.
>
> . . . .
>
> C'est par l'effort que le salpêtre tonne ;
> S'il n'est contraint, il reste sans vigueur
> Et ne produit qu'une vaine vapeur.

On voit que La Chaussée a dû s'exercer longtemps comme novice à faire des vers ou des gammes poétiques, avant d'oser se produire au grand jour de la publicité. C'est ainsi qu'il a sans doute acquis la pratique de cet instrument dont il use avec tant de facilité, en homme qui s'en est rendu maître plutôt qu'en véritable inspiré. Il n'a jamais eu, comme Régnier ou Piron, le diable au corps. C'est un praticien, un exécutant habile, et, même au milieu de son pathétique, un poète du genre tempéré, doux, onctueux et raisonnable. Ce sage disciple nourri du meilleur lait de la Muse, oublie pourtant un peu les leçons de Boileau, le jour où il s'émancipe jusqu'à mêler le rire et les larmes dans la comédie.

> Le comique, ennemi des soupirs et des pleurs,
> N'admet point en ses vers de tragiques douleurs.

Telle est la règle : La Chaussée ne l'ignore pas, mais il s'en affranchit tout doucement, malgré son respect de la gêne, qui vaut moins encore que le plaisir. C'est ce qu'il exprime dans le prologue de sa comédie intitulée *Amour pour amour* :

> Croyez que le plaisir n'est jamais ridicule,
> Son nom le définit. Dès qu'il est, c'est assez.
> Les règles n'y sont rien : il est au-dessus d'elles.
> Quant à nous, ne soyons jamais embarrassés
> Que de le présenter sous des formes nouvelles.

Sur ce point même, n'avait-il pas l'autorité de Molière et de Corneille, l'un déclarant que le grand art est de plaire ; l'autre rappelant sa fière devise d'écrivain conquérant : *Non tam meliora quam nova.*

La Chaussée est-il donc vraiment un novateur ? — Oui et non, tout à la fois. — Oui, si l'on entend par là qu'il remet en honneur et en vogue un genre tombé, oublié depuis longtemps. — Non, si l'on suppose qu'il a le premier conçu l'idée de la tragédie bourgeoise. Bien avant lui, sans remonter ni aux Grecs, ni aux Latins, ni au Moyen Age, Hardy, Mairet, Rotrou, au début du dix-septième siècle, en avaient donné l'exemple dans leurs tragi-comédies. Corneille lui-même dans ses discours sur le poème dramatique ne dit-il pas déjà : « La pitié pourrait être excitée plus fortement en nous par la vue des malheurs arrivés aux personnes de notre condition, que par l'image de ceux qui font trébucher de leur trône les plus grands monarques » ? Et à ce propos il cite l'histoire de la fille de Scédase, ce paysan de Leuctres, qui pourrait fournir le sujet d'un drame intéressant. Dans certaines parties de *Don Sanche* n'a-t-il pas effleuré ce genre semi-héroïque et semi-bourgeois ?

La Chaussée entreprend, il est vrai, d'appliquer ce
système à la société contemporaine. Mais il n'a en
réalité ni la fougue ni l'emportement d'un réforma-
teur, ni le génie puissant et original d'un créateur, ni
le ton dogmatique, impérieux, convaincu, d'un chef
d'école, qui formule, systématise et bâtit des théories
à défaut de chefs-d'œuvre, comme Diderot, Lessing et
plus tard Victor Hugo. Il a pris dans les régions
moyennes une position analogue à celle de notre
Casimir Delavigne, flottant entre les traditions du
passé et les aspirations de l'avenir. D'un côté, il rompt
avec la distinction des genres ; de l'autre, il appartient
encore à l'école classique de Racine, de Campistron,
de Destouches, offrant un singulier alliage de réminiscences et même d'expressions raciniennes mêlées
au galimatias et au pathos de l'école sentimentale et
philosophique. A la simplicité des sujets il substitue
la complication des scènes et des aventures romanesques. Palissot lui accorde la perfection de la médiocrité. Voltaire, dans son *Siècle de Louis XIV*, recueillant
la voix publique, dit avec une bienveillance mitigée :
« On croit que La Chaussée est un des premiers après
ceux qui ont eu du génie ». En effet, La Chaussée est
un de ces écrivains dont les triomphes et la renommée
embarrassent parfois la critique. Le succès au théâtre
ne saurait être seulement l'œuvre d'une coterie ou
d'un caprice. A quoi tient-il ici ? À certaines qualités
moyennes de l'auteur et aux dispositions du temps et
du public. Écrivain médiocre, La Chaussée est un dramaturge assez habile dans l'art de conduire une action,
de développer un sentiment, de ménager des situations et des coups de scène à effet. On a pu lui refuser
la verve, l'entrain, la gaieté, mais non le pathétique

ou la *sensibilité*, comme on dit volontiers alors, le don d'intéresser et d'attendrir. Ce mérite-là, selon La Harpe, rachète bien des faiblesses. N'est-ce pas aussi ce que Boileau lui-même, l'ennemi des larmes dans la comédie, demande au poète dramatique :

> Que, dans tous vos discours, la passion émue
> Aille chercher le cœur, l'échauffe et le remue.

C'est par ce ressort, plus ou moins artificiel, que La Chaussée a gagné le cœur des femmes, auxquelles il réserve dans ses pièces l'auréole du martyre, de l'héroïsme et de la résignation. Titon du Tillet, dans son *Parnasse français*, s'exprime ainsi en parlant de lui :

> Ce n'est pas le ridicule des caractères ni les travers de l'esprit, ce sont les faiblesses du cœur qu'il représente. Il paraît que son principe n'est pas de corriger, il ne veut qu'attendrir. Plaute, Térence et Molière ont écrit pour les hommes et pour les instruire : La Chaussée a pris la plume des mains des Grâces, pour plaire aux femmes par la peinture des passions qu'elles éprouvent et qu'elles font sentir.

D'Alembert l'appelle quelque part *le Racine de la comédie* : c'est lui faire trop d'honneur : il est plus voisin de Campistron. Le *Préjugé à la mode* et le *Jaloux désabusé* offrent bien des analogies par les situations et par le style.

Le grand écueil pour La Chaussée était de se perdre dans le roman, d'où ses pièces sont souvent tirées. Afin d'y échapper, en partie du moins, il reproduit autant qu'il peut les mœurs et le langage de la société contemporaine. Il ne creuse pas bien avant, mais il reste toujours ainsi entre le roman et la réalité. Il se plaît à peindre les scènes de la vie intime, les confi-

dences où il dit tout haut ce que bien des gens pensent
tout bas; les petits secrets du coin du feu, de la famille
et du boudoir; enfin il a, si l'on veut, pour la foule, le
charme de la vulgarité. Il y joint un autre attrait :
chaque pièce est une thèse de philosophie dramatique,
un petit cours de morale en action, une école pour les
époux et pour les mères. Or le dix-huitième siècle a
la double passion de la sentimentalité et de la monomanie raisonnante. Malgré le relâchement des mœurs
et l'égoïsme qui dominent partout, la philanthropie
comme la vertu sont deux choses qu'on aime à entendre rappeler surtout au théâtre. Le public a de ces
retours vertueux qui le saisissent entre la *Régence* et
le *Parc aux cerfs*. Mais la vertu enguirlandée de fadeurs
et de déclamations banales est-elle bien solide ici?
A cette morale de La Chaussée, tant soit peu molle
et flasque comme le style qui l'exprime, une chose
manque : le nerf de la volonté. A quoi bon, du reste?
L'instinct et la nature ne sont-ils pas là pour en tenir
lieu? La bonté native de l'homme a remplacé le vieux
péché originel. On n'a qu'à se laisser aller, sans lutte
ni résistance :

> Les vertus qu'on acquiert sont si peu naturelles
> Que l'on doit au besoin fort peu compter sur elles.
> C'est un bien dont le fonds ne nous appartient pas,
> Dont on ne peut jouir qu'à force de combats :
> Au lieu qu'un cœur bien né n'a pas à se défendre;
> Il n'a contre lui-même aucun combat à *rendre*.
> Il ignore le mal : l'occasion le fuit;
> Son heureux naturel le guide et le conduit[1].

Les bons pères, en suivant jadis le *chemin de velours*
d'Escobar, avaient trouvé la *dévotion aisée*; La Chaus-

____

1. *L'École de la jeunesse*, acte IV, scène II.

sée, par une autre voie, nous mène à la morale facile de la nature et du sentiment. C'est par là qu'on arrive plus tard à sanctifier la passion avec l'auteur de *Lélia*.

Piron n'a guère foi dans l'utilité ni dans le charme de ces sermons :

> Révérend père La Chaussée,
> Prédicateur du saint vallon,
> Porte ta morale glacée
> Loin des neuf sœurs et d'Apollon.
> Ne crois pas, Cotin dramatique,
> A la muse du vrai comique
> Devoir tes passagers succès.
> Non, la véritable Thalie
> S'endormit à chaque homélie
> Que tu fis prêcher aux Français.

En effet, le côté faible et défectueux de La Chaussée dans ses comédies, ce qui lui manque absolument, c'est le comique. Comme l'a très bien remarqué d'Alembert, qu'on ne saurait accuser de malveillance, pour conserver à ses œuvres, sinon l'essence, au moins la couleur de la comédie, il croit devoir jeter dans quelques détails et dans quelques personnages subalternes toute la gaieté dont il est capable. Or, il faut bien l'avouer, le comique a presque toujours chez lui quelque chose de forcé, et parfois de mauvais goût. Il n'est qu'un supplément et souvent une discordance. La Chaussée s'entête d'autant plus à vouloir paraître gai, que ses ennemis lui contestent le don du rire. Il se risque, par amour-propre, sur le Théâtre-Italien et dans les farces et les parodies de la Foire, où il essaye vainement de lutter avec Piron. Le sage Mentor du théâtre oubliait cette fois le précepte de La Fontaine :

> Ne forçons point notre talent,
> Nous ne ferions rien avec grâce.

Il descendit même jusqu'à collaborer aux *Étrennes de la Saint-Jean*, recueil de basses plaisanteries, où il semblait vouloir devenir l'émule de Vadé. Mais ce ne fut là que l'écart d'un moment. Il revint au pathétique ou au pathos vertueux, son vrai domaine.

L'art de mener une intrigue par la combinaison du romanesque et du réel, de mêler à une action imaginaire certains traits de la vie domestique et commune, d'en faire sortir non plus seulement des tableaux plaisants, mais des scènes émouvantes, de remuer en nous la fibre sensible et lacrymale, au risque de tomber parfois dans la niaiserie édifiante et déclamatoire, tel est le genre de talent particulier à La Chaussée.

S'il s'entend à développer un sentiment, une situation, il est moins heureux dans l'art de peindre les individus. Ses personnages ont le défaut de ne s'élever guère au-dessus du rang et du rôle de silhouettes dramatiques, représentant une idée, une passion ou un système. Mais le don de créer des types, des êtres vivants qui se détachent sur le fond commun de l'humanité, ce don supérieur du génie lui a manqué.

Maintenant, pourquoi ces pièces, qui ont tant ému la foule, sont-elles si complètement délaissées aujourd'hui ? C'est qu'elles répondaient aux idées, aux émotions, aux goûts du temps. C'est par là qu'elles sont encore pour l'histoire de la littérature des pages curieuses[1] ; mais elles ne disent plus rien au public.

---

1. On s'expose parfois à mal comprendre et à mal juger certaines œuvres et certains succès de théâtre, quand on les isole de l'époque qui les a vus naître. La jouissance esthétique, si pure, si noble qu'elle soit, n'est pas le seul objet de l'histoire littéraire

Nos sympathies et nos préoccupations se sont portées d'un autre côté : l'intérêt a disparu. D'ailleurs le jeu du drame bourgeois, encore nouveau à l'époque de La Chaussée, s'est bien perfectionné depuis. Les dramaturges comme les machinistes ont multiplié les ressorts et les effets d'un art dans l'enfance alors.

En outre, les œuvres de La Chaussée n'ont pas çe qui recommande le *Glorieux*, la *Métromanie*, le *Méchant*, aux lecteurs de cabinet : le mérite de la forme. Fontenelle disait à Destouches, en le recevant à l'Académie : « Vos pièces se lisent, et cette louange si simple n'est cependant pas fort commune ». On pouvait dire à La Chaussée : « Vos pièces se jouent, et c'est leur plus beau titre ». Pourtant La Chaussée est un lettré qui a le souci de la langue, de la syntaxe et de la grammaire. Ce n'est pas un de ces dramaturges incultes et négligés, comme l'avait été jadis Hardy, comme l'ont été de nos jours certains charpentiers de théâtre fort dédaigneux de l'art d'écrire. Son style est assez correct, assez élégant parfois, mais commun, sans relief et sans originalité. Le langage de la comédie va s'affaiblissant, se décolorant. Elle n'a plus cette allure gaillarde et pétulante, ces traits éclatants, ces explosions naïves que nous retrouvions encore chez Regnard, Dancourt, Le Sage et Piron. Plus même de ces vers proverbes que l'on recueille çà et là, comme des médailles éparses, chez Destouches et Gresset. Les vers de La Chaussée, doux et mous, se déroulent avec une fluidité monotone, traînant à leur suite les épithètes de remplissage, les termes impropres, les expressions obscures comme celle-ci :

telle que nous l'entendons. Elle n'en découvre qu'une face, et court risque de laisser dans l'ombre plus d'un côté intéressant.

C'en est fait, pour jamais ma honte est asservie [1].

On aimerait mieux des heurts violents, des soubresauts et des cascades soudaines, excitant la surprise.

La Chaussée, dont on ne joue plus les pièces aujourd'hui, n'en est pas moins le précurseur direct de
quelques-uns de nos auteurs dramatiques contemporains les plus en vogue. C'est à ce titre encore qu'il
peut nous intéresser.

1. *Le Préjugé à la mode*, acte II, scène I.

CHAPITRE XII

LA CHAUSSÉE (SUITE).

I

Le premier essai de La Chaussée au théâtre est entouré d'une certaine solennité. La *Fausse Antipathie*,
comédie en trois actes et en vers, est précédée d'un
prologue et suivie d'une critique également en vers,
comme si le jeune poète éprouvait un plaisir de virtuose à jouer de son instrument. Il est vrai qu'on
peut dire de sa Muse ce que Voltaire disait malignement de celle de Marmontel son ami, *qu'elle jetait un
assez joli coton.*

Le sujet de la pièce est un chapitre de roman tant
soit peu invraisemblable. Deux jeunes époux, unis
malgré eux, en sont venus à se détester sans s'être vus
et sans même s'être regardés le jour de leur noce, en
face de l'autel. Après la cérémonie, le mari a disparu,
et passe pour mort. Telle est la singulière histoire
dont Nérine nous raconte le début, en rappelant comment sa maîtresse Léonore s'est trouvée en quelque
sorte veuve le soir même de son mariage :

> Ce ne fut point l'amour qui la mit en ménage,
> Et jamais on n'en eut un dépit plus mortel.

I fallut obéir et marcher à l'autel :
Mais, en sortant du temple, un jeune téméraire,
A qui, sans le savoir, elle avait trop su plaire,
Furieux de la perdre, attaqua son époux,
L'obligea de se battre et tomba sous ses coups.
Pour dérober sa tête à l'injuste poursuite
D'un ennemi puissant, cet époux prit la fuite.
Léonore aussitôt saisit sa liberté,
Et s'enfuit en secret dans un cloître écarté,
Sous ce nom inconnu qu'elle conserve encore [1].

Le mari et la femme ont tous deux changé de nom, et c'est ainsi qu'ils peuvent se retrouver, et devenir amoureux l'un de l'autre, sans se reconnaitre. Une chaine maudite, celle d'un mariage non consommé, est le seul obstacle à leurs vœux. Mais à la fin tout se découvre, et l'amour renoue les liens que la contrainte avait brisés. Rien de plus enfantin ni de plus romanesque à la fois, et l'on ne comprend guère le double appareil du Prologue et de la Critique, dont l'auteur a cru devoir accompagner sa pièce. Il se rappelait sans doute l'*Amphitryon* de Molière et la *Critique de l'École des Femmes* : il a voulu faire grand du premier coup.

Ce futur rénovateurde la comédie est encore obsédé et rempli des souvenirs de Molière, qu'il affadit et gâte en l'imitant. Le charmant duel de Célimène et d'Arsinoé, dans *le Misanthrope*, se retrouve étrangement amoindri et décoloré dans le dialogue d'Orphise et de Léonore. Orphise, envieuse de la jeunesse et de la beauté de Léonore, lui dit :

Oui, je n'ignore pas qu'une femme, à votre âge,
N'aime guère à jouer un second personnage.
Elle voudrait que tout lui devînt personnel,
Être l'unique but, l'objet perpétuel

1. Acte I, scène i.

> Où tendent tous les cœurs, les yeux et les oreilles
> Plaire à l'exclusion de toutes ses pareilles ;
> N'en reconnaître aucune, et dominer partout.
> A votre âge, Madame, on est fort de ce goût.

A quoi Léonore répond en femme qui connaît son Molière :

> Oui, je sais qu'une femme aime un peu trop à plaire,
> C'est de l'âge où je suis la faiblesse ordinaire.
> Dans l'arrière-saison, on ne fait qu'en changer ;
> Du monde qui nous quitte on cherche à se venger,
> Du plaisir qui nous fuit, des défauts qu'on regrette,
> Auxquels on voudrait être encore bien sujette.
> Alors, par désespoir et par nécessité,
> On se masque ; l'on prend un air d'autorité ;
> On se croit vertueuse en voulant le paraître,
> Tandis qu'au fond du cœur on néglige de l'être.

Combien, hélas ! cette poésie cotonneuse, toute chargée de termes abstraits, est loin de la vive et maligne réponse de Célimène, où chaque mot emporte la pièce :

> En un lieu, l'autre jour, où je faisais visite,
> Je trouvai quelques gens d'un très rare mérite,
> Qui, parlant des vrais soins d'une âme qui vit bien,
> Firent tomber sur vous, Madame, l'entretien.
>
> . . . .
> A quoi bon, disaient-ils, cette mine modeste
> Et ce sage dehors que dément tout le reste ?
> Elle est à bien prier exacte au dernier point ;
> Mais elle bat ses gens, et ne les paye point.
> Dans tous les lieux dévots elle étale un grand zèle ;
> Mais elle met du blanc et veut paraître belle.
> Elle fait des tableaux couvrir les nudités ;
> Mais elle a de l'amour pour les réalités[1].

Quelle distance entre les deux styles ! Il est vrai que Léonore est moins coquette, moins spirituelle et moins méchante que Célimène. Elle ouvre la série des hou-

----

1. *Le Misanthrope*, acte III, scène iv.

nêtes femmes, que La Chaussée se plaît à mettre en
scène. Si elle a été bien légère en rompant trop vite
avec un époux qu'elle ne connaissait point et qu'elle
n'a pas cherché à revoir, elle subira du moins les con-
séquences de sa triste position : elle renonce à l'idée de
contracter un nouvel hymen. Quand Damon, son
amant, qui se trouve être son mari, l'engage à faire
casser par jugement la malheureuse union contractée
malgré elle, Léonore lui répond avec un sentiment
de pudeur, qui est déjà une leçon adressée par
La Chaussée aux dames de son temps et du nôtre :

> Non, je n'ai point assez d'audace ni de force
> Pour aller mendier un malheureux divorce.
>
> . . . .
>
> Sur l'espoir d'un succès toujours déshonorant,
> Je ne risquerai point d'être tympanisée ;
> Le plus grand des malheurs est d'être méprisée.
> Hé quoi ! sur un prétexte absurde et mendié,
> Aller de porte en porte implorer la pitié,
> Y faire de sa vie un journal équivoque
> Que personne ne croit, et dont chacun se moque ;
> Suborner des témoins, gagner des partisans ;
> Remplir les tribunaux de ses cris indécents ;
> Y faire débiter des plaintes infidèles ;
> Inonder le public d'injurieux libelles ;
> Ébruiter des malheurs qu'on pouvait empêcher,
> Ou qu'au moins la raison devait faire cacher :
> Je ne puis seulement soutenir cette idée [1].

La morale accommodante et tant soit peu relâchée
de l'oncle Géronte contraste avec cette fierté d'un
cœur qui s'immole au devoir et au respect de son
nom :

> Pourquoi s'abandonner au torrent des scrupules ?
> De trop grands sentiments sont souvent ridicules [2].

1. Acte III, scène IV.
2. Acte III, scène VI.

Géronte est un de ces vieillards dont la conscience et la délicatesse semblent s'être usées au contact des hommes, par une longue expérience de la vie, et qui finissent par ne plus rien estimer. Aussi sa femme, l'irascible Orphise, lui décoche-t-elle, en passant, ce trait assez inoffensif :

> Le mépris pour le sexe est un air qu'on se donne,
> Qui n'est en vérité convenable à personne [1].

Franchement, il n'y a dans cette pièce ni grand intérêt, ni grande vraisemblance, ni étude sérieuse des caractères et des passions : mais déjà une intention marquée de moraliser, de prêcher, à l'adresse des parents qui marient leurs enfants malgré eux, et des époux qui se séparent trop légèrement. Le dernier cri de Léonore en retrouvant Sainflore sous le nom de Damon, est un hommage rendu à l'amour honnête et à la vertu justement récompensée :

> O sort trop fortuné ! c'est mon époux que j'aime !

Elle avait bien peur d'en aimer un autre. Aimer son mari est une chose si naturelle, et pourtant si rare alors ! C'est juste la contre-partie de la scène plaisante où Cléanthis et Strabon se rencontrent dans le *Démocrite* de Regnard :

> Je ressentais pour lui les transports les plus doux ;
> Hélas ! qu'allais-je faire ? Il était mon époux.

Voilà l'ancienne tradition comique : celle de La Chaussée est la nouvelle, moins amusante, mais plus morale. Peut-être avait-il déjà le pressentiment des

---

1. Acte III, scène II.

objections et des railleries qui l'attendaient sur ce chapitre, lorsque dans son Prologue il fait discuter *le Bon Sens* et *la Folie*. Le Bon Sens tel qu'il le comprend n'est plus ce personnage rébarbatif, ombrageux, qui cherche noise aux moindres écarts de l'imagination. Il est ami de la tolérance et proteste contre les dédains outrés du censeur :

> En faveur des beautés, je fais grâce aux défauts :
> Trop de délicatesse est souvent indiscrète.
> Un dégoût général désigne un esprit faux [1].

La Critique placée à la suite de la pièce annonce le procès qui va bientôt s'engager sur le mélange des genres :

> Le débat d'aujourd'hui vient d'une comédie
> Que l'on nomme, je crois, la *Fausse Antipathie*.
> Thalie et Melpomène en la désavouant
> S'imputent toutes deux cet équivoque enfant [2].

Dès son premier essai, La Chaussée se vit accusé de bâtardise dramatique. Il accepte ce reproche, et semble vouloir le braver d'une façon plus éclatante encore dans le *Préjugé à la mode*, où les rôles sérieux de Durval et de Constance offrent un contraste si complet avec les types grotesques et forcés des deux marquis, Clitandre et Damis, et avec le comique outré du vieil Argant.

II

Le *Préjugé à la mode* (1735) est, comme le *Philosophe marié* de Destouches, un plaidoyer en faveur du lien

1. Prologue, scène iv.
2. Acte I.

conjugal, singulièrement relâché alors et compromis depuis longtemps par les théories des *précieuses*, qui le dédaignent, et des *libertins*, qui s'en moquent. Molière un jour, il est vrai, avait pris la défense du mariage au nom du bon sens et de la nature par la bouche de Gorgibus et d'Henriette; mais l'exemple de Georges Dandin et d'Amphitryon n'offrait rien de rassurant. Les maris de la Régence n'étaient guère propres non plus à le remettre en crédit. Voltaire, bien qu'il associe volontiers dans le même éloge l'hymen et la nature, en use peu pour lui-même, et se contente de partager avec M. du Châtelet le cœur de sa femme. J.-J. Rousseau, l'éloquent instituteur des mères, n'offre pas davantage, par son exemple ni par celui de son *Emile* marié à *Sophie*, toute la sécurité désirable. Mais la vérité morale est par elle-même si forte qu'elle inspire parfois d'admirables accents à ceux qui ne la mettent point en pratique. Le bien n'en reste pas moins le bien, de quelque bouche qu'il sorte, comme un aveu de la conscience et de la raison.

On a pu se demander comment La Chaussée, neveu d'un riche financier, élevé dans un milieu où ne régnaient ni la naïveté ni les vertus patriarcales, et les cultivant d'ailleurs fort peu lui-même, se trouve amené à tenter cette campagne en faveur du mariage contre le préjugé commun. Chose assez piquante, l'idée lui en fut donnée par une actrice. — Mlle Quinault, la conseillère de Piron dans la *Métromanie*, indique à La Chaussée le sujet du *Préjugé à la mode*, qu'elle avait inutilement proposé à Voltaire. La pièce réussit au delà de toute espérance, et justifie les prévisions de l'heureuse inspiratrice.

« On a donné des marques extraordinaires d'approbation à la nouvelle pièce, écrit l'abbé Prévost : on a ri, on a versé des larmes, on a senti toutes les passions qu'il a plu à l'auteur d'exciter. Le style en a paru aisé, noble, élégant. Il y règne du choix, de la variété, de l'abondance. Il y a des traits d'une éloquence et d'une force admirables. »

Le critique ne fait de réserves que pour le rôle d'Argant, insupportable selon lui, et les deux marquis, personnages insipides.

Geoffroy reprochera plus tard à La Chaussée d'avoir exagéré cette prétendue honte du mari, qui n'ose avouer son amour pour sa femme. Cependant l'auteur l'affirme nettement comme un travers contemporain, lorsqu'il fait dire à Sophie :

> Je remarque aujourd'hui qu'il n'est plus du bon air
> D'aimer une compagne à qui l'on s'associe.
> Cet usage n'est plus que chez la bourgeoisie [1].

Jupiter dit la même chose à Junon dans le *Tirésias* de Piron :

> De l'amour entre des époux de notre condition ! Fi ! des bourgeois même en auraient honte.

Le *Philosophe marié* de Destouches a des raisons plus ou moins sérieuses pour cacher son mariage, comme une faiblesse dont il rougit aux yeux du monde : d'abord sa réputation de célibataire obstiné et ses prédications antérieures contre la servitude conjugale ; l'embarras d'une alliance contractée à l'insu de son père ; enfin l'héritage d'un oncle, qu'il craint de mécontenter. L'influence nécessaire des motifs a fait

______

1. Acte I, scène v.

de ce malheureux philosophe le moins libre des hommes et le plus irrésolu. Durval, le mari honteux du *Préjugé*, n'a point tant de raisons à invoquer. La seule qui lui ait fait oublier si longtemps et qui l'empêche d'aimer ouvertement Constance, c'est qu'elle est sa femme. Passe encore si c'était la femme d'autrui. Dans cette France monarchique, où les rois ont si longtemps conservé l'habitude de préférer leurs maîtresses à leurs épouses légitimes, imposées souvent par la politique, les grands seigneurs ne pouvaient manquer d'en faire autant. Le dur et sombre Louvois lui-même, si peu aimable et si peu aimant, prend pour maîtresse la femme d'un de ses commis. M. Jourdain, du jour où il prétend au titre de gentilhomme, oublie l'amour de l'honnête et loyale Mme Jourdain, pour s'entêter d'une marquise, à laquelle il fait la cour uniquement par vanité. Le duc de Richelieu, le vainqueur de Mahon, plus fameux encore par ses conquêtes galantes que par ses exploits militaires, est le type et le héros de l'infidélité. Sur son modèle s'est formée toute une génération d'étourdis impitoyables, qui, par légèreté, par forfanterie et sous prétexte d'indépendance, prennent à tâche de déchirer le cœur des femmes et de les dégoûter de la vertu [1].

Durval, tout bon qu'il est, a suivi le courant. Le mariage, loin d'être pour lui le port de salut, est devenu le chemin de l'incrédulité et de la perdition. Uni à la plus honnête, à la plus charmante et à la plus généreuse des femmes, il est le seul à ne point s'apercevoir de sa beauté, de sa grâce, de son amour si profond et

---

[1]. « Sur vingt seigneurs de la cour il y en a quinze qui ne vivent pas avec leur femme, et qui ont des maîtresses. Rien même n'est si commun à Paris entre particuliers. » (Journal de Barbier.)

si délicat. Il la croit froide et insensible parce qu'elle gémit et pleure en silence, trop discrète et trop fière pour laisser éclater sa douleur. De part et d'autre, on cache ainsi ce qu'on a au fond du cœur. Durval recule devant les railleries de Clitandre et de Damis l'invitant à rire d'un ami assez sot pour aller demeurer à la campagne avec sa Pénélope :

> Cet homme est possédé du démon conjugal,
> Possédé de sa femme.... Eh ! ris-en donc, Durval [1].

Le même démon sollicite alors l'infortuné Durval, qui s'obstine à ne pas l'avouer. Pour que son amour éclate, il faut que la jalousie s'en mêle, qu'il soupçonne sa femme de trahison et d'infidélité : et, au moment où il prétend la convaincre, il dévoile, à son insu, des lettres écrites par lui à l'une de ses maîtresses et que celle-ci envoyait à Constance pour se venger. Nous avons là un de ces coups de scène où excelle La Chaussée, un imbroglio dénoué de la façon la plus heureuse à l'honneur de la vertu et à la confusion de l'ingrat. Le mari repentant fait son *mea culpa*, et revient bientôt déguisé, portant lui-même cette supplique à sa femme outragée, mais toujours généreuse :

> Chère épouse, il n'est rien que votre époux ne fasse
> Pour tarir à jamais la source de vos pleurs.
> Vous avez rallumé ses premières ardeurs ;
> Trop heureux s'il expire en obtenant sa grâce [2] !

La grâce demandée ne se fait pas attendre, et Durval cette fois, comme le *Philosophe marié* de Destouches, proclame bien haut son amour et sa conversion :

1. Acte II, scène IV.
2. Acte V, scène V.

> Oui, je ne prétends plus que personne l'ignore,
> C'est ma femme en un mot, c'est elle que j'adore.
> Que l'on m'approuve ou non, mon bonheur me suffit.
> Peut-être mon exemple aura plus de crédit.
> On pourra m'imiter. Non, il n'est pas possible
> Qu'un préjugé si faux soit toujours invincible [1].

La morale vaut mieux que les vers; mais on est attendri et l'on pleure, ou du moins on pleurait alors, avec Durval et Constance, sans songer à la faiblesse du style.

Le beau rôle ici, comme dans la plupart des pièces de La Chaussée, appartient aux femmes. C'est d'elles que viennent les fermes conseils, les sages résolutions, les sacrifices généreux, l'héroïsme véritable : témoin Constance et Sophie dans le *Préjugé à la mode*, Hortense dans l'*Ecole des amis*, *Mélanide* et la *Gouvernante*. Les maris et surtout les pères sont moins bien traités : ils se montrent souvent égoïstes, jaloux, libertins, oublieux de leurs femmes et de leurs enfants. Heureusement le bonhomme Argant dans l'*Ecole des mères* et le président de Surville dans la *Gouvernante* viennent les réhabiliter un peu.

Constance est le modèle de l'épouse résignée, se contentant de l'apparence du bonheur aux yeux du monde, alors qu'elle est dédaignée par son mari :

> Le devoir d'une épouse est de paraître heureuse :
> L'éclat ne servirait encor qu'à me trahir ;
> D'un ingrat qui m'est cher je me ferais haïr.
> Du moins, n'ajoutons pas ce supplice à ma peine,
> Son inconstance est moins affreuse que sa haine [2].

Si touchant qu'il soit, ce rôle tout passif finit par tourner à la monotonie. La femme du *Jaloux désabusé*

1. Acte V, scène vi.
2. Acte I, scène ii.

chez Campistron est plus active et contribue, par son esprit, à corriger son mari d'une ridicule passion. Constance ne sait que gémir et souffrir, sans rien tenter d'efficace pour ramener à elle son infidèle époux.

Sa cousine Sophie a plus d'énergie et de volonté. Elle représente la protestation féminine contre l'égoïsme des maris :

> Quoi ! parce qu'un perfide aura le nom d'époux,
> Il pourra me porter les plus sensibles coups !
> Violer tous les jours le serment qui nous lie,
> M'ôter impunément le bonheur de ma vie,
> Sans qu'il me soit permis de réclamer des droits
> Qui devraient être égaux.... Mais ils ont fait les lois [1].

Ces droits de la femme, revendiqués de nos jours avec tant de passion et de fracas, commencent à se produire ici sous une forme timide encore.

La comédie devient une thèse. On ne songe plus guère à rire : on discute, on déclame. Sophie s'indigne en songeant que

> L'hymen n'acquitte plus les dettes de l'amour.

C'est une banqueroute des maris envers les femmes innocentes et sacrifiées. Les malheurs de Constance ont pour effet de dégoûter sa cousine du mariage, et de la rendre insensible aux tendres et loyales déclarations de l'honnête Damon.

Damon est le sage de la pièce, l'homme de cœur qui proteste contre les rires sceptiques des marquis, et qui mène Durval aux pieds de Constance,

> Épouse infortunée autant que vertueuse,

1. Acte I, scène v.

comme il l'appelle. Quant aux railleurs, ils en sont pour leurs mauvaises plaisanteries et leur étonnement.

Le vieil Argant n'y comprend plus rien :

> Comment diable ! la scène a bien changé de face.
> Ah ! ah ! mon gendre en conte à sa femme..., il l'embrasse !
> Mais est-ce tout de bon [1] ?

Singulière idée d'avoir prêté de telles paroles au père de la vertueuse Constance ! Ce type de vieillard impudique et impudent se trouve déjà chez Destouches, où il ne nous a pas moins surpris. Dans le premier moment, au lieu de consoler sa fille, il trouve la conduite de son gendre toute naturelle :

> Durval est à peu près ce que je fus jadis.

Et il rappelle à Constance qu'il a peut-être mérité les mêmes reproches de sa défunte épouse :

> Elle ne savait pas, ni vous non plus, Madame,
> Que, sans amour, on peut très bien aimer sa femme.

Après de pareils exemples il s'étonne encore de voir sa nièce Sophie hésiter à se marier avec Damon :

> Cette aversion folle et ces airs de mépris
> Qu'elle a pour l'hyménée, où les a-t-elle pris ?

Décidément le vieil Argant n'a pas plus de cervelle que de cœur, et cesse de nous amuser. Passe encore pour les deux marquis évaporés, taillés sur le modèle de ceux du *Misanthrope*, auxquels ils restent bien infé-

---

1. Acte V, scène VI.

rieurs : esprits forts et mauvais plaisants, plus insipides que divertissants, ils se chatouillent pour rire et
nous faire rire, sans y arriver, avec des pointes telles
que :

> Si la même maîtresse est l'objet de nos vœux,
> L'embarras de choisir la rendra trop perplexe;
> Ma foi, marquis, il faut avoir pitié du sexe[1].

III

L'*Ecole des amis* et l'*Ecole des mères* rappellent par
leur titre seul le caractère dogmatique et sentencieux
que La Chaussée donne volontiers à son théâtre. Par
là il se rattache aux auteurs de nos anciennes moralités.

Malgré le succès de larmes dont parle Riccoboni,
l'*Ecole des amis* (1737) ne semble pas avoir obtenu le
même accueil que le *Préjugé à la mode*. Il n'y a plus
là qu'un lieu commun de sentiments, et non l'attrait
d'une histoire contemporaine ou d'une thèse qui peut
sembler paradoxale. Pourtant d'Alembert a cru devoir en citer deux vers dans son éloge de La Chaussée. L'un appartient au genre de la comédie héroïque,
quand Monrose, vertueux et calomnié, abandonné
par ses amis, s'écrie avec découragement :

> Qu'est-ce qu'un scélérat a de plus à souffrir?

Hortense, la femme au cœur stoïque, lui répond :

> Le remords[2].

1. Acte III, scène v.
2. Acte V, scène iv.

Mot que d'Alembert ne craint pas de comparer au « *qu'il mourût !* » de Corneille.

L'autre vers est un trait comique assez franc et assez rare chez La Chaussée. Aramont dit à Monrose qui parle de payer ses créanciers :

Ne va pas, en payant, nous gâter ces gens-là[1] !

réflexion vraie du temps où les grands seigneurs se dispensaient de payer leurs dettes.

L'*École des mères*[2] est, comme le *Préjugé à la mode*, une thèse morale et sociale, une leçon à l'adresse des mères vaniteuses et faibles qui s'adorent elles-mêmes dans leurs fils, rêvent pour eux les plus magnifiques destinées, et les y préparent en faisant de ces idoles des petits fats impertinents, présomptueux, égoïstes, quand elles n'en font pas d'effrontés libertins par-dessus le marché. Qu'on se figure un chapitre d'éducation, un sermon pédagogique transporté sur le théâtre et mis en action, à une époque où la constitution de la famille va devenir, comme tout le reste, un sujet de controverse.

Là se trouvent posées, non résolues encore, mais effleurées, un certain nombre de questions qui seront bientôt reprises par les réformateurs et les moralistes du dix-huitième siècle, sur l'usage du couvent où l'on précipite ses filles pour s'en débarrasser, sur le droit d'aînesse, sur le partage inégal des affections et des biens entre les enfants d'une même famille :

Mme ARGANT.
Nous avons deux enfants, mais l'usage m'absout
Si j'en laisse un des deux au fond d'une clôture.

1. Acte II, scène IX.
2. 1744.

M. ARGANT.

L'égalité, Madame, est la loi de nature.
Il n'en faut avoir qu'un, quand on veut qu'il ait tout [1].

La pièce se termine par cette leçon :

En aimant ses enfants, c'est soi-même qu'on aime ;
Mais, pour jouir d'un sort parfaitement heureux,
   Il faut s'en faire aimer de même.
Comptez qu'on ne parvient à ce bonheur suprême
Qu'en partageant son âme également entre eux [2].

La Chaussée n'approfondit jamais beaucoup ni les idées ni les caractères. Mais enfin il touche ici à des questions capitales qui sollicitent le cœur et la raison de tous, et qui fourniront plus d'un article aux futurs cahiers de 89. C'est par là que son théâtre offre un intérêt historique et contemporain.

Au point de vue littéraire, la pièce, du genre moyen et tempéré, sans comique ni pathétique bien entraînant, nous offre un mélange de romanesque invraisemblable et de réalités vulgaires. L'auteur a cru devoir employer les vers inégaux et les rimes entrelacées, sans doute pour échapper à la monotonie et à la solennité de l'alexandrin, plutôt fait, ce semble, pour la tragédie. Il avait l'exemple de Molière dans l'*Amphitryon*; c'est là évidemment ce qui l'a séduit et trompé. *Amphitryon*, pièce féerique par un côté, sortant du cadre et du monde ordinaire, devait s'accommoder d'un style et d'un mètre à part. Jamais Molière n'eût employé cette forme pour écrire le *Tartufe* ou le *Misanthrope*. Entrant dans le domaine de la fantaisie et associant à la comédie humaine une grande farce

1. Acte III, scène III.
2. Acte V, scène x.

mythologique, il a fait un peu comme Shakespeare dans la *Tempête* et dans le *Songe d'une nuit d'été* : il a choisi cette allure capricieuse, ondoyante et accidentée, pleine de soubresauts et de surprises, que La Fontaine prête avec tant de charme au conte, à la fable, et Quinault à l'opéra. Mais tous ces écrivains sont des maîtres dans le genre dont nous parlons : la variété du rythme ajoute chez eux à l'éclat et au piquant de la pensée. Il n'en est pas de même chez La Chaussée : son style, n'étant plus soutenu par les lisières de l'alexandrin, s'égare et trébuche à chaque pas ; les rimes se croisent si bien à distance qu'elles finissent par ne plus se rencontrer, le vers se disloque et se noie dans la prose, tant le rythme et l'élan poétique ont disparu.

Ce qui manque le plus au style comme aux idées, comme aux personnages de La Chaussée, c'est le relief, le cachet, l'individualité. A quel monde, à quelle classe appartiennent M. et Mme Argant? à la bourgeoisie ou à la noblesse? on ne le sait pas au juste. Les personnages de Molière, de Dancourt, de Le Sage, ont leur physionomie et leur langage bien déterminés. M. Jourdain, Chrysale, Dorante, don Juan, Mme Patin, M. Turcaret, ne nous laissent aucun doute sur leur origine. Ils l'ont pour ainsi dire marquée au front. Pour M. et Mme Argant, ils semblent appartenir à une espèce neutre, peut-être à cette classe de bourgeois parvenus qui s'introduisent sans bruit dans les rangs de la noblesse. La vanité nobiliaire est représentée par Mme Argant et M. son fils, le Marquis, ainsi nommé pour sa fière allure, son luxe, sa dépense, et dans l'attente du marquisat que doit lui acheter son père. Mme Argant est le type de la mère faible et

déraisonnable qui se fait la complaisante de tous les
caprices et de toutes les vanités de son fils :

> Votre mère ne veut être que votre amie[1].

C'est là un système fort préconisé de nos jours par
des écrivains séduisants et des moralistes à l'eau de
rose. Nous avouerons franchement que nous ne par-
tageons pas ces illusions libérales. Nous voulons
qu'une mère reste mère, c'est un assez beau titre :
celui d'amie n'y ajoute rien, tout au contraire. Nous
voulons de même qu'un père soit père, et non le confident ou le camarade de son fils. Que chacun garde
sa place et son rang ; on s'en aime, et surtout on s'en
respecte davantage. Voltaire dit quelque part : « Il ne
faut pas transporter les bornes des genres ». Nous di-
rons bien plus encore : Ne déplaçons pas, ne trans-
posons pas les rôles dans la famille : nous en ferions
une Babel ou une pétaudière. Le bambin qui adresse
des remontrances à son père nous semble inconve-
nant ; et le père qui est de moitié dans les fredaines
de son fils nous paraît un étourdi ou un benêt.

D'ailleurs, cette Mme Argant, si tendre pour son fils,
est une mère dénaturée pour sa fille, qu'elle a jetée dès
l'âge le plus tendre dans un couvent où elle prétend
la laisser, afin de permettre à son Benjamin de devenir
l'unique héritier de la famille, de faire figure dans le
monde et de contracter un brillant mariage,... qui ne
se fera pas. Vaniteuse, coquette, crédule, aimant à
être flattée et trompée, nageant dans une perpétuelle
illusion, et n'ayant d'aigreur que pour son mari, elle
se trouve à la fin cruellement désenchantée et punie

1. Acte II, scène III.

de ses faiblesses pour un fils indigne, qui s'est joué de son affection. Elle est trop heureuse alors de retrouver pour consolation le cœur d'une fille si longtemps oubliée. Extrême dans sa haine comme dans son amour, elle veut déshériter l'ingrat au profit de Marianne, qu'elle présente ainsi :

> Monsieur, voici ma fille et ma seule héritière[1].

M. Argant est un esprit mieux équilibré, un cousin du bonhomme Chrysale, doué de sens et même de cœur, mais n'osant avoir raison dans son ménage. Bien qu'il s'avoue gentilhomme, le bourgeois domine en lui. Revenu d'un long voyage, durant lequel sa femme et son fils ont pu se livrer à toutes les extravagances, il s'étonne de trouver à la porte un suisse à la barbe retroussée, qui lui barre le passage et lui demande son nom, comme s'il était inconnu dans sa propre maison. Sa surprise redouble quand il voit son fils l'aborder en lui disant *Monsieur* :

> ......Déjà deux ou trois fois
> Ce titre de *Monsieur* a choqué mon oreille :
> Vous ne vous serviez pas d'épithète pareille.
> Le nom de *père* est-il devenu trop bourgeois
> Pour pouvoir à présent sortir de votre bouche ?

L'étiquette et le bon ton l'avaient ainsi décidé, au dix-septième siècle, dans les familles aristocratiques. Mme de Sévigné se plaint que sa petite-fille en lui écrivant l'appelle *Madame* : le mot lui paraît bien sec et bien froid ; elle eût préféré celui de *grand'maman*. Peut-être sommes-nous tombés aujourd'hui dans l'abus contraire ; mais l'excès de tendresse vaut toujours

____

1. Acte V, scène x.

mieux que cette froideur glaciale et solennelle dont s'enveloppaient les affections de famille. La grande école du respect au dix-septième siècle a bien aussi sa part de convention, et substitue souvent l'apparence à la réalité. Le Marquis a beau appeler sa mère *Madame*, il se moque d'elle et la trompe effrontément. Le rôle du père a le tort de n'être ici ni comique ni attendrissant, mais d'une honnête médiocrité, n'ayant le courage ni de son bon sens ni de son bon cœur, cherchant à concilier ses devoirs de père avec ses faiblesses d'époux complaisant et timoré. Honteux d'avoir abandonné sa fille dans un jour de détresse, il a voulu réparer sa faute ; mais, par crainte de sa femme, il n'ose la faire rentrer ouvertement dans la maison, et l'introduit sous le titre de nièce auprès de sa véritable mère, qu'elle ne connaît point et qui ne la connaît pas non plus, car la jeune fille, censée orpheline, n'a jamais vu ses parents.

Imbroglio bizarre, qui amène deux scènes de reconnaissance destinées à faire couler des larmes.

Le petit monsieur auquel on sacrifie si aisément une sœur innocente, est le plus sot, le plus mesquin et le plus chétif des marquis de comédie, un avorton, un diminutif du genre, un de ces beaux fils sans esprit, sans cœur, sans principes, qui se font gloire d'être de petits scélérats.

Quand Doligni fils lui dit à propos de Marianne, qu'il croit être seulement sa cousine :

> Comment ! vous ne feriez semblant de l'adorer
> Que pour le seul plaisir de la déshonorer,
>   Et d'en rire après son naufrage ?
>
> . . . .
>
> Eh ! que devient la probité ?

le jeune marquis répond d'un air dégagé :

> Elle n'est point requise en ces sortes d'affaires.
> L'usage et la nature, en faveur des plaisirs,
> En ont toujours banni jusqu'au moindre scrupule :
> Il s'agit d'arriver au but de ses désirs;
> La morale y jouerait un rôle ridicule [1].

Hypocrite et mielleux avec sa mère, dont il flatte la vanité, en lui imposant tous ses caprices; égoïste, qui voit sans peine dépouiller sa sœur à son profit, et se déclare incompétent dans la question; don Juan manqué, prétendant mener de front un mariage honorable et un enlèvement clandestin, et se laissant prendre au traquenard comme un niais; à la fin, honni, répudié, maudit par cette mère qui l'a si follement gâté, et n'obtenant sa grâce que par le secours de cette sœur dont il s'inquiétait si peu.

Marianne est le seul caractère vraiment noble, touchant, généreux de la famille. Placée comme nièce auprès de celle qui lui a donné le jour, elle finit par gagner, à force de prévenances et de dévouement, ce cœur qui lui semblait fermé pour jamais. Il y a là une véritable conquête morale, où la nature reprend ses droits. La mère reconnaît enfin sa fille :

> Seriez-vous...? Plût au ciel ! Dites-moi qui vous êtes.
> Ma nièce..... Si j'en crois des transports pleins d'appas,
> Vous devez m'être bien plus chère [2].

Quand Mme Argant annonce l'intention de déshériter son fils, Marianne refuse l'avantage qu'on veut lui faire, et arrache le pardon du coupable.

Les deux Doligni père et fils ne sont placés là qu'à

1. Acte I, scène v.
2. Acte V, scène ix.

titre de comparses, l'un pour fournir à Mme Argant un compère, l'autre à Marianne un amoureux et un mari. De tout cela sort un drame bourgeois médiocre, plein de réflexions sensées, de maximes édifiantes, de critiques tempérées sur les mœurs contemporaines, sur la frivolité de la jeunesse dorée et libertine d'alors, sur l'abus de ce qu'on appelle l'esprit :

> Pour moi, mon avis est, dût-il paraître étrange,
> Que ces petits Messieurs, qui sont si florissants,
> Feraient un marché d'or, s'ils donnaient en échange
> Tout ce qu'ils ont d'esprit pour un peu de bon sens [1].

Le bon sens, cette chose dont tout le monde se croit suffisamment pourvu, semble ici le plus cher objet des vœux de La Chaussée. Par là du moins il est resté fidèle à la tradition de Molière, le maître souverain du bon sens. Mais la veine comique est singulièrement tarie : le valet La Fleur et la servante Rosette ne peuvent suffire à la raviver.

IV

Le mélange du rire et des larmes était resté le grand obstacle, la pierre d'achoppement pour La Chaussée : autant les unes paraissaient touchantes et nouvelles, autant l'autre semblait pénible et forcé. Un jour enfin, l'auteur osa se livrer au pathétique seul, et risqua la comédie sans comique dans *Mélanide* (1741), et plus tard dans la *Gouvernante* (1747). Ces deux pièces appartiennent au genre larmoyant pur, sans la moindre étincelle de gaîté. On pleure au début, on pleure au milieu, on pleure à la fin : jamais succès de mouchoirs

—————

1. Acte III, scène III.

ne fut plus complet. L'une est un roman aussi plein d'invraisemblance que d'intérêt ; l'autre une histoire réelle transportée sur la scène et métamorphosée en drame.

Mélanide est, comme Constance et plus qu'elle encore, le type de la femme sacrifiée et couronnée de l'auréole du martyre. L'épouse et la mère ont été cruellement éprouvées en elle. Unie en secret au marquis d'Ormancé, malgré l'opposition des deux familles, elle a vu son mariage brisé par un jugement. Depuis dix-huit ans, séparée du mari qu'elle aimait, elle élève en secret, comme son neveu, un fils auquel elle a cru devoir cacher son origine. Ces éducations mystérieuses, ces naissances occultes qui donnent lieu plus tard à des scènes de reconnaissance, sont un procédé dramatique dont La Chaussée a usé déjà dans l'*Ecole des mères*, et auquel il reviendra dans la *Gouvernante*. Les auteurs, comme les machinistes, ont ainsi des trucs qui leur sont familiers.

Par la plus étrange des fatalités, assez difficile à comprendre, il faut l'avouer, le marquis d'Ormancé, qui a changé son nom en celui d'Orvigny, n'a pu retrouver ni sa femme ni son fils, dont il ignore la destinée. Pour se consoler de son long deuil, il s'apprête à épouser la jeune Rosalie, fille de Dorisée, l'amie charitable qui a recueilli chez elle Mélanide. Mais le fils de cette dernière, le jeune et ardent Darviane, prétend aussi à la main et possède déjà le cœur de la jeune fille, malgré les sages conseils de celle qu'il ignore encore être sa mère :

Laissez, Monsieur, laissez l'amour aux gens heureux.
Hélas ! c'est un plaisir qui n'est fait que pour eux[1].

1. Acte I, scène II.

Darviane n'est pas de cet avis, et trouve sans doute que l'amour est du moins une consolation.

Un moment, le marquis, inflammable malgré son âge, tout entier à sa nouvelle passion, va devenir, sans le savoir, le rival de son fils, comme Harpagon dans Molière, mais avec un caractère tout différent. Les deux rivaux sont sur le point de croiser le fer, quand....

> D'un secret tout à coup la vérité connue
> Change tout, donne à tout une face imprévue [1].

Mélanide retrouve son mari ; le marquis, sa femme et son fils ; et Darviane, le jeune amoureux, épouse enfin Rosalie. La pièce finit au milieu d'un attendrissement général.

Il est impossible d'imaginer un imbroglio plus invraisemblable, plus impossible et plus touchant néanmoins. Nous trouvons là des situations dramatiques, des coups de scène habilement amenés, et avec tout cela pas un vers à citer, rien qui reste dans la mémoire. Le rôle de Mélanide, interprété par une actrice pleine de passion et de tendresse comme Mlle Gaussin, enlevait le public. Grandval produisait aussi beaucoup d'effet dans le rôle de l'impétueux Darviane. Nous arrivons à un genre nouveau, celui des pièces où le jeu de l'acteur, la pantomime, en attendant les décors, remportent la meilleure part du succès. Ce sont des comédies faites pour être vues plutôt que pour être lues.

Telle nous semble encore la *Gouvernante*. Le sujet est singulier et tout à la gloire de la magistrature

---

1. Boileau, *Art poétique*, chant III.

française, qui n'a pas toujours été si bien traitée par la satire et la comédie. Témoin les *Chats fourrés* de Rabelais et les *Plaideurs* de Racine.

Un président de cour, un magistrat, qui ne se croit pas infaillible dans ses jugements, qui, non seulement a le courage de reconnaître son erreur, mais l'honnêteté de la réparer à ses frais et dépens, au lieu de penser, comme tant d'autres, que la robe noire ou rouge couvre tout, même l'iniquité : ce magistrat, où s'est-il jamais rencontré? — Au théâtre sans doute, où l'héroïsme est facile. — Eh bien non ! ce n'est plus ici de la fable, mais de l'histoire : c'est un fait réel que La Chaussée a mis en scène. La chose serait même arrivée deux fois : d'abord à Chamillart, si honnête magistrat et si pauvre ministre ; puis à M. de la Faluère, président du parlement de Bretagne. Trompé par un secrétaire infidèle, ce dernier avait fait rendre un arrêt injuste dans un procès dont la perte était désastreuse pour une famille. Bientôt instruit de la vérité, il remboursa de ses deniers, à la partie lésée, la somme objet du litige : et cette somme était considérable. « Il ne fit que son devoir, dit La Harpe : mais quand le devoir coûte un sacrifice, il est vertu. » Peut-être encore est-ce trop peu dire.

Quoique le fond soit réel, l'auteur y mêle une large dose de romanesque. Il se soucie même assez peu de la vraisemblance : ce qu'il lui faut avant tout, c'est un imbroglio où les maximes morales s'allient à l'attrait du pathétique. Là sont, à ses yeux, les éléments du drame. C'est ainsi que nous verrons la ci-devant comtesse d'Arsfleurs, ruinée par un procès malheureux, réduite à se faire la gouvernante de sa propre fille, sans être connue d'elle, ni de la baronne qui a recueilli

Angélique par charité ; puis, le fils du Président tombant amoureux de la jeune fille qu'une erreur de son père a condamnée à la pauvreté. Ou voit d'ici les complications. Jadis, en parlant du *Turcaret* de Le Sage et du *Légataire universel* de Regnard, nous avons fait observer que ces pièces si vives, si gaies, étaient encombrées de malhonnêtes gens égoïstes ou fripons. L'élément essentiel de la comédie, selon Aristote, *la laideur risible*, y domine presque exclusivement. Ici c'est tout le contraire : la vertu règne partout. Elle apparait aimable et tolérante chez le magistrat, impatient de réparer son erreur ; austère et stoïque chez la Gouvernante, qui semble s'être fait du malheur une habitude et de la résignation une loi ; fougueuse, emportée et tant soit peu sauvage chez le jeune Sainville ; docile et modeste chez Angélique ; discrète et délicate chez la Baronne. Tous ces personnages n'ont qu'un défaut, l'excès de leurs qualités. Le Président, à force de vouloir rendre la vertu aimable, finit par l'enrubanner de maximes trop fleuries, en véritable Anacréon de la morale attrayante :

> Heureuse la vertu douce, aimable et liante,
> Dont les ris et les jeux accompagnent les pas.
> La raison même a tort quand elle ne plaît pas [1].

Il n'est impitoyable que pour lui-même, en se reprochant comme un crime une erreur involontaire.

La Gouvernante, après avoir été injustement dépouillée, pousse trop loin le scrupule et le détachement lorsqu'elle refuse la réparation légitime que lui offre son juge mieux éclairé, et sacrifie peut-être trop

---

1. Acte I, scène II.

aisément le bonheur de sa fille Angélique en s'opposant à son mariage avec Sainville. Enfin Sainville, de son côté, est un jeune stoïcien, en théorie du moins, si absolu, si tranchant sur les principes, qu'il en abuse volontiers pour déclamer et faire la leçon, même à son père. Ce qui ne l'empêche pas de songer à enlever Angélique, par désespoir. Toutes les têtes ont une certaine pointe d'exaltation, et toutes les voix une note plus ou moins forcée. On aurait besoin de leur rappeler le précepte d'Horace :

Est modus in rebus.

L'école déclamatoire, qui va régner au théâtre avec Diderot et bientôt dans notre littérature avec J.-J. Rousseau, fait ici son apparition. Deux scènes surtout dans la *Gouvernante*, pleines de nobles sentiments, mais d'une éloquence tendue et guindée, peuvent nous en fournir l'exemple. La première est celle où le Président pose à son fils la question de savoir quelle conduite doit tenir un juge qui, malgré lui, a lésé une famille innocente par suite d'une erreur involontaire. Sainville n'hésite pas :

> ....J'aurais déjà rendu
> A ces infortunés tout ce qu'ils ont perdu.

LE PRÉSIDENT. — Ainsi vous vous seriez exécuté vous-même.
SAINVILLE. — Assurément.
LE PRÉSIDENT. — Fort bien...............

> . . . .
> J'ai pensé comme vous, j'ai fait plus et j'espère
> Que vous y donnerez l'aveu le plus flatteur :
> Vous voyez le coupable et le réparateur.

SAINVILLE. — Vous ?
LE PRÉSIDENT. — Moi-même [1].

1. Acte III, scène IV.

La seconde scène est celle où le Président et la Gouvernante, sans se faire connaître l'un à l'autre, font assaut de générosité, l'un pour restituer, l'autre pour ne point accepter.

LE PRÉSIDENT.

Il compte que l'erreur est un crime en ce cas,
Et qu'il doit l'expier.

LA GOUVERNANTE.

La victime en appelle.
Il a cru bien juger : il est quitte envers elle.

LE PRÉSIDENT.

Mais de son ministère il s'est mal acquitté.

LA GOUVERNANTE.

Dès qu'il n'est point coupable aux yeux de l'équité,
Il ne peut l'être aux yeux de cette infortunée.
Vous ne la vaincrez point, elle est déterminée.
N'en parlons plus. Elle a subi son jugement,
Le ciel même a pris soin du dédommagement[1].

N'ayant pu la fléchir, le Président s'écrie désolé :

Voilà donc ma victime !
C'est moi qui suis la sienne.... O refus douloureux !
Dieux ! qu'elle m'a rendu confus et malheureux !
Que son abaissement l'élève et m'humilie[2] !

Tout cela est fort beau, fort rare, mais enflé, grossi, outré : c'est de l'héroïsme en pure perte. La Chaussée, en passant du réel au romanesque, a trop oublié le précepte de Boileau :

Rien n'est beau que le vrai....

Parlerons-nous du style de la Gouvernante? Pour un vers heureux et naturel comme celui-ci :

Quand tout le monde a tort, tout le monde a raison,

1. Acte III, scène VIII.
2. Acte III, scène IX.

nous en trouverons vingt incolores, prosaïques ou chargés de termes impropres et de métaphores mal assorties.

Faut-il rappeler cette exclamation de Sainville admirant la vertu de son père :

> ..... Ah grands Dieux ! *que ma source m'est chère !*

Et ailleurs :

> Voyez quel est l'*abîme* où vous vous *enchaînez*.

S'enchaîne-t-on dans un *abîme*?

> Ces *nœuds défectueux* toujours infortunés
> Sont un *piège* couvert d'une fausse espérance,
> Un *écueil* invisible aux yeux de l'innocence [1].

Des nœuds défectueux qui sont un *piège* et un *écueil*! O langue de Molière, de Regnard, de Piron, de Gresset même, qu'êtes-vous devenue? C'est ainsi qu'on va écrire et parler sur la scène française ; c'est ainsi qu'on y parle quelquefois encore, pour la plus grande gloire de la dramaturgie triomphante. Et le public n'en applaudit pas moins : l'intérêt dramatique et le jeu des acteurs font passer le jargon.

1. Acte IV, scène I.

CHAPITRE XIII

DIDEROT (1713-1784).

I

Nous avons vu la Comédie larmoyante et le Drame
bourgeois naître, pour ainsi dire, d'instinct chez La
Chaussée. La révolution ou la rénovation, comme on
voudra l'appeler, est de sa part un fait. Elle va devenir un système avec Diderot.

Les révolutions, littéraires ou politiques, ont ainsi
leurs théoriciens, qui se chargent de les préciser, de les
formuler soit en dogmes, soit en décrets. Malherbe et
Robespierre, sur des terrains bien différents, sont ani-
més du même esprit, et joignent le système à l'action.
Diderot est un de ces grands constructeurs de théories, plutôt faits pour concevoir que pour exécuter;
imagination puissante moins encore par ce qu'elle
a produit que par ce qu'elle a rêvé; fécond semeur
d'idées, que d'autres recueilleront et développeront
après lui. Lessing en a formé une bonne part de son
bagage critique et littéraire, en y ajoutant la passion
antifrançaise, l'érudition et l'esprit de controverse

agressive et militante qui remplit toute sa *Dramaturgie de Hambourg*.

La Chaussée, comme nous l'avons dit, n'avait ni la fougue, ni le tempérament d'un novateur ou d'un chef d'école. L'*Épître de Clio* révélait en lui un disciple élevé dans les meilleurs principes de l'orthodoxie littéraire, et respectueux envers les anciens maîtres. Un jour vient où il s'en sépare, mais sans bruit, sans fièvre, sans élan. Il s'est établi dans une sorte de région intermédiaire, gardant toujours un fonds de réserve et de timidité naturelle, qui le tient à l'écart des excès et des grandes passes d'armes de la controverse.

Diderot a des proportions tout autres. Vigoureux fils de la terre, à laquelle il se rattache par toutes ses affections, ses sympathies et ses faiblesses, il apparaît dans la grande arène du dix-huitième siècle, comme un Titan révolté contre le vieil Olympe littéraire, philosophique et religieux. Lui aussi, il a tenté d'entasser Pélion sur Ossa en élevant la gigantesque Babel de l'*Encyclopédie*. Sa tête est un volcan d'où s'échappent en explosions sonores, en jets de flamme mêlés de cendre et de fumée, les théories et les systèmes.

Né en Champagne comme Danton, avec lequel il offre plus d'une analogie, son tempérament fougueux et révolutionnaire, volontiers déclamateur, vient démentir un peu les théories fondées sur l'influence des races et des climats. Il n'a rien, ce semble, qui rappelle la malice naïve et l'innocente placidité des railleurs ou des moutons champenois. On dirait plutôt un fils du Rhône impétueux, ou du pays des volcans et des eaux chaudes, de l'Auvergne ou du Vivarais. Pourtant, s'il faut l'en croire, les girouettes de Langres, sa ville natale, située sur une montagne, comme chacun sait, ressemblaient fort aux têtes des habitants. Les brusques changements de la température, passant en vingt-quatre heures du froid au chaud, du calme à l'orage, du serein au pluvieux, auraient bien pu communiquer aux âmes cette mobilité du climat :

La tête d'un Langrois, dit-il, est sur ses épaules comme un coq d'église au haut d'un clocher : elle n'est jamais fixe dans un point ; et si elle revient à celui qu'elle a quitté, ce n'est pas pour s'y arrêter. Avec une rapidité surprenante dans les mouvements, dans les désirs, dans les projets, dans les fantaisies, dans les idées, ils ont le parler lent. Pour moi, je suis de mon pays ; seulement le séjour de la capitale et l'application assidue m'ont un peu corrigé. Je suis constant dans mes goûts.

Puis, comme pour justifier cette mobilité langroise, il se contredit bientôt lui-même, en disant à propos d'un de ses portraits peint par Michel Van-Loo :

Mes enfants, je vous préviens que ce n'est pas moi. J'avais en une journée cent physionomies diverses, selon la chose dont j'étais affecté : j'étais serein, triste, rêveur, violent, passionné, enthousiaste ; mais je ne fus jamais tel que vous me voyez là !

L'artiste a voulu peindre surtout le penseur, le métaphysicien avec son front large et découvert, portant l'empreinte d'un esprit vaste, lumineux, fécond. En effet, ce qu'il faut surtout au peintre, au sculpteur, c'est un trait saillant dans une physionomie. Comment rendre et fixer le mouvement perpétuel?

Le Titan, le Cyclope (car on lui a donné tous ces noms), se trouve chez Diderot doublé d'un bonhomme; et c'est par cette bonhomie qu'il redevient Champe-

nois, quand les périodes d'enthousiasme et d'exaltation sont passées. Il a même son grain de naïveté
mêlé à la déclamation, comme il sait être à la fois et
fin critique et admirateur passionné. Le président de
Brosses a voulu connaître *cette furieuse tête métaphysique*. Après l'avoir vu : « C'est un gentil garçon, dit-
il, bien doux, bien aimable et grand philosophe, fort
raisonneur, mais faisant des digressions perpétuelles.
Il m'en fit bien vingt-cinq hier depuis neuf heures
qu'il resta dans sa chambre jusqu'à une heure. Oh !
que Buffon est bien plus net que tous ces gens-là ! »
Et pourtant Buffon est un Bourguignon, du pays de
l'éloquence plantureuse et abondante, où les paroles
coulent comme les bons vins. Les digressions en effet
sont un des charmes, et aussi un des écueils du talent
de Diderot. Nul n'a goûté plus que lui l'ivresse ou la
chimère des théories : il l'éprouve sincèrement et la
communique à ses auditeurs et à ses lecteurs. Il pense
et fait penser. « Quatre lignes de cet homme, disait
Mme d'Épinay, me font plus rêver qu'un ouvrage
complet de vos prétendus beaux esprits. » Grimm
écrira de même, à propos de la *Lettre sur les sourds
et muets* : « Il faut avouer qu'il y a plus de génie
dans ce peu de lignes que dans tout le *Traité des sensations* ».

Encyclopédiste de profession et de vocation, Diderot, comme Voltaire, comme tous les hommes qui ont
fortement remué les esprits de leur temps, a le don
de l'universalité. Il s'accuse lui-même de ne s'être ar-
rêté, fixé à rien, et d'avoir touché à tout. Parmi les
objets multiples de son attention vagabonde et dis-
cursive, le théâtre a de bonne heure attiré ses regards
et sa critique. Il y a vu, non sans raison, un puissant

moyen d'action et de propagande philosophique. Or le
tribun et l'apôtre dominent en lui : il a le sens démocratique, et par la conception même du théâtre tel
qu'il le rêve, et par les idées qu'il y exprime. *Le Fils
naturel* et le *Père de famille* sont unedouble attaque
en règle contre les préjugés de la naissance et de la
fortune.

La Chaussée s'adressait surtout à la bonne société,
aux gens du monde mêlé de grands seigneurs et de
bourgeois. Diderot va plus loin. Par delà les académies, les salons, les cafés, les coteries littéraires et
les gazettes, il entrevoit le grand public auquel il
voudrait s'adresser. C'est pour lui qu'il a conçu l'idée
de la Tragédie bourgeoise, d'un art populaire simple
et naïf, aux émotions fortes, à la pantomime expres-
sive, parlant aux yeux comme aux oreilles, relevé par
de hautes leçons de morale et de philanthropie. Cet
idéal, parvient-il à le réaliser? Non. Et pourquoi?
L'abbé Arnaud le lui disait avec quelque raison : « Vous
avez l'inverse du talent dramatique : il doit se trans-
former dans tous les personnages, et vous les trans-
formez tous en vous. » C'était, pour d'autres motifs,
le tort de Dufresny, un esprit d'ailleurs primesautier,
original et universel, comme Diderot.

Avec des facultés supérieures d'imagination et de
sensibilité, Diderot est en somme théoricien, philosophe et orateur plutôt que poète dramatique. Comme
théoricien, il construit volontiers ses pièces de théâtre
d'après un système déterminé. « Ma première et ma
seconde pièce, écrit-il à Mme Riccoboni, forment un
système d'action théâtrale dont il ne s'agit pas de
chicaner un endroit, mais qu'il faut adopter ou rejeter
en entier. » Or le système est ce qu'il y a de plus

contraire à ce genre de création. Comme philosophe, il cède souvent à cette monomanie de la raison raisonnante, qui est une des passions du temps. Il n'épargne ni les maximes édifiantes, ni les digressions sentencieuses, ni la métaphysique du sentiment. Comme orateur, il aime les larges développements, les lieux communs mêlés d'emphase : il attache une grande importance au débit, aux gestes, à la pantomime, à toutes ces parties que la rhétorique ancienne cultivait avec soin. Cicéron n'avait-il pas suivi les leçons des grands acteurs Æsopus et Roscius ? Il existe en effet une parenté naturelle entre l'art dramatique et l'éloquence : cependant il faut prendre garde de les confondre.

Le poète, car il y en a un chez Diderot, se révèle plutôt, mêlé au critique, par les transports d'enthousiasme et d'admiration qui le ravissent en face d'un tableau, d'une statue, d'une belle campagne ou d'une belle œuvre littéraire. Il ne s'exprime point en vers ou s'y montre assez faible ; mais il sait trouver à certaines heures une prose pittoresque, imagée, colorée, dont le drame ou la tragédie bourgeoise ne profite guère, malheureusement, dans son théâtre. Le style de Diderot y est en général commun, emphatique et abstrait.

Les entretiens ou digressions sur ses deux pièces offrent un intérêt supérieur à celui des pièces elles-mêmes.

L'esprit de système, avec toutes ses hardiesses et ses chimères, est ce qui nous attache le plus chez Diderot. On prend plaisir à ces enfantements perpétuels d'un cerveau en ébullition. Le plus amusant de ses romans est peut-être celui de ses théories : nulle part

il n'a montré plus d'imagination. D'ailleurs les deux
éléments se mêlent perpétuellement. Il y songeait dès
sa jeunesse en écrivant les *Bijoux indiscrets*. Là nous
assistons à une conversation entre le sultan du Congo,
sa favorite, un courtisan et un académicien, discutant
sur le caractère, les progrès, les défauts de l'art dramatique et sur les réformes à y introduire. C'est le
premier germe des entretiens et dissertations qui
viendront un jour, à propos du *Fils naturel* et du
Père de famille; ou plutôt ces œuvres ne seront que
l'application du système.

II

Le point de départ est une boutade ou une sortie
vigoureuse de la sultane Mirzoza contre la tyrannie
des règles au nom desquelles on prétend enchaîner
la liberté des poètes et l'admiration des auditeurs.

Je n'entends point les règles, et moins encore les mots savants
dans lesquels on les a conçues. Mais je sais qu'il n'y a que le vrai
qui plaise et qui touche. Je sais encore que la perfection d'un
spectacle consiste dans l'imitation si exacte d'une action, que le
spectateur, trompé sans interruption, s'imagine assister à l'action
même. Or y a-t-il quelque chose qui ressemble à cela dans ces
tragédies que vous nous vantez [1] ?

Et, reprenant ses griefs contre la Tragédie, elle lui
reproche : 1° la complication de l'intrigue, l'encombrement des faits accumulés dans l'espace de vingt-
quatre heures : mariage d'une princesse, perte d'un
prince, conspiration, bataille rangée, etc. Corneille
avait déjà reconnu ce défaut dans sa critique du *Cid*;
2° l'invraisemblance du dialogue tragique.

1. *Les Bijoux indiscrets*, chap. XXXVIII.

L'emphase, l'esprit et le papillotage qui y règnent, sont à mille lieues de la nature. C'est en vain que l'auteur cherche à se dérober; mes yeux percent, et je l'aperçois sans cesse derrière ses personnages : Cinna, Sertorius, Maxime, Émilie, sont à tout moment les *sarbacanes* de Corneille.

Est-ce que Dorval, Lysimond, le Père de famille, Saint-Albin, Germeuil ne seront pas bien davantage encore les sarbacanes de Diderot? N'est-ce pas là précisément ce que lui reproche l'abbé Arnaud?

Mais continuons d'exposer les griefs de la Sultane contre la Tragédie. Les dénouements consacrés, le débit et la démarche des princes et des rois lui semblent ridicules.

En fait de dénouements, il y en a cent mauvais pour un bon. L'un n'est point amené, l'autre est miraculeux. Un auteur est-il embarrassé d'un personnage qu'il traîne de scène en scène pendant cinq actes, il vous le dépêche d'un coup de poignard : tout le monde se met à pleurer, et moi je ris comme une folle. Et puis, a-t-on jamais parlé comme nous déclamons? Les reines et les rois marchent-ils autrement qu'un homme qui marche bien? Ont-ils jamais gesticulé comme des possédés ou des furieux?

Nous verrons tout à l'heure si la pantomime de Diderot, telle qu'il l'indique lui-même dans son Théâtre, telle que la pratique Molé, n'est pas encore plus compliquée, plus fiévreuse et plus grimaçante. La conclusion de ce petit réquisitoire, c'est que le véritable art tragique ou dramatique reste à trouver.

On suppose que nous avons porté la tragédie à un haut degré de perfection, et moi, je tiens presque pour démontré que de tous les genres d'ouvrages de littérature auxquels les Africains se sont appliqués dans ces derniers siècles, c'est le plus imparfait.

Sélim, le conservateur politique et littéraire, s'effraye des hardiesses de la Sultane, et voit le moment où l'Empire va retomber dans la barbarie et le mauvais goût des siècles de Mamurrha et d'Orondado : petite pointe contre les trembleurs, qui s'épouvantent des moindres nouveautés.

Diderot a touché, dès cette première conversation, un certain nombre de points auxquels il reviendra plus tard dans ses *Entretiens* et sa *Correspondance*. Écrivant à Mme Riccoboni, célèbre comme actrice et comme écrivain, il lui dit : « Oubliez vos règles, laissez là le technique : c'est la mort du génie ». Si ennemi qu'il soit des règles et de la contrainte, il ne prétend cependant pas tout bouleverser de fond en comble. Sans partager le fanatisme de Boileau, il croit que le principe des unités a du bon. « Les lois des trois unités sont difficiles à observer, mais elles sont sensées. » Et il en donne la raison : « Dans la société, les affaires ne durent que par de petits incidents, qui donneraient de la vérité à un roman, mais qui ôteraient tout l'intérêt à un ouvrage dramatique... Au théâtre, où l'on ne représente que des instants particuliers de la vie réelle, il faut que nous soyons tout entiers à la même chose [1]. » Comme Racine, il est pour la simplicité d'action : « J'aime mieux qu'une pièce soit simple que chargée d'incidents. » Comme Voltaire, il blâme la confusion des genres : l'exemple de La Chaussée, même celui de Shakespeare, ne suffit point à le justifier, tout au contraire :

Voulez-vous être convaincu du danger qu'il y a à franchir la barrière que la nature a mise entre les genres? portez les choses à l'excès, rapprochez deux genres fort éloignés, tels que la tragédie et le burlesque, et vous verrez alternativement un grave sénateur jouer aux pieds d'une courtisane le rôle du débauché le plus

1. Premier entretien sur le *Fils naturel*.

vil, et des factieux méditer la ruine d'une république [1].... La tragi-comédie ne peut être qu'un mauvais genre, parce qu'on y confond deux genres éloignés et séparés par une barrière naturelle. On n'y passe point par des nuances imperceptibles; on tombe à chaque pas dans les contrastes, et l'unité disparaît [2].

Sur ce point, Diderot reste fidèle au précepte d'Horace :

Denique sit quodvis simplex duntaxat et unum;

non parce que le maître l'a dit, mais parce que la nature le veut ainsi.

Entre la tragédie et la comédie, qui sont à ses yeux les genres extrêmes, il a inventé un genre moyen, qu'il appelle *le genre sérieux*. « Le burlesque et le merveilleux sont, dit-il, également hors de la nature : on n'en peut rien emprunter qui ne gâte.... Pour un homme de goût, il y a la même absurdité dans Castor élevé au rang des dieux et dans le Bourgeois Gentilhomme fait mamamouchi [3]. » Que d'excellentes farces et que de charmants opéras Diderot supprime du même coup !

Revenant à son idée maîtresse du genre sérieux, il le propose aux jeunes auteurs comme exercice préparatoire avant d'arriver à la tragédie ou à la comédie. Il y voit un travail analogue à celui des jeunes artistes qui apprennent à dessiner le nu dans les ateliers, avant de s'élever aux grandes compositions : « Qu'il drape ses figures à son gré, mais qu'on ressente toujours le nu sous la draperie : que celui qui aura fait une longue étude de l'homme dans le genre sérieux

—————

1. « Voyez la *Venise préservée* d'Otway, le *Hamlet* de Shakespeare, et la plupart des pièces du théâtre anglais. » (Note de Diderot.)
2. Troisième entretien.
3. *Ibid.*

chausse, selon son génie, le cothurne ou le socque[1]. »
Le pourra-t-il? Trouvera-t-il chaussure à son pied?
Ne court-il pas risque de rester dans le genre moyen,
sans pouvoir s'élever au delà? Mais qu'importe, s'il
faut en croire les magnifiques promesses de Dorval à
Diderot :

> Faites des comédies dans le genre sérieux, faites des tragé-
> dies domestiques, et soyez sûr qu'il y a des applaudissements et
> une immortalité qui vous sont réservés. Surtout, négligez les
> coups de théâtre : cherchez des tableaux (on reconnaît ici le cri-
> tique *des Salons*, l'admirateur de Greuze, de Vernet, de Van-
> Loo); rapprochez-vous de la vie réelle, et ayez d'abord un espace
> qui permette l'exercice de la pantomime dans toute son éten-
> due [2].

Le retour à la nature et à la vérité, voilà ce qu'il
réclame avant tout. Qu'on en finisse avec les lois de
convention, les faux masques, le faux langage, les faux
costumes, les faux décors, avec tout cet attirail de
mensonge et de pédanterie dont on a chargé notre
théâtre. « Des habits vrais, des discours vrais, une
éloquence simple et naturelle ! La nature, la nature.
On ne lui résiste pas. »

Mais il y a le vrai de convention et le vrai de nature : c'est à ce dernier que revient ou croit revenir
Diderot :

> Qui oserait, parmi nous, étendre de la paille sur la scène, et
> y exposer un enfant nouveau-né? Si le poète y plaçait un berceau,
> quelque étourdi du parterre ne manquerait pas de contrefaire les
> cris de l'enfant; les loges et l'amphithéâtre de rire, et la pièce de
> tomber. O peuple plaisant et léger ! quelles bornes vous donnez à
> l'art! Quelle contrainte vous imposez à vos artistes!... Térence a
> exposé l'enfant nouveau-né sur la scène [3]. Il a fait plus : il a fait

1. Troisième entretien.
2. *Ibid.*
3. *L'Andrienne*, acte IV, scène v.

entendre, du dedans de la maison, la plainte de la femme dans les douleurs qui le mettent au monde [1]. *Cela est beau*, et cela ne nous plairait pas [2]. »

Le grand tort de Diderot est de confondre la nature avec la réalité, de croire que la copie exacte d'une action est le comble de l'art. Il oublie qu'il y a dans l'art dramatique, comme dans tout autre, une part nécessaire d'idéal. En croyant être exact, il lui arrivera d'être plat et vulgaire, quand il ne sera pas déclamateur. Le prosaïsme est l'écueil où il se heurte à chaque pas, avec toute sa fougue et son imagination.

Son grand mérite, du moins, est d'avoir inspiré des œuvres remarquables, comme le *Philosophe sans le savoir* de Sedaine, comme l'*Emilia Galotti* et la *Minna* de Lessing. Il a conçu l'idéal du drame bourgeois, sans pouvoir le réaliser lui-même. D'autres plus heureux ont profité de ses observations et de ses conseils.

Appliquant à l'art dramatique cette universalité qui est un des traits de son génie, il embrasse dans son examen toutes les parties du théâtre depuis la conception et le plan de la pièce jusqu'à la mise en scène, en nous parlant tour à tour du dialogue, des incidents, de la division en actes, de la succession des scènes, des entr'actes, du ton, des mœurs, des caractères, de la décoration, des vêtements, de la pantomime, et même des auteurs et des critiques. Diderot, dans ses théories, a toutes les minuties du praticien, bien qu'il soit médiocre exécutant.

Parmi les innovations qu'il se flatte d'introduire au théâtre, il en est une surtout capitale, selon lui, celle

1. L'*Hecyre*, acte III, scène I.
2. *De la poésie dramatique*, chap. XVIII.

qui consiste à substituer les conditions aux caractères [1]. Il veut qu'on joue l'homme de lettres, le
philosophe, le commerçant, le juge, le saint, le politique, le citoyen, le magistrat, le financier, le grand
seigneur, l'intendant, etc. Ajoutez à cela toutes les
relations intimes : le père, l'époux, la sœur, les frères.
« Le père de famille ! quel sujet dans un siècle tel
que le nôtre, où il ne paraît pas qu'on ait la moindre
idée de ce que c'est qu'un père de famille [2] ! »

Les conditions offrent, à ses yeux, cet avantage qu'il
s'en forme sans cesse de nouvelles, et que l'art
y trouve une source perpétuelle de rajeunissement.
Diderot ne se fait-il pas illusion ici ? Les *conditions*,
étant toujours quelque chose de vague, de général et
de collectif, auront-elles ce don précieux de l'individualité que donne le caractère ? Palissot, répondant
à Diderot sur le prétendu épuisement des caractères
déjà décrits par les grands maîtres du XVIIe siècle, lui
rappelle que Molière voyait encore devant lui bien
des types nouveaux, et croyait n'avoir traité que la
moindre partie de ceux qu'il avait trouvés. D'ailleurs,
ajoute-t-il avec raison, n'est-on pas forcé de rêver
un caractère même à travers les conditions ?

Si je choisis un de ces sujets, le magistrat par exemple, il faut
bien que je lui donne un caractère ; il sera triste ou gai, grave ou
frivole, affable ou brusque ; et ce sera ce caractère qui en fera un
personnage réel et qui le tirera de la classe des abstractions mé-
taphysiques. Voilà donc le caractère qui redevient la base de l'in-

1. « Ce ne sont plus les caractères qu'il faut mettre sur la scène,
mais les conditions. Jusqu'à présent, dans la comédie, le caractère
a été l'objet principal, et la condition n'a été que l'accessoire. Les
rôles doivent être changés. »
2. Troisième entretien sur le *Fils naturel*.

trigue et de la morale de la pièce, et la condition qui n'est plus que l'accessoire [1].

Entêté de son système, Diderot y revient encore dans son *Traité de la poésie dramatique*, et avance cette autre proposition très contestable : « C'est aux *situations* à décider des *caractères* ». Obligé pourtant de reconnaître l'importance de ces derniers, il veut du moins qu'on lui épargne les effets de contraste, moyen usé au théâtre. « Quand on voit arriver sur la scène un personnage impatient ou bourru, où est le jeune homme échappé du collège, et caché dans un coin du parterre, qui ne se dise à lui-même : « Le « personnage tranquille et doux n'est pas loin ? » Le véritable contraste, c'est celui des caractères avec les situations ; c'est celui des intérêts avec les intérêts. Si vous rendez Alceste amoureux, que ce soit d'une coquette ; Harpagon, d'une fille pauvre.... « Pourquoi a-t-on imaginé de faire contraster un caractère avec un autre ? C'est sans doute afin de rendre l'un des deux plus sortant : mais on n'obtiendra cet effet qu'autant que ces caractères paraîtront ensemble : de là, quelle monotonie pour le dialogue, quelle gêne pour la conduite [2] ! »

Diderot se trompe lorsqu'il ajoute qu'il n'y a point de contraste dans *Britannicus*, point dans *Andromaque*, point dans *Nicomède*, où la générosité est la qualité dominante de tous les personnages. Est-ce que Burrhus et Narcisse, Andromaque et Hermione, Nicomède et Laodice d'un côté, Prusias et Arsinoé de l'autre, n'offrent pas d'éclatants contrastes ? Diderot lui-même, dans le *Père de famille*, n'oppose-t-il pas la

1. Palissot, *Petites lettres sur de grands philosophes*.
2. *De la poésie dramatique*, ch. xiii.

tolérance libérale de M. d'Orbesson à l'orgueil aristocratique du commandeur d'Auvilé? Ne sont-ce pas là
deux caractères comme deux systèmes en présence?

Ses idées sur la décoration et les costumes nous
semblent plus applicables et ont été adoptées depuis.
« Ce qui montre surtout, dit-il, combien nous sommes encore loin du bon goût et de la vérité, c'est la
pauvreté et la fausseté des décorations[1]. » Il y revient dans sa lettre à Mme Riccoboni :

> Vous excusez les vices de notre action théâtrale par celui de
> nos salles. Mais ne vaudrait-il pas mieux reconnaître que nos
> salles sont ridicules; qu'aussi longtemps qu'elles le seront, que le
> théâtre sera embarrassé de spectateurs et que notre décoration
> sera fausse, il faudra que notre action théâtrale soit mauvaise !...
> Nous ne pouvons décorer que le fond, dites-vous, parce que nous
> avons du monde sur le théâtre. — C'est qu'il n'y faut avoir per-
> sonne, et décorer tout le théâtre.

On sait comment le vœu de Diderot fut en partie
réalisé par une libéralité du comte de Lauraguais, qui
débarrassa la scène des spectateurs.

Un autre obstacle à la vérité et à la sincérité de
l'action théâtrale est le luxe des habits. Les acteurs
et les actrices surtout croyaient devoir éblouir le
public par le faste de leur parure, plutôt que de les
toucher par la vérité du costume. Diderot rappelle, à
ce sujet, les folles dépenses auxquelles les comédiens
s'étaient laissé entraîner pour représenter l'*Orphelin
de la Chine.*

> La comédie, dit-il, veut être jouée en déshabillé. Il ne faut
> être sur la scène ni plus apprêté ni plus négligé que chez soi....
> S'il venait jamais en fantaisie d'essayer le *Père de famille* au
> théâtre [2], je crois que ce personnage ne pourrait être vêtu trop

---

1. *De la poésie dramatique*, chap. xix.

2. Il fut imprimé d'abord, et joué seulement trois ans après sa
publication.

simplement. Il ne faudrait à Cécile que le déshabillé d'une fille opulente. J'accorderai, si l'on veut, au Commandeur, un galon d'or uni, avec la canne à bec-de-corbin.... Tout est gâté si Sophie n'est pas en Siamoise (Indienne), et Mme Hébert comme une femme du peuple aux jours de dimanche.

Malgré tout, *les Ouvriers* de M. Eugène Manuel ont été encore, de notre temps, une petite hardiesse au Théâtre-Français. — Diderot fonde l'espoir de cette réforme sur Mlle Clairon, qui a osé se défaire de la robe à paniers, et jouer Zaïre en costume oriental : « O Clairon, s'écrie-t-il, ne souffrez pas que l'usage et le préjugé vous subjuguent. Livrez-vous à votre goût et à votre génie ; montrez-nous la nature et la vérité [1]. »

C'est à ce double titre qu'il attache tant d'importance à la pantomime : l'art du comédien est étroitement uni, selon lui, à l'art du poète dramatique. Pour ceux qui douteraient de sa puissance, il cite l'exemple de Garrick rapporté par M. de Duras. Le grand acteur anglais se trouvait en face d'une société, où il soutenait les effets possibles de la pantomime, même séparée du discours.

« Messieurs, dit-il, je suis le père de cet enfant. » Ensuite il ouvre une fenêtre, il prend son coussin, il le saute et le baise, il le caresse et se met à imiter toute la niaiserie d'un père qui s'amuse avec son enfant. Mais il vint un instant où le coussin, ou plutôt l'enfant, lui échappa des mains et tomba par la fenêtre. Alors Garrick se mit à *pantomimer* le désespoir du père. Demandez à M. de Duras ce qui en arriva. Les spectateurs en conçurent des mouvements de consternation et de frayeur si violents que la plupart se retirèrent [2].

Deburau, si fort admiré de George Sand, a obtenu

1. *De la poésie dramatique*, chap. xx.
2. Lettre à Mme Riccoboni.

de nos jours des succès analogues de rire et de larmes, avec sa face de Pierrot enfarinée.

« Il faut écrire la pantomime, ajoute Diderot, toutes les fois qu'elle fait tableau, qu'elle donne de l'énergie ou de la clarté au discours [1]. » De là, ces indications nombreuses dont il accompagne le texte de ses comédies ; cette recherche de l'émotion par les gestes et les attitudes, la mimique, l'occupe autant que le style, et peut-être davantage.

Diderot fait entrer à forte dose dans la comédie nouvelle le pathétique et la morale. Ce pathétique, il le sent plus encore qu'il ne le fait sentir au public. Par la force de son imagination représentative il se donne à lui-même la comédie dans son cabinet. Il voit agir, marcher, parler ses personnages. De là ses illusions, sa facilité à se créer ainsi des émotions et des triomphes que la scène ne lui procure pas toujours. Tel est ce récit d'une représentation imaginaire du *Fils naturel* qu'il rapporte dans ses *Entretiens*. C'est un débordement, un déluge de pathétique sous lequel le drame est submergé. Non seulement le public, mais les acteurs, vaincus par l'émotion, n'ont pu aller jusqu'au bout. « Dorval pleurait ; Constance et Clairville pleuraient ; Rosalie étouffait ses sanglots, et détournait ses regards. Le vieillard qui représentait Lysimond se troubla, et se mit à pleurer aussi. La douleur, passant des maîtres aux domestiques, devint générale ; et la pièce ne finit pas [2]. » L'auteur ne dit pas si le souffleur pleura également. La chose est probable. Il est vrai que cette représentation dont parle Diderot s'est passée en famille, et que les acteurs étaient en même

1. *De la poésie dramatique*, chap. XXI.
2. Introduction des *Entretiens*.

temps les héros du drame, qui *s'amusaient* à reproduire leur propre histoire : singulier divertissement. Le succès fut moins complet devant le parterre et avec les acteurs de la Comédie-Française.

La morale égale ou surpasse même le pathétique dans les comédies de Diderot. Corneille, Molière, Racine, veulent avant tout procurer un plaisir aux spectateurs. L'école nouvelle a de plus hautes visées. Le théâtre remplace l'Église. Déjà nous avons entendu les *sermons du R. P.* La Chaussée. Si La Chaussée est un prédicateur, Diderot est un pontife solennel et majestueux, officiant sur la scène. La fortune, la naissance, l'éducation, les devoirs des pères envers les enfants, et des enfants envers leurs parents, le mariage, le célibat, tout ce qui tient à l'état d'un père de famille est amené par le dialogue[1]. « Qu'un autre entre dans la carrière, qu'il ait le talent qui me manque, et vous verrez ce que ce drame deviendra. » La comédie sera donc, pour lui, moins encore un divertissement qu'un acte de foi humanitaire et de propagande philanthropique. « Oh! quel bien il en reviendrait aux hommes, si tous les arts d'imitation se proposaient un objet commun et concouraient un jour avec les lois pour nous faire aimer la vertu et haïr le vice[2]! » Il conçoit ainsi l'idée d'un drame moral où l'on discuterait les questions du suicide, de l'honneur, du duel, etc. Il rêve encore un drame philosophique où la *Mort de Socrate* serait mise en action.

---

1. De nos jours il n'eût pas manqué d'y joindre la double question inévitable de l'adultère et du divorce traitée pontificalement.

2. Lessing ne fait que reproduire les idées de Diderot lorsqu'il dit : « Le poète dramatique, quand il descend jusqu'au peuple, doit le faire pour l'instruire, pour le rendre meilleur, et non pour fortifier ses préjugés » (*Dramaturgie de Hambourg*).

et les *Dialogues* de Platon et de Xénophon traduits par la pantomime. C'est la tête pleine de ces projets, plus ou moins chimériques, qu'il a composé le *Fils naturel* et le *Père de famille*.

III

Ces deux pièces nous prouvent une chose, c'est qu'on peut être un homme d'un grand talent, même un homme de génie, et se laisser aller à de singulières méprises; enfanter des ouvrages qui sont des monstres, et s'abandonner d'autant plus à ses hallucinations, qu'on est encouragé, applaudi par des fanatiques qui ont la foi, qui soutiennent moins encore une œuvre qu'un système, une école ou un drapeau. Tel est l'entêtement de Diderot, élevant tout un échafaudage gigantesque de principes et de raisonnements, pour étayer et justifier des drames mort-nés, qui ne résistent pas plus aujourd'hui à la lecture qu'à la représentation. Il n'y a, dit-on, que la foi qui sauve : ici c'est la foi en lui-même et en son système qui l'a perdu.

L'apparition du *Fils naturel* n'en est pas moins une date mémorable dans l'histoire du théâtre au XVIIIe siècle (1757). Grimm, l'ami et l'admirateur de Diderot, y voit la révélation d'un art nouveau.

Ceux qui sont en état de pressentir les révolutions et les événements qu'elles amènent, prétendent que cette pièce fera une révolution sur notre théâtre, et que M. Diderot n'a qu'à continuer à travailler dans ce genre pour être le maître absolu du théâtre. Ma prédiction va plus loin : il ne tient qu'à M. Diderot de faire une révolution salutaire dans les mœurs en ramenant les *conditions* sur la scène, et son *Père de famille* accomplira cette prédiction [1].

1. *Correspondance littéraire*, t. II, p. 167.

Fréron lui-même écrit dans l'*Année littéraire* 1757 :

> Je ne puis vous exprimer avec quelle chaleur le public a reçu le *Fils naturel*. Qu'il vous suffise de savoir que ce drame a fait quelque temps le sujet de toutes les lectures, de toutes les conversations et de presque tous les éloges de Paris.

Diderot avait cependant une certaine conscience du péril quand il bravait volontiers l'épreuve de la lecture sans oser risquer celle de la rampe, à laquelle il ne se décida que quinze ans plus tard, après le succès modéré du *Père de famille*. Les deux effets furent bien différents : autant la pièce considérée comme manifeste avait réussi auprès des lecteurs, autant elle tomba à plat devant le parterre[1]. Grimm essaye d'expliquer cet échec en déclarant qu'elle était trop simple et trop forte pour le public, qui ne la comprit pas, et pour les acteurs, qui l'interprétèrent fort mal, à l'exception de Molé. Quoi qu'il en soit, l'auteur jugea prudent de la retirer après la seconde représentation.

Aujourd'hui, en toute impartialité, nous pouvons avouer que nulle comédie n'est plus ennuyeuse et plus maussade. Le héros de la pièce, Dorval, est, dans son genre, un ancêtre de René. Enfant naturel, il s'est trouvé jeté dans ce monde comme un déclassé. Il raconte son histoire à Constance :

> Combien je suis malheureux, et qu'il y a de temps! Abandonné presque en naissant, entre le désert et la société, quand j'ouvris les yeux afin de reconnaître les liens qui pouvaient m'attacher aux hommes, à peine en trouvai-je des débris. Il y avait trente ans, Madame, que j'errais parmi eux, isolé, inconnu, négligé, sans avoir éprouvé la tendresse de personne... lorsque votre frère vint à moi.

1. Le *Cromwell* de Victor Hugo nous offre le même contraste.

A peine a-t-il goûté le charme de la société, qu'il retourne à la solitude, atteint de misanthropie :

Je hais le commerce des hommes, et je sens que c'est loin de ceux mêmes qui me sont chers que le repos m'attend.

Constance essaye de le ramener à d'autres sentiments :

Vous ! renoncer à la société, j'en appelle à votre cœur : interrogez-le ; et il vous dira que l'homme de bien est dans la société, et qu'il n'y a que le méchant qui soit seul [1].

Contre-partie de la thèse de Rousseau, avec lequel Diderot va se trouver bientôt en discussion à ce sujet. Les problèmes philosophiques sont ainsi jetés au milieu d'une action théâtrale qu'ils interrompent.

Diderot donne à son héros des attitudes de poseur solennel et de *beau ténébreux*. Une note indique la pantomime. « Dorval est resté immobile, la tête baissée, l'air pensif et les bras croisés. » Molière a-t-il jamais songé à rien de pareil pour son Alceste ? Dorval, dans ses moments d'exaltation cérébrale, appelle ses domestiques à son secours : « *Charles ! Justine !* » On dirait un maniaque agitant les cordons de sonnette pour mettre toute la maison en émoi. Et pourtant, c'est un homme sage et vertueux ; mais il a le malheur de tourner la tête à toutes les femmes, qui croient adorer la vertu dans sa personne. Lui-même est pris d'une folle passion pour la maîtresse de son meilleur ami, pour Rosalie, dont il est également aimé. Une lutte terrible s'engage dans sa conscience :

Vertu ! douce et cruelle idée ! chers et barbares devoirs !... Amitié, qui m'enchaînes et me déchires, vous serez obéis. O vertu !

1. Acte IV, scène III.

qu'es-tu, si tu n'exiges aucun sacrifice? Amitié, tu n'es qu'un vain nom, si tu n'imposes aucune loi [1].

Après s'être promis de vaincre sa passion, de marier Rosalie avec Clairville, en leur laissant sa fortune, il s'adresse la parole à lui-même :

Dorval, pourquoi souffres-tu donc? pourquoi suis-je déchiré? O vertu! n'ai-je point encore assez fait pour toi [2]!

Jamais la vertu n'a été plus bavarde et plus fastueuse. Elle s'admire, se contemple et nous entretient de ses triomphes. Il y a là une sorte de boursouflure sentimentale, une exagération de tendresse et de générosité. Après une supercherie magnanime, par laquelle il trouve moyen de faire accepter sa fortune à Rosalie, sans qu'elle le sache, il dépeint ainsi à Constance son état moral :

J'ai reçu du ciel un cœur droit; c'est le seul avantage qu'il ait voulu m'accorder.... Mais ce cœur est flétri,... et je suis, comme vous voyez, sombre et mélancolique. J'ai... de la vertu, mais elle est austère ; des mœurs, mais sauvages,... une âme tendre, mais aigrie par de longues disgrâces [3].

A la fin, il apprend que Rosalie est la fille de Lysimond, sa propre sœur : nouveau point de ressemblance avec le René de Chateaubriand.

Les rôles de femmes ont les mêmes défauts. Constance et Rosalie déclament comme Dorval, et invoquent la vertu, tout en suivant les passions qui les emportent. L'une s'imagine être aimée par Dorval, et lui fait cette déclaration :

1. Acte III, scène ix.
2. Acte III, scène ix.
3. Acte IV, scène iii.

Dorval, je connus tout l'empire que la vertu avait sur vous; et il me parut que je l'en aimais encore davantage. Je me proposai d'entrer dans votre âme avec elle; et je crus n'avoir jamais formé de dessein qui fût si bien selon mon cœur. Qu'une femme est heureuse, me disais-je, lorsque le seul moyen qu'elle ait d'attacher celui qu'elle a distingué, c'est d'ajouter de plus en plus à l'estime qu'elle se doit, et de s'élever sans cesse à ses propres yeux[1]!

Ce n'est point ici seulement la raison, mais la passion raisonnante qui développe ses arguments. Dorval éprouve plus de pitié que d'amour; mais Constance n'en persiste pas moins à se croire adorée. Elle joue, d'une façon solennelle et sérieuse, le rôle si plaisant de Bélise dans les *Femmes savantes.*

Rosalie, de son côté, par un caprice fatal de son cœur, a senti subitement disparaître l'amour qu'elle éprouvait pour Clairville, et naître une passion invincible pour Dorval[2]. Ingrate et infidèle envers son premier amant, elle devient injuste à l'égard de l'homme qui veut l'enrichir et la sauver à son insu :

Justine, que penses-tu de ce Dorval?... Le voilà donc, cet ami si tendre, cet homme si vrai, ce mortel si vertueux. Il n'est, comme les autres, qu'un méchant qui se joue de ce qu'il y a de plus sacré, l'amour, l'amitié, la vertu, la vérité.... Que je plains Constance! Il m'a trompée; il peut bien la tromper aussi.

Et, continuant ses récriminations peu justifiées :

Qu'ils sont méchants, ces hommes, et que nous sommes simples[3]!

Pas tant que cela, quoi qu'en dise la trop exigeante Rosalie. Toutes ces bonnes dames ont un petit volcan

---

1. Acte I, scène iv.
2. Peut-être Diderot, variable comme un Langrois, avait-il senti ces alternatives en passant de Mlle Champin à Mlle Du Puiseux, et de celle-ci à Mlle Volant.
3. Acte IV, scène ii.

læva sub parte mamillæ, comme Diderot l'avait dans sa tête.

Une scène étrange est celle où Constance, songeant à son hymen futur avec Dorval, qui s'y montre encore peu disposé, lui parle des enfants qu'ils auront un jour :

Dorval, vos filles seront honnêtes et décentes; vos fils seront nobles et fiers. Tous vos enfants seront charmants [1].

La mère future en répond d'avance : c'est risquer beaucoup. La pièce se termine, comme toutes les comédies, par un et même par deux mariages : *la vertu* est sauvée, non sans avoir couru les plus grands dangers.

IV

Nous arrivons au second drame de Diderot, à l'œuvre capitale, donnée comme démonstration de ses théories : *le Père de famille*. Très discutée, mais peu jouée en France, où rien ne tient contre l'ennui, elle obtint à l'étranger, et surtout en Allemagne, un grand succès. Lessing l'accueille avec enthousiasme :

Cette excellente pièce, dit-il, qui ne plaît que médiocrement aux Français (du moins c'est à grand'peine qu'on a pu la jouer une fois ou deux sur le théâtre de Paris), se maintiendra, selon toute apparence, longtemps, très longtemps, et pourquoi pas toujours? sur les scènes allemandes, où l'on ne trouve jamais qu'elle soit jouée trop souvent [2].

A coup sûr, nous admettons avec Lessing que *le Père de famille* est supérieur au *Fils naturel*, pour le

1. Acte IV, scène III.
2. *Dramaturgie*, 52ᵉ série.

plan et l'exécution. Le début surtout, comme mise en
scène, ne manque pas d'une certaine ampleur. Mais,
en somme, l'action est trainante, malgré les secousses
et le pathétique dont l'auteur a cru devoir l'accompagner. Les personnages ne laissent pas moins à désirer. D'Orbesson, ce type de père indulgent et raisonnable, tel que l'entend Diderot, est une bonne pâte
d'homme faible et indécis, légèrement déclamateur
comme Dorval, libéral et philosophe, s'élevant au-
dessus des préjugés, philanthrope en théorie et en
pratique ; pardonnant à sa fille d'aimer Germeuil,
un jeune homme sans fortune, comme il l'a jadis
été lui-même ; s'indignant un moment à l'idée que
son fils a voulu séduire une pauvre ouvrière ; fâché
ensuite de voir qu'il songe à l'épouser ; combattant ce
projet comme une folie : puis, après avoir résisté con-
venablement, se laissant fléchir, et prenant la défense
de son fils et de celle qu'il aime contre le terrible
commandeur d'Auvilé. Ce père de famille bonhomme
n'a qu'un défaut, c'est de prêcher sans cesse d'un ton
naïf et emphatique, au nom des principes humanitaires
dont il est imbu. Quand sa fille Cécile lui demande la
permission de ne pas se marier et de passer auprès de
lui des jours tranquilles et libres, il lui répond comme
un grand prêtre de la Nature :

> Cécile, la nature a ses vues : et, si vous regardez bien, vous
verrez sa vengeance sur tous ceux qui les ont trompées : les hommes,
punis du célibat par le vice ; les femmes, par le mépris et par l'ennui.... Vous connaissez les différents états : dites-moi, en est-il un
plus triste et moins considéré que celui d'une fille âgée ?

Puis vient le portrait de la vieille fille, et en face
l'éloge du mariage :

> Si le mariage expose à des peines cruelles, c'est aussi la source

des plaisirs les plus doux. Où sont les exemples de l'intérêt pur et sincère, de la tendresse réelle, de la confiance intime, des secours continus, des satisfactions réciproques, des chagrins partagés, des soupirs entendus, des larmes confondues, si ce n'est dans le mariage?... O lien sacré des époux! si je pense à vous, mon âme s'échauffe et s'élève [1]!

Le gros bon sens de Gorgibus, dans Molière, était plus simple, plus vrai et surtout plus gai, lorsque, voyant ses filles se récrier au seul mot de mariage, il leur demandait crûment si elles préféraient le concubinage. A force d'être raisonnable, humain et tolérant, M. d'Orbesson nous embarrasse un peu quand, surprenant dans le cœur de sa fille le secret d'un amour qu'elle n'ose avouer, il lui dit : « Comment blâmerais-je en vous un sentiment que je fis naître dans le cœur de votre mère? » Il y a là je ne sais quelle fibre de délicatesse et de pudeur qui se trouve froissée par un semblable rapprochement.

Bien que Diderot ait condamné en principe le contraste des caractères, il oppose à cette tolérance du père le rigorisme outré du Commandeur. Ce dernier, qui représente les vieux préjugés, la vieille morgue aristocratique, est le tyran de la famille, qu'il doit enrichir un jour en lui laissant son héritage. Pour le moment, il le fait payer cher d'avance à son neveu et à sa nièce, qu'il contrarie dans leurs amours. La lettre de cachet, ce grand argument de l'ancien régime, est un des ressorts dont il use pour se débarrasser des gens qui le gênent. C'est ainsi qu'il a formé le projet de faire enlever Sophie, la maîtresse innocente et pure de son neveu. Et pour la conduire où? Dans quelque lieu infâme peut-être, à Saint-Lazare ou ailleurs. Qu'importe!

___

1. Acte II, scène II.

tout ce que l'arbitraire, revêtu des formes de la loi, a
de plus odieux, de plus révoltant, se trouve ici réuni.
Diderot, qui s'est vu enfermer à Vincennes après sa
Lettre sur les Aveugles, monte d'avance à l'assaut de
la Bastille.

Saint-Albin a toute la fougue et l'emportement d'un
amoureux en délire. Le romanesque se mêle chez lui
à la passion. Ce fils de famille, qui joue le rôle de
pauvre et d'artisan pour s'introduire dans les bonnes
grâces d'une honnête et modeste jeune fille vivant de
son travail, est un Céladon d'une nouvelle espèce, plus
chimérique encore que réel. Enthousiaste et déclamateur, il révèle à son père son amour pour Sophie,
en usant d'une phraséologie nouvelle dans le langage
des amants :

Elle est pauvre, elle est ignorée ; elle habite un réduit obscur.
Mais c'est un ange, c'est un ange ; et ce réduit est le ciel. Je n'en
descendis jamais sans être meilleur. Je ne vois rien dans ma vie
dissipée et tumultueuse à comparer aux heures innocentes que j'y
ai passées. J'y voudrais vivre et mourir, dussé-je être méconnu,
méprisé du reste de la terre.... Je croyais avoir aimé, je me trom-
pais. C'est à présent que j'aime.... Oui,... j'aime pour la première
fois [1].

Associant le pathos au langage enfantin, il répond
à un sermon de son père : « *Ah! oui, mon papa!* »
Simplicité non moins outrée que la déclamation.
Iphigénie même nous paraît plus naturelle en appelant son père *Seigneur*.

Sophie est une victime innocente de la mauvaise
fortune, touchante par ses malheurs et par le courage qu'elle montre à les supporter. Mais sa condition
nous intéresse plus encore que sa personne, dont les

1. Acte I, scène VII.

traits sont faiblement esquissés. On découvre à la fin qu'elle est la nièce du superbe Commandeur : une de ces parentes de province que les oncles opulents et bien posés n'aiment guère voir venir à Paris, où elles font tache sur le blason de la famille. Il faut pourtant en prendre son parti, quand le bon d'Orbesson, lui tendant la main, l'appelle sa fille, et que, bénissant le double hymen de ses enfants, il s'écrie dans une sorte d'extase patriarcale et philosophique :

> Approchez, mes enfants.... Venez, Germeuil; venez, Sophie.... Une belle femme, un homme de bien, sont les deux êtres les plus touchants de la nature.... Mes enfants, que le ciel vous bénisse comme je vous bénis!... Le jour qui vous unira sera le jour le plus solennel de votre vie. Puisse-t-il être aussi le plus fortuné!... Oh! qu'il est cruel..., qu'il est doux d'être père [1] !

M. Prudhomme, le type de l'emphase bourgeoise, ne parlerait pas autrement.

On comprend la brouille de Diderot avec les acteurs du Théâtre-Français, habitués à chercher et à peindre dans la comédie l'esprit et la gaieté, deux choses dont l'auteur du *Père de famille* ne semble guère s'inquiéter, quoiqu'il ait souvent ailleurs réuni l'une et l'autre. La maison de Molière avait ses traditions, ses habitudes, auxquelles s'était plié La Chaussée lui-même, tout en y introduisant cet être hybride, cette nouveauté monstrueuse qu'on appelait la *comédie larmoyante*. Diderot va plus loin encore : il est le véritable générateur du mélodrame moderne. Son public et ses acteurs sont ceux du boulevard. Bien qu'il compte parmi ses disciples Sedaine et Beaumarchais, il a une autre postérité qui vient de lui directement.

---

1. Acte V, scène XII.

celle d'André de Pixérécourt, de Frédéric Soulié, de
Bouchardy, de Michel Masson, de Dennery, etc. Molé,
l'interprète et le confident de Diderot, en lutte avec
Préville et les représentants de l'ancienne tradition
comique, est le Frédérick Lemaître du temps. Et
Frédérick eût été sans doute le comédien idéal pour
Diderot.

Aujourd'hui l'œuvre du poète dramatique a disparu,
mais celle du théoricien a survécu : les réformes légitimes proposées par lui ont été adoptées ; le drame
bourgeois a pris rang, même à la Comédie-Française ;
et le buste de Diderot, conservé dans le foyer, rappelle,
à défaut de ses pièces, la part active qu'il prit au mouvement théâtral de son temps.

CHAPITRE XIV

MARIVAUX (1688-1763).

Parallèle avec Diderot. — Son caractère, son talent.
Son théâtre.

I

A ce génie puissant, désordonné, tumultueux et
enthousiaste de Diderot, nous opposerons un esprit
tout différent, subtil, délicat, raffiné : nous voulons
parler de Marivaux. Celui-ci n'est pas un Cyclope, ni
un Titan, mais un abstracteur de quintessence
galante et sentimentale, un peintre ingénieux et fin,
sinon des caractères, au moins des silhouettes qui
passent devant lui. Ce n'est pas non plus, comme
Diderot, un écrivain démocrate qui s'adresse au
grand public, à la foule; mais plutôt un auteur de
bon ton et de bonne compagnie : belles dames, talons
rouges, bourgeois aisés, beaux esprits amateurs de
petits morceaux friands, tel est le monde qu'il doit
ravir et enchanter. Si Diderot est l'un des pères du
mélodrame moderne, Marivaux ouvre la voie aux
proverbes et aux comédies de société, aux pièces fu-
tures du *Gymnase*, à ce répertoire moyen qui prend
place entre la haute comédie et la farce. L'auteur du
Père de famille prétend ramener le théâtre à la na-

ture, au simple, au vrai, dans le langage, les sentiments, les décors, les costumes. Nous avons vu qu'il n'y réussit qu'en partie. Elève de La Motte et de Fontenelle [1], Marivaux, tout en se croyant naturel, et en l'étant peut-être quelquefois plus qu'il n'en a l'air, établit le règne du *précieux* sur le théâtre. Diderot est, avant tout, un homme d'enthousiasme, d'élan et d'entraînement. La tiédeur est un système aussi bien qu'une affaire de tempérament chez Marivaux. C'est là surtout ce qu'il admire dans La Motte : il vante en lui l'absence complète d'imagination et d'enthousiasme, et lui sait gré de parler à l'homme intelligent plus qu'à l'homme sensible. La sagacité de La Motte ne lui semble pas moins admirable que l'élégance de Racine ou le puissant génie de Corneille.

Diderot, sans être un classique de tous points, a gardé le culte des grands hommes de l'antiquité : il invoque avec respect les noms d'Homère, de Sophocle, de Virgile. Marivaux, qui a débuté par l'*Iliade travestie*, n'a point cette superstition, et affecte même de ne pas croire aux grands hommes.

Il n'y a ni petit ni grand homme, dit-il, pour le philosophe : il y a seulement des hommes qui ont de grandes qualités mêlées de défauts, d'autres qui ont de grands défauts mêlés de quelques qualités : il y a des hommes ordinaires, autrement dits médiocres, qui valent bien leur prix, et dont la médiocrité a ses avantages ; car on peut dire en passant que c'est presque toujours aux grands hommes en tous genres que l'on doit les grands maux et les grands crimes.

Marivaux, comme ami de La Motte, tient pour les médiocrités. Il n'admire pas plus Homère que Molière. Les *Fausses Confidences* et le *Jeu de l'Amour et du Hasard* lui paraissent des œuvres égales au

1. Cette parenté a été contestée par M. Larroumet dans son remarquable travail sur Marivaux, 2° partie, p. 162.

Misanthrope et aux *Femmes savantes*. Il trouve même que l'hypocrite de sa *Marianne*, M. de Climal, est très supérieur au Tartufe [1].

Diderot use et abuse du pathétique : de là, cette pantomime outrée dont Molé a donné l'exemple ; ces secousses, ces spasmes violents mêlés de déclamation ; ces torrents de larmes qui débordent et empêchent les acteurs d'achever le *Fils naturel*. Marivaux ne se livre pas à ces larges effusions, et se montre plus ménager des forces et des nerfs de ses acteurs et de son public. Ses personnages sont trop égoïstes, et surtout trop maîtres d'eux-mêmes, pour s'abandonner ainsi aux émotions. Les grandes passions leur sont interdites. Ils se contentent d'une petite sensibilité tempérée et modérée, qui effleure l'âme et la chatouille légèrement sans la déchirer. L'amour même est un doux passe-temps plutôt qu'une folle ivresse ou un tourment douloureux.

La gaieté, ce premier élément de la comédie, que Diderot a supprimé dans son théâtre, n'occupe chez Marivaux qu'une place secondaire. Le rire franc, ouvert, tel qu'il éclate avec Regnard, Dancourt et Piron, ne semble guère convenir qu'aux tréteaux de la foire. Le bel esprit pincé, froid, poli, a remplacé la verve comique : plus de ces explosions désopilantes qui faisaient éclater de rire toute une salle ; mais des pointes subtiles, des mots soulignés : les personnages et le public de Marivaux ne rient plus que du bout des lèvres, comme dans un salon de bonne compagnie. Grands seigneurs et marquises, valets, soubrettes et paysans, portent également la livrée du bel esprit.

1. La Bruyère n'a-t-il pas cru la même chose de son *Onuphre*?

Bien que le naturel paraisse souvent manquer à Marivaux, il faut reconnaître cependant une part de vérité dans l'affectation même et la délicatesse outrée de ses personnages. La société française en est venue alors à cet état de raffinement qui marque l'ère des civilisations vieillies. On a tant abusé de tout, des plaisirs, des passions et de l'esprit comme du reste, qu'on s'est mis à subtiliser, à couper un cheveu en quatre, et, comme le dit Voltaire en parlant de Marivaux, *à peser des riens dans des balances de toiles d'araignées.*

Malgré cette réputation de frivolité, Sainte-Beuve a tenté, avec quelque raison, de réhabiliter Marivaux comme penseur et théoricien. Il a signalé en lui un esprit moins léger et moins vide qu'on ne l'a cru généralement, sur la foi de ses comédies, d'ailleurs plus sérieuses et plus profondes qu'elles ne paraissent [1].

Si l'auteur du *Legs* peut être comparé à Diderot par quelque côté, c'est par l'inconstance et la variété de ses travaux et de ses goûts. Lui aussi a été dans son genre un *touche-à-tout*. Quoique son bagage littéraire nous semble peu considérable aujourd'hui, le recueil complet de ses œuvres n'en forme pas moins douze volumes. Comédies, tragédies, romans, parodies, critiques et philosophie morale, il s'est essayé

---

1. *Causeries du lundi*, t. IX. — Depuis, il est vrai, on est tombé dans un autre excès, en faisant de Marivaux presque un confrère de Racine et de Shakespeare. On a prétendu comparer, sous certain rapport, le *Jeu de l'Amour et du Hasard* à *Phèdre* et à *Mithridate*, en abusant un peu d'un mot de Vinet : « Quant à la partie du cœur, *Marivaux c'est Racine en miniature* ». — Vinet ajoute du reste : « *ou en pieds de mouche* », ce qui réduit singulièrement le parallèle.

dans tous les genres. A dix-huit ans, pour répondre à un défi, il compose une première comédie, le *Père prudent*. Il reste ensuite quinze ans sans reparaître au théâtre, où il revient avec sa tragédie d'*Annibal*, et s'engage comme tirailleur dans la grande *querelle des Anciens et des Modernes*. Médiocre écolier au collège, il se venge des versions grecques qu'on lui a imposées autrefois, et des anciens qu'il ne connaît guère, en écrivant l'*Iliade travestie*, fort inférieure à l'*Enéide* de Scarron. C'était là un premier méfait littéraire, aggravé bientôt par la composition d'un *Télémaque travesti*, dont il eut honte et qu'il finit par répudier. D'autres travaux plus honorables l'occupèrent. Quoique Grimm nous dise, en parlant de lui, que le souffle de la philosophie a renversé *ces réputations étayées sur des roseaux*, Marivaux n'en a pas moins largement philosophé à sa façon. Journaliste et critique comme Addison, il publiait en 1722 une revue du *Spectateur français* que d'Alembert déclare un des meilleurs ouvrages de l'auteur; celui où il a peut-être montré le plus d'esprit et de variété. Il faisait paraître successivement le *Philosophe indigent* et le *Cabinet du philosophe*, où l'on trouve mainte idée originale et neuve pour le temps. Dans un de ces opuscules, intitulé *le Miroir*, il proteste contre la prétendue décadence et l'affaiblissement de la nature, dont on faisait un argument en faveur des anciens :

> Non, Monsieur, la nature n'est pas sur son déclin : du moins ne ressemblons-nous guère à des vieillards; et la force de nos passions, de nos folies, et la médiocrité de nos connaissances, malgré les progrès qu'elles ont faits, devraient nous faire soupçonner que cette nature est encore bien jeune en nous. Quoi qu'il en soit, nous ne savons pas l'âge qu'elle a : peut-être même n'en a-t-elle point, et le *Miroir* ne m'a rien appris là-dessus.

Chose plus rare et plus étonnante alors, par une sorte d'intuition, il porte un jugement très équitable sur les grands esprits du Moyen Age. « Ils auraient été les premiers esprits d'un autre siècle, comme ils furent les premiers esprits du leur : il ne fallait pas pour cela qu'ils fussent plus forts, il fallait seulement qu'ils fussent mieux placés. » Bien peu de critiques étaient capables de comprendre ainsi ce Moyen Age, auquel on a si tardivement rendu justice depuis. Ce n'étaient là que des échappées et des visions peu remarquées sans doute.

Les romans de Marivaux, tels que *Marianne* et le *Paysan parvenu,* obtinrent un grand succès non seulement en France, mais en Allemagne et en Angleterre. Eurent-ils l'honneur d'inspirer, comme on l'a dit, Richardson et Fielding ? « Dans ce cas, s'écrie Grimm, on pourrait dire que pour la première fois un mauvais original a fait faire des copies admirables. » Ces paroles sont beaucoup trop dures et injustes pour Marivaux, dont le talent de romancier est incontestable, malgré les défauts de style et les longueurs qu'on a le droit de lui reprocher. On peut même dire qu'il y a plus d'âme et de pathétique dans ses romans que dans ses comédies. Joignez-y tout un côté des mœurs contemporaines, qui en fait un témoignage précieux pour l'histoire de la société française au xviiie siècle. Néanmoins ces deux œuvres ont perdu pour le commun des lecteurs une bonne part de leur intérêt : elles ont le tort d'être à la fois et trop longues et incomplètes.

Au contraire, le théâtre reste la partie la plus achevée, la plus brillante et la plus durable, où Marivaux a laissé l'empreinte de sa personnalité : c'est là qu'on retrouve, avec ses qualités et ses défauts, l'homme et l'écrivain.

II

Issu d'une famille de robe et de finance, Charlet Chamblain de Marivaux a tous les goûts aristocratiques d'un gentilhomme de lettres : il aime l'élégance et le confort d'une société polie et choisie ; le linge fin, les beaux habits, la bonne cuisine, les plaisirs de la conversation mêlés à ceux de la table, les friandises du bien-être et de l'esprit, comme les aimait Saint-Evremond. Son amour-propre, aussi délicat que son palais, se plaît aux douceurs, aux louanges et aux caresses : il se rebute et s'effraie de la moindre saveur amère d'un mot ambigu ou désobligeant. Cette finesse d'esprit, qui était d'abord chez lui un don naturel, a fini, en se développant, par devenir un travers et un tourment : à force de chercher, de pénétrer, de deviner et de lire dans les physionomies et dans les âmes, il arrive à découvrir ce qui n'y est pas toujours, et se crée à lui-même des fantômes et des chimères. Jamais observateur ne fut plus victime de son talent.

« Marivaux, dit Grimm, était honnête homme, mais d'un caractère ombrageux et d'un commerce difficile ; il entendait finesse à tout ; les mots les plus innocents le blessaient, et il supposait volontiers qu'on cherchait à le mortifier[1]. » Ainsi, il en veut à Marmontel parce qu'il a cru le voir un jour rire de lui avec une dame. Celui-ci nous a tracé dans ses *Mémoires* un portrait assez curieux et assez piquant de ce mal-

---

1. *Correspondance litt.*, t. III, 1re série.

heureux homme d'esprit, qu'on se représente si volontiers le nez au vent, alerte, éveillé, pimpant, triomphant, à en juger par ses comédies et par son buste du Théâtre-Français. Il nous le montre tour à tour dans le salon de Mme de Tencin et de Mme Geoffrin, en quête et à l'affût de l'esprit, faisant contraste avec certains hommes illustres qu'il y rencontre.

Dans Marivaux, l'impatience de faire preuve de finesse et de sagacité perçait visiblement. Montesquieu, avec plus de calme, attendait que la balle vînt à lui, mais il l'attendait. Mairan guettait l'occasion; Astruc ne daignait pas l'attendre; Fontenelle la laissait venir, sans la chercher; Helvétius, attentif et discret, recueillait pour semer un jour : c'était un exemple pour moi que je n'avais pas eu la constance de suivre [1].

Ailleurs il oppose la gaieté franche de d'Alembert sortant de ses mathématiques, à l'air inquiet et préoccupé de Marivaux.

De cette société, l'homme le plus gai, le plus animé, le plus amusant dans sa gaieté, c'était d'Alembert. Après avoir passé sa matinée à chiffrer de l'algèbre et à résoudre des problèmes de dynamique ou d'astronomie, il sortait de chez sa vitrière, comme un écolier échappé du collège, ne demandant qu'à se réjouir... La sérénité de Mairan et son humeur douce et riante avaient les mêmes causes et le même principe.

Marivaux aurait bien voulu avoir aussi cette humeur enjouée; mais il avait dans la tête une affaire qui le préoccupait sans cesse et lui donnait l'air soucieux. Comme il avait acquis par ses ouvrages la réputation d'esprit subtil et raffiné, il se croyait obligé d'avoir toujours de cet esprit-là, et il était continuellement à l'affût des idées susceptibles d'opposition ou d'analyse, pour les faire jouer ensemble ou les mettre à l'alambic. Il convenait que telle chose était vraie jusqu'à un certain point, ou sous certain rapport; mais il y avait toujours quelque restriction, quelque distinction à faire dont lui seul s'était aperçu. Ce travail d'attention était laborieux pour lui, souvent pénible pour les autres; mais il en résultait quelquefois d'heureux aperçus et de brillants traits de lumière.

1. *Mém. de Marmontel*, t. I, liv. IV.

Cependant, à l'inquiétude de ses regards, on voyait qu'il était en peine du succès qu'il avait ou qu'il allait avoir. Il n'y eut jamais, je crois, d'amour-propre plus délicat, plus chatouilleux et plus craintif; mais, comme il ménageait soigneusement celui des autres, on respectait le sien, et seulement on le plaignait de ne pouvoir pas se résoudre à être simple et naturel [1].

L'amour-propre et la recherche de l'esprit seront aussi deux traits communs aux personnages de son théâtre.

Une autre affaire le préoccupe encore, le continuel besoin d'argent. Marivaux est dépensier au double titre d'homme de lettres et de grand seigneur. Malgré toute sa fierté, il accepte une pension secrète de mille écus que lui fait Mme de Pompadour, au nom du roi : il se garde bien d'en souffler mot; on ne sut le fait qu'après sa mort. Son existence a ses coulisses, ses apartés et ses sous-entendus, comme son théâtre. Voilà pourquoi sans doute la question d'argent se trouve si souvent associée chez lui à la question d'amour. C'est par là que commence et finit le *Legs*. Dans les *Fausses Confidences*, Araminte apporte à l'heureux Dorante une belle dot avec une belle main; cinquante ou soixante mille livres de rente, jolie aubaine pour un fils de procureur. Marivaux, sans être cupide, a trop senti la nécessité et la vertu de ce fugitif métal [2].

« Quoi qu'il en soit, dit Collé, je n'ai point connu à tous autres égards de plus honnête homme, ou du moins qui aimât plus la probité et l'honneur. Il ne

1. *Mém. de Marmontel*, t. I, liv. VI.

2. Voltaire, qui n'eût pas voulu se brouiller avec lui, l'accuse, dans une de ses lettres à Thieriot, d'avoir reçu cent pistoles pour écrire un livre contre lui. « A la bonne heure! que ce misérable gagne de l'argent comme tant d'autres à me dire des injures. Il est juste que l'auteur de la *Voiture embourbée*, du *Télémaque travesti*, du *Paysan parvenu* écrive contre l'auteur de la *Henriade*. » (1736).

s'est peut-être pas aperçu lui-même que son déran-
gement l'a fait souvent déroger à ses principes. » Les
héros de ses comédies sont d'honnêtes gens aussi, mais
d'une vertu moyenne, peu faite pour la résistance.

Marivaux devenu vieux conserve encore un air de
jeunesse; à soixante-quinze ans il ne paraissait pas en
avoir cinquante-huit, nous dit Collé. Il en fut de lui
sans doute comme des personnages de son théâtre,
pour lesquels le fard, la poudre, l'élégance des ajuste-
ments prolongent la jeunesse au delà même de la
maturité. L'art de vivre et de jouir longtemps est
alors un de ceux que l'on cultive avec le plus de con-
viction : Louis XV, Voltaire, Fontenelle en donnent
l'exemple à qui mieux mieux. Les hommes et les
femmes chez Marivaux n'ont pas d'âge, les femmes
surtout; et c'est là ce qui les enchante. Vous êtes-
vous jamais demandé quel âge devait avoir Mme Arnould-Plessis quand elle jouait les coquettes du *Legs*
ou des *Fausses Confidences*? Elle-même sans doute n'y
songeait pas non plus.

Comme écrivain, Marivaux a toute l'infatuation
d'un moderne enchanté de son lot et de son temps,
secouant d'un air dédaigneux les vieux oripeaux du
passé, et se disant qu'il trouvera dans le présent de
quoi se suffire et se vêtir assez galamment. N'a-t-il
pas, pour s'en parer, toutes les élégances de ce beau
monde brillant et sémillant qui papillonne autour de
lui? A quoi bon la défroque d'Homère, et même celle
de Plaute ou de Térence, que n'avait point dédaignée
Molière? Marivaux a la prétention et l'amour-propre
de ne devoir qu'à lui seul et à son temps ses créations
dramatiques. « J'aime bien mieux, dit-il, être assis sur
le dernier banc des écrivains originaux, qu'orgueil-

leusement placé à la première ligne dans le nombreux bétail des singes littéraires. »

Son théâtre est une image et presque un décalque de la société contemporaine vue d'un côté, celui des salons, des oisifs et des heureux, des sybarites qu'un pli de rose fait crier. Là se montre cet esprit de finesse dont l'auteur était si jaloux : il ne creuse et n'enfonce pas bien avant ; il se contente de saisir à la surface les ondulations, les frémissements de ces amours-propres, de ces intérêts et de ces passions qui se trouvent aux prises. C'est un jeu léger de la conversation et de l'intrigue peu compliquée, où l'on se renvoie les mots piquants à coups de raquette ou d'éventail, en faisant assaut d'esprit et de badinage. Tout ce monde frisé, fardé, pomponné, avec ses habits à paillettes d'or, ses jupes retroussées, ses corsages provocateurs, ses sourires et ses clins d'œil prémédités, ses perfidies et ses médisances spirituelles, son caquetage frivole et charmant, revit dans les scènes de Marivaux, dans ces dialogues au style brillanté, parsemé de pointes et d'effets cherchés. Les toiles de Watteau, de Boucher, de Largillière, de Lancret, sont le véritable accompagnement de ces pièces. Le dernier volume de M. P. Lacroix sur les arts et les costumes du dix-huitième siècle nous aide aussi à les mieux comprendre[1].

III

Maintenant, si nous en venons à examiner ces œuvres dans leur ensemble, au point de vue de la

---

1. Les frères de Goncourt sont encore des commentateurs et enlumineurs ingénieux de cette époque. Voyez *l'Art au* xviiie *siècle.* — *L'Amour, ibid.; la Femme, ibid.*

composition, du fond et de la forme, il faut avouer
que nous sortons avec elles de la tradition classique,
de la haute comédie de caractère, pour entrer dans
la comédie de mœurs, de salon et de société. Marivaux
en a lui-même conscience, lorsqu'il porte ses pièces,
non plus au Théâtre-Français, mais au Théâtre-Italien. Il sent d'abord que la maison de Molière ne saurait être la sienne : elle l'est devenue cependant depuis ; mais alors les luttes et les antipathies étaient
beaucoup plus vives, le public plus difficile, les acteurs plus rebelles aux leçons de l'auteur, surtout
avant qu'un long succès eût consacré le genre nouveau.

Dans cette métamorphose, la muse comique a baissé
de ton, diminué son cadre, amoindri la vigueur et le
relief de ses portraits. Elle s'est faite surtout aimable,
spirituelle, coquette et minaudière. Aux grandes analyses de sentiment et de caractère, aux grandes véri-
tés morales, vont succéder les petits riens du beau
monde, saupoudrés de réflexions philosophiques, les
petits jeux de cache-cache et de colin-maillard, comme
ceux des bergers et des bergères de Boucher. La trame
dramatique garde un rare mérite de finesse et de
subtilité : elle nous offre, vue d'ensemble, un tissu
ondoyant et chatoyant qui rappelle un peu les étoffes
gorge de pigeon. Mais tout ce théâtre de Marivaux
ressemble au *miroir magique* dont il parle dans un de
ses ouvrages : on y voit passer des ombres et des
silhouettes, des visions charmantes, qui ne durent
pas, et laissent peu de trace dans l'esprit.

Le fond commun de ces pièces est presque toujours
le même ; c'est, comme l'a dit d'Alembert, l'*éternelle
surprise de l'amour*. Aussi certains critiques ont-ils

prétendu que Marivaux n'avait fait qu'une comédie,
de vingt façons différentes, et que si les comédiens
ne jouaient que ses ouvrages, ils auraient l'air de ne
point changer de sujet. Que le Marivaux, pris à haute
dose et trop souvent répété, devienne à la longue
fatigant, nous sommes tout à fait de cet avis[1]. On
se lasse des meilleures choses, même du pâté d'an-
guille. Cependant on ne peut méconnaître l'habileté,
et jusqu'à un certain point la variété avec laquelle
l'auteur a su tourner dans le même cercle. A cette
uniformité du sujet on lui a reproché d'ajouter encore l'uniformité des procédés : plus de discours que
d'intrigue, plus de réflexions que de faits. N'est-ce
pas là une critique adressée souvent à notre théâtre?
Marivaux est un causeur amoureux de conversation,
et cherchant à prolonger son plaisir.

La structure de ces œuvres est parfois des plus fra-
giles. L'intrigue ne tient qu'à un fil, et pour rompre
ce fil que faudrait-il le plus souvent? un mot, qu'on
se garde bien de prononcer. L'intérêt naît en partie
de cette rupture possible, probable même, et qui
n'arrive pas. Tout cet édifice artificiel nous produit
un peu l'effet d'un château de cartes prêt à crou-
ler au premier souffle, et soutenu quelque temps en
l'air par l'habileté d'un architecte ingénieux.

Dans le *Legs* comme dans les *Fausses Confidences*,
comme dans la plupart des pièces de Marivaux, le
point de départ et le point d'arrivée étant marqués ou
devinés d'avance, le problème consiste à faire le tra-
jet avec le plus possible de stations, de zigzags et de
détours : véritable promenade de labyrinthe, où l'on

---

1. « On doit le respirer, dit finement Paul de Saint-Victor, et
non s'en nourrir. » (*Les Deux Masques*, t. III).

s'égare en longues circonvolutions renfermées dans un étroit espace, jusqu'à ce qu'il plaise à l'auteur de vous en faire sortir.

Sans prétendre avoir restauré la comédie de caractère telle que l'a créée Molière, mais en se flattant d'avoir fait autrement et aussi bien que lui dans un genre nouveau, Marivaux revendique sa part et sa place comme observateur et peintre de mœurs et de passions. « Ce talent, dit-il, de lire dans l'esprit des gens et de débrouiller leurs sentiments secrets est un don que j'ai toujours eu, et qui m'a quelquefois bien servi. » Lui-même se représente à la sortie du théâtre, contemplant tout ce public qui défile devant lui : et les jolies femmes qui font les coquettes, et les laides qui font concurrence aux jolies, et les jeunes gens qui font les beaux : et il devine non seulement ce que tout ce monde pense et sent, mais ce qu'il se dit intérieurement.

Comme Socrate, Marivaux se vante d'être l'inventeur d'une *maïeutique* nouvelle, d'un art de faire accoucher les esprits sans les interroger et par simple intuition. On conçoit les dangers d'une pareille méthode. Ne court-il pas le risque de prêter aux autres ses propres idées, ses subtilités et ses finesses? Quoi qu'il en soit, on ne saurait nier que Marivaux a été, plus d'une fois, dans son théâtre et mieux encore dans ses romans, un peintre heureux et intéressant de la société contemporaine. Qu'il nous suffise de rappeler le salon de Mme de Tencin dans *Marianne*; les mœurs de la bourgeoisie et de la finance dans le *Paysan parvenu*. Aux tableaux du grand monde il mêle les scènes populaires telles que la longue querelle du *Fiacre* et de la *Lingère*, dont Grimm est excédé : « Rien n'est mieux rendu d'après nature, s'écrie-t-il, et d'un goût plus détestable que le tableau que je cite. » Nous ne chercherons point à discuter ici la valeur de ce morceau; nous voulons montrer seulement quelle part l'auteur fait parfois à la réalité.

Il examine, il observe, il étudie plus qu'on ne l'a cru. Mais il voit le petit côté des choses : la myopie est son infirmité naturelle. « Marivaux voyait finement, dit La Harpe, mais il ne voyait pas loin[1]. » Cette vue courte et bornée l'arrête encore dans l'étude et la peinture des passions. Au lieu de creuser, comme Molière, au fond du cœur humain, d'en marquer les grands traits, il en effleure l'épiderme, il en saisit les mille accidents secondaires[2]. Ce n'est plus une grande passion maîtresse qui s'impose et déborde, mais une série de petites émotions et de petites affections, qui se poussent doucement l'une l'autre ou se heurtent sans bruit et sans éclat. En dépit du proverbe, on ne peut dire ici que les petits ruisseaux font les grandes rivières. Il n'y a point de vagues ni de tempêtes, mais seulement des ondulations et des frémissements aussi légers que le frôlement d'une robe ou le coup d'éventail d'une grande dame. De là le peu d'émotion produite sur le public, « qui ne va pas au théâtre pour observer au microscope les fibres du cœur humain, mais pour y voir à découvert les mouvements et les ressorts[3] ». Nous sommes dans la zone des passions tempérées par l'intérêt et le bon sens. Le Comte se

---

1. Plus loin que La Harpe souvent, même en critique : témoin le *Spectateur* et le *Miroir*.

2. « C'est un homme, disait Voltaire, qui sait tous les sentiers du cœur humain, mais qui n'en connaît pas la grande route. »

3. D'Alembert, *Éloge de Marivaux*.

voit remercié par Araminte et débouté de ses prétentions conjugales, sans penser à se venger. Arnolphe
et Alceste se résignaient moins aisément.

Parmi les mobiles humains, l'amour-propre, c'est-
à-dire l'égoïsme doublé de vanité, occupe une large
place dans le théâtre comme dans le cœur de Marivaux, comme dans la société qui l'entoure. Son influence s'étend même sur les amants. L'exaltation
intense et aveugle leur est inconnue. Ils discutent,
spéculent et jouent avec leurs sentiments. L'amour
s'assoupit parfois et tourne en simple amitié : alors on
invente de petits moyens ingénieux pour le réveiller,
comme dans l'*Heureux stratagème*. Une autre fois,
comme dans les *Sincères*, il émigre et s'en va d'un
cœur à l'autre. Marivaux se flatte d'avoir introduit au
théâtre une nouvelle conception de l'amour.

> Chez mes confrères, dit-il, l'amour est en querelle avec tout
> ce qui l'environne et finit par être heureux malgré les opposants ;
> chez moi, il n'est en querelle qu'avec lui seul, et finit par être
> heureux malgré lui. Il apprendra, dans mes pièces, à se défier
> encore plus des tours qu'il se joue que des pièges qui lui sont
> tendus par des mains étrangères.

L'amour se fait ainsi à lui-même une petite guerre
de chicane comme un procureur litigieux. Il ergote,
il dispute, il se dissimule, se glisse en tapinois sans
mot dire, se torture et s'agace souvent faute d'avoir
su s'expliquer. Pascal, dans son *Discours sur les passions de l'amour*, pense qu'on peut faire méthodique-
ment le siège d'un cœur, comme celui d'une place
forte. C'est ce genre d'investissement, avec mines et
contre-mines, que Marivaux excelle à diriger. Les pré-
liminaires et les assauts se multiplient à l'infini avant
la capitulation. Aussi a-t-on dit que les amants de

Marivaux s'aiment le plus tard qu'ils peuvent, et se marient le plus tôt qu'il est possible [1].

Dans l'intervalle, l'auteur se plaît à suivre et à noter scrupuleusement les progrès de la passion. Il a inventé une sorte de thermomètre de l'amour, depuis la glace fondante jusqu'au cœur bouillant, avec une échelle multiple de degrés centigrades. L'amour ne doit être à ses yeux ni une chaîne ni un supplice, mais un état agréable où chacun trouve son compte : l'égoïsme à deux bien entendu et couronné par le bonheur. Du reste la constance n'est même pas pour lui une nécessité : « C'est une qualité dans un amant bien traité que d'être d'un caractère constant, mais ce n'est pas une grâce; c'est même le contraire. En amour, querelle vaut encore mieux qu'éloges. » Cette théorie nous explique ce qu'il y a de futile et de frivole dans son théâtre. Du moins, il est resté fidèle à cet art de plaire qui est la première loi de l'art dramatique. Pour comprendre son système et son succès, il faut le replacer dans le monde délicat, spirituel, sceptique et désœuvré au milieu duquel il a vécu.

Si l'on a contesté à Marivaux le sérieux et la solidité du fond [2], la forme de ses pièces a été attaquée plus vivement encore. D'Alembert, La Harpe, Grimm, Voltaire, sont d'accord pour condamner ce « jargon » hybride, tout à la fois précieux et familier, uniforme et recherché, commun à tous les personnages sans ex-

---

1. D'Alembert, *Éloge de Marivaux*.

2. M. Brunetière a pris sur ce point le contre-pied de l'opinion reçue, en disant : « Bien loin que ce soient les grâces apprêtées et minaudières de la forme qui dissimulent ici la légèreté du fond, au contraire c'est la solidité du fond qui soutient la précieuse fragilité de la forme » (*Revue des Deux Mondes*, avril 1881). Le paradoxe est du moins habilement soutenu.

ception. Évidemment, ce n'est pas là un pur accident : Marivaux a voulu se créer un style à lui, comme il se créait un genre de comédie. Après l'échec de son *Annibal*, l'auteur renonçait aux vers, qui ne lui avaient pas porté bonheur. La prose devait lui paraître plus simple, plus naturelle et surtout plus commode pour reproduire les allures, les mouvements de la conversation, cet art délicat des salons si cultivé au xviie et au xviiie siècle, et si oublié de nos jours. Marivaux en était alors un des plus brillants représentants. Sa prose d'ailleurs est plus imagée, plus vive et aussi plus travaillée que les vers de La Chaussée : il la taille à facettes et l'enlumine de manière à en faire un style particulier qui gardera son nom. Le marivaudage en littérature, comme la mignardise en peinture, désigne un genre et un défaut. Ce style est-il aussi mauvais, aussi détestable qu'on l'a prétendu ? L'exemple surtout en est pernicieux. Marivaux l'emploie avec tant d'esprit qu'on serait tenté de lui pardonner, si l'on ne craignait de voir apparaître derrière lui le troupeau des maladroits imitateurs. Les sympathies qu'il rencontre à l'étranger et la lettre de félicitations que lui adresse une princesse d'Allemagne ne sauraient suffire à le justifier, ni à prouver qu'il use d'un excellent français. On n'altère pas impunément le génie d'une langue, sans mettre en péril le génie du peuple lui-même. Marivaux ressuscitait, à son insu, les beaux jours du *marinisme* [1].

Son plus grand tort fut de croire qu'il avait seul trouvé le vrai dialogue de la comédie et le langage de la nature. « J'ai tâché, dit-il, de saisir le langage des

1. Marini ou le cavalier Marin fut un des virtuoses du *cultisme* (genre précieux) à la cour de Marie de Médicis.

conversations et la tournure des idées familières. »
Ailleurs, répondant aux critiques dont son style est
l'objet : « On croit voir partout le même genre de style
dans mes comédies, parce que le dialogue y est partout l'expression simple des mouvements du cœur.
La vérité de cette expression fait croire que je n'ai
qu'un même ton et qu'une même langue; mais ce
n'est pas moi que j'ai voulu copier, c'est la nature; et
c'est peut-être parce que ce ton est naturel qu'il a paru
singulier. » Illusion et subtilité d'un homme d'esprit,
qui se trompe lui-même, sans pouvoir tromper les autres. Le style qu'il prête à ses acteurs est celui qu'il
avait souvent en conversation, cherchant volontiers
le mot fin et rare, l'expression originale. C'est ainsi
qu'il peut lui sembler naturel. Mais Grimm avait-il
tort de répondre à un imprudent admirateur et com-
pilateur de Marivaux, qui osait affirmer dans sa Préface que jamais personne n'avait écrit plus naturellement : « Le naturel de Marivaux ressemble à la nature
comme le rouge de nos dames ressemble à l'incarnat
dont la nature colore les joues de la jeune fille émue
et modeste ». Et La Harpe achevait la démonstration
en citant ce dialogue de Lisette et de Lucile, qu'il
serait difficile d'offrir comme modèle de simplicité.
Lucile déclare à sa suivante qu'elle ne veut pas se
marier.

LISETTE. — Vous, avec ces yeux-là? je vous en défie, Madame.

LUCILE. — Quel raisonnement! Est-ce que les yeux décident
de quelque chose?

LISETTE. — Sans difficulté! Les vôtres vous condamnent à vivre
en compagnie. Par exemple, examinez-vous : vous ne savez pas les
difficultés de l'état austère que vous embrassez; il faut avoir le cœur
bien frugal pour le soutenir.

LUCILE. — Toute jeune et tout aimable que je serais, je n'en

aurais pas pour six mois avec un mari, et mon visage serait mis
au rebut : de dix-huit ans qu'il a, il sauterait tout d'un coup à cinquante.

LISETTE. — Non pas, s'il vous plaît : il ne vieillira qu'avec le
temps, et n'enlaidira qu'à force de durer.

LUCILE. — Je veux qu'il n'appartienne qu'à moi, que personne
n'ait à voir ce que j'en ferai, qu'il ne relève que de moi seule. Si
j'étais mariée, ce ne serait plus mon visage : il serait à mon mari,
qui le laisserait là, à qui il ne plairait pas, et qui lui défendrait
de plaire à d'autres : j'aimerais autant n'en point avoir.

A coup sûr Lucile et Lisette semblent tant soit peu
subtiles et quintessenciées, mais toutes les scènes de
Marivaux ne sont pas écrites ainsi. Il en est de bien
fines, de bien délicates et de bien charmantes, malgré la pointe de coquetterie et de bel esprit qui se
trahit toujours un peu.

Avec ce style et ce ton qui les distingue, les pièces
de Marivaux exigent un jeu particulier : nous avons
dit comment il quitta la Comédie-Française pour le
Théâtre-Italien. Là il trouvait une actrice incomparable, la Silvia (Mme Ballotti), qui s'était identifiée avec
ses théories et formée par ses leçons. Adrienne Le-
couvreur lui plaisait moins. Chose curieuse, Marivaux
lui reprochait de n'être pas assez naturelle. Sans
doute parce qu'elle y apportait trop de passion et
de flamme. Il faut plus de sang-froid et d'esprit que
de sensibilité pour interpréter Marivaux. Mlle Mars y
excellait, et de nos jours Mme Arnould-Plessis. Rachel,
avec son immense talent, n'y eût probablement pas
réussi.

En somme, Marivaux a-t-il créé un genre nouveau ?
Oui, et c'est par là, selon Sainte-Beuve, qu'il a été
vraiment poète, bien mieux que par sa triste *Iliade*
et son ennuyeuse tragédie *d'Annibal*. Grimm lui-
même, qui ne l'aime guère, en convient : « Il avait

un genre à lui, très aisé à reconnaître, très minutieux, qui ne manquait pas d'esprit et parfois de vérité, mais qui est d'un goût bien mauvais et souvent faux. » Avoir un genre à soi, c'est quelque chose. Ne l'a pas qui veut. Celui-ci est-il absolument bon ou mauvais? Il a réussi, c'est déjà une excuse; il a duré, c'en est une plus grande encore. N'a-t-il pas ses dangers? on ne saurait le nier. Mais voudrions-nous voir disparaître aujourd'hui le nom et les œuvres de Marivaux? Nous qui abandonnons si volontiers le *Fils naturel* et le *Père de famille* aux tendresses de l'Allemagne, renoncerions-nous au *Legs*, aux *Fausses Confidences*, au *Jeu de l'Amour et du Hasard*? Dieu nous en préserve! La Comédie-Française s'y opposerait. Elle a pieusement recueilli cet héritage qui ne lui semblait pas destiné d'abord, comme elle recueille toutes les œuvres que la postérité a consacrées. Un grand poète de nos jours n'a point dédaigné d'en prendre sa part. Sans les comédies de Marivaux, aurions-nous les *Proverbes* d'Alfred de Musset? Ne soyons donc pas trop sévères ni trop injustes pour cet homme d'esprit et d'initiative, quelquefois si mal traité de ses contemporains; et ne lui faisons pas payer trop cher le double tort d'avoir parodié Homère et de n'avoir point estimé Molière à sa juste valeur. Il n'en représente pas moins une des faces et des formes de l'esprit français au XVIIIe siècle : à ce titre, il a le droit d'occuper une place honorable dans notre histoire littéraire.

CHAPITRE XV

Le Legs. — Les Fausses Confidences. — Le Jeu de l'Amour et du Hasard. — L'Ile des Esclaves.

I

Le marivaudage ne consiste pas seulement dans la forme, mais dans le tour donné à la pensée, dans l'art de délayer et de noyer un grain de sentiment au milieu d'un océan de subtilités, comme certains médecins délayent et noient un atome imperceptible dans un verre d'eau. L'homéopathie appliquée aux questions du cœur, avec son système des infiniment petits, nous paraît convenir parfaitement au théâtre de Marivaux. Le *Legs* est entre toutes ses œuvres le spécimen de la bluette réduite à sa plus simple expression, joignant la finesse et la ténuité de la trame à l'exiguïté de la donnée. Tout cela tiendrait dans une coquille de noix, et finit par remplir un acte. Les personnages aussi légers, aussi volatils que le sujet lui-même, s'appellent le *Marquis*, la *Comtesse*, le *Chevalier* ; ils représentent, comme nous l'avons dit, des espèces plus encore que des individus.

La pièce débute par une question d'arithmétique. Un parent a laissé au Marquis 600 000 francs, à charge d'épouser Hortense ou de lui payer 200 000 livres en cas de dédit. Le Marquis, homme positif, malgré sa richesse déjà considérable et son ingénuité, voudrait bien ne pas épouser et ne pas payer, et garder son cœur et sa fortune tout entière pour la Comtesse, qu'il adore, sans avoir encore osé le lui dire franchement. Hortense de son côté aime le Chevalier, dont la fortune est des plus minces, et souhaiterait que les 200 000 francs d'indemnité vinssent en aide à leur bonheur commun. De part et d'autre, on joue au plus fin, en ayant l'air de se résigner à un hymen qu'on déteste au fond. Tous ces gens du beau monde calculent comme de vulgaires bourgeois. L'égoïsme est le grand moteur de l'action. Les domestiques, qui remplissent un rôle important chez Marivaux, poussent et gouvernent leurs maîtres par des motifs non moins intéressés. Lépine désire que le Marquis épouse la Comtesse, afin d'arriver plus aisément lui-même à épouser Lisette. Et Lisette souhaite que sa maîtresse reste dans le veuvage, parce que cet état lui vaut, des soupirants, certains profits auxquels le mariage mettra fin. Barrême, avec son livre de comptes, fait une terrible concurrence à la passion.

Il n'y a pas là, ce semble, de quoi alimenter vivement une comédie, et pourtant on ne s'ennuie pas : tout au contraire. On voit avec plaisir ce petit écheveau dramatique peu compliqué se dérouler tranquillement, comme un fil de soie au dévidoir. Tout le comique, un comique tempéré, discret, qui n'ira guère au delà du sourire, vient de la singulière position du Marquis, Céladon d'une nouvelle espèce, brûlant d'amour, et retenu par un perpétuel *je n'ose* devant l'objet de ses feux : type assez rare, surtout chez les marquis, d'ordinaire fringants et présomptueux,

Celui-ci met sa passion sous la tutelle active de Lépine
et sous la trompeuse protection de Lisette :

> LE MARQUIS. — Je n'ai pas trop le talent de parler d'amour.
> LISETTE. — C'est ce qu'il me semble.
> LE MARQUIS. — Oui, cela m'embarrasse; et, comme ta maîtresse
> est une femme fort raisonnable, j'ai peur qu'elle ne se moque de
> moi, et je ne saurais que lui dire : de sorte que j'ai rêvé qu'il se-
> rait bon que tu la prévinsses en ma faveur [1].

A force d'indécision et de timidité ombrageuse, il
ne fait que rêver et voir des périls et des obstacles
qui n'existent pas. Nous assistons ainsi à une déclaration interminable, mêlée d'hésitations, de réticences
et de malentendus, sans lesquels la solution arrive-
rait bien vite.

Nous savons d'avance comment tout cela finira : il
faut l'obstination du Marquis pour ne pas comprendre ce qui saute aux yeux. Le malheureux fait trois
pas en avant pour reculer de dix; il s'imagine être
haï de la Comtesse, qui ne demande pas mieux que de
l'aimer. Il prend au rebours toutes ses avances, et
même les pointes de mauvaise humeur bien excu-
sables qui lui échappent, jusqu'à ce qu'enfin celle-ci,
agacée et impatientée, finit par lui jeter son amour à
la tête en s'écriant :

> Apprenez donc, lorsqu'on dit aux gens qu'on les aime, qu'il faut
> du moins leur demander ce qu'ils en pensent.
> LE MARQUIS. — Quelle chicane vous me faites!
> LA COMTESSE. — Je n'y saurais tenir. Adieu.
> LE MARQUIS. — Eh bien! Madame, je vous aime. Qu'en pensez-
> vous?
> LA COMTESSE. — Ah! ce que j'en pense?.... Que je le veux bien,
> Monsieur, et encore une fois, que je le veux bien; car si je ne m'y
> prenais de cette façon, nous ne finirions jamais [2].

1. Scène IV.
2. Scène XX.

C'est le dernier mot, et aussi la critique de la pièce. Un éclair de bon sens chez le Marquis aurait depuis longtemps élucidé et résolu la question. Mais alors la comédie n'existerait plus, et ce serait dommage. Il faut que le pauvre soupirant garde jusqu'au bout son papillon noir : puisse-t-il ne pas l'emporter dans son ménage !

II

Marivaux est un subtil conducteur de déclarations et de confidences qui se croisent, s'embrouillent et finissent par converger vers un point commun. Les *Fausses Confidences* nous offrent l'exemple d'un imbroglio sentimental bâti sur un fond simple et nu : cette pièce est une bluette comme le *Legs*, mais une bluette plus compliquée. De quoi s'agit-il? De faire le siège d'un cœur, déjà en partie gagné ou ne demandant qu'à se laisser prendre, et flanqué de 50000 livres de rente. Le dénouement peut être entrevu ou deviné dès la première scène; reste à savoir comment on y arrivera : tout l'intérêt est là. S'il y a surprise, c'est moins encore pour le public que pour les acteurs. Le spectateur est dans le secret de la comédie, et s'amuse de l'ignorance et de l'embarras des personnages, qui s'agitent et se désespèrent devant lui. Qui peut se flatter ici d'être naïf et désintéressé? Personne, pas même Lubin. Chacun suit sa pointe, son idée et son intérêt. Araminte, la jeune veuve moitié tendre et moitié coquette, se laisse aller à une douce impression, à ce qui n'a d'abord été qu'un caprice, un accès de vanité féminine, et finira par devenir un amour sérieux. Dorante, neveu de procureur, sans fortune, mais joli garçon, a le mérite de l'adorer comme une divinité, chose toujours agréable aux yeux d'une femme.

Introduit dans la maison comme intendant, celui-ci mène de front les affaires de son cœur et de son avenir, avec un sang-froid et un à-propos que n'ont pas souvent les amants du temps passé, d'ordinaire étourdis ou maladroits.

Le Comte, sans être possédé d'une passion bien vive pour Araminte, voudrait terminer avantageusement un procès qui l'ennuie, par un mariage qui ne lui déplaît pas, et qui le mettrait à l'aise.

Mme Argante, une bourgeoise vaniteuse, serait enchantée de voir sa fille comtesse, et la sacrifierait volontiers, elle, son cœur et sa dot, pour avoir un tel honneur dans sa famille. Le bonheur viendra après, s'il peut.

Marthon, la petite suivante d'Araminte, trompée par les promesses de M. Remi, le procureur, croit que Dorante vient pour elle, et se trouve, sans le savoir, la rivale de sa maîtresse. Ce qu'elle veut d'ailleurs avant tout, c'est un mari. — De passion violente, il n'en est guère trace. Tous ces gens-là sont à la température moyenne, que marque d'ordinaire le thermomètre de Marivaux.

Le vrai chef et directeur de l'action est Dubois, l'ancien valet de Dorante, entré au service d'Araminte, et qui s'est mis en tête de faire la fortune de son premier maître. Dubois joue dans les *Fausses Confidences* le même rôle que Mascarille dans l'*Étourdi* de Molière. Et pourtant les deux personnages sont fort différents. Dubois est une nouvelle incarnation du valet.

C'est déjà une singulière fortune que celle de l'esclave dans la comédie antique. Dave et Géta en sont les brillants parvenus, l'âme des pièces et de l'action. Plus tard, dans la comédie moderne, les Cliton, les Scapin, les Mascarille, les Sganarelle, les Hector, les Crispin, continuent la tradition. Très supérieurs à leurs maîtres par l'esprit et le savoir-faire, ils n'en sont pas moins souvent mal payés de leurs services, battus, rossés, d'ailleurs volontiers ivrognes, gourmands, fripons, et tous plus ou moins cousins du valet gascon de Marot,

> Sentant la hart de cent pas à la ronde.

Les valets de Marivaux sont en général plus polis, plus gens du monde, et se rapprochent même quelquefois assez de leurs maîtres, par le langage et les manières, pour qu'on puisse les confondre avec eux.

Le Mascarille de l'*Étourdi*, cette triomphante personnification du valet de comédie, est un conquérant qui s'enivre et s'exalte de ses exploits et de ses victoires :

> *Vivat Mascarillus fourbum imperator!*

Dubois, qu'on pourrait appeler déjà M. Dubois, est un diplomate plus grave, plus rassis, qui n'a sans doute ni la verve ni l'entrain diabolique de Mascarille, ni son intarissable gaieté, mais qui n'en est pas moins habile à filer et à conduire une intrigue comme une partie d'échecs, avec une précision mathématique. Pour atteindre son but, il a bien des obstacles à vaincre :

1° La timidité de l'amant, qui n'ose espérer une si haute fortune, et qu'il faut soutenir contre ses propres découragements (les hommes étant en général plus timides que les femmes chez Marivaux) ;

2° Les hésitations d'Araminte, qui craint de s'avouer

à elle-même l'amour qu'elle éprouve pour son intendant ;

3° L'opposition de la mère, Mme Argante, qui rêve pour sa fille une alliance tout autrement brillante ;

4° La rivalité du Comte en procès avec Araminte, et qui propose de tout concilier en lui offrant son nom et sa main ;

5° Les rancunes de la petite Marthon qui, ne trouvant plus son compte ni son mari, pourrait bien songer à se venger de Dorante et de M. Remi ;

6° Les maladresses et la jalousie de Lubin, qu'il faut intéresser au succès de Dorante, en ayant l'air de le combattre.

Le grand art ici est de mettre en mouvement toutes ces volontés et ces intérêts hostiles, de provoquer les indiscrétions, les aveux, les ruptures, de ralentir ou de précipiter la crise finale. Si calme et si froid qu'il paraisse dans cette guerre de stratégie amoureuse, Dubois finit par s'animer comme le joueur qui touche au terme d'une partie savamment conduite. Quand Dorante éprouve des scrupules et lui dit : « Je t'avoue que j'hésite un peu : n'allons-nous pas trop vite avec Araminte ? » Dubois lui répond :

Oh non ! point de quartier ! Il faut l'achever pendant qu'elle est étourdie. Elle ne sait plus ce qu'elle fait. Ne voyez-vous pas bien qu'elle triche avec moi, qu'elle me fait accroire que vous ne lui avez rien dit ? Ah ! je lui apprendrai à vouloir me souffler mon emploi de confident, pour vous aimer en fraude !

. . . .

DORANTE. — Sais-tu bien ce qui arrivera ? Qu'elle prendra son parti, qu'elle me renverra tout d'un coup.

DUBOIS. — Je l'en défie : il est trop tard. L'heure du courage est passée ; il faut qu'elle nous épouse [1].

1. Acte III, scène i.

En diplomate consommé, il a prévu l'instant psychologique où la capitulation doit arriver. Pour hâter le dénouement, il feint de se liguer avec Marthon et Mme Argante contre Dorante, et force Araminte à se déclarer. Arrivé à la fin de cette laborieuse campagne, enivré de son succès, il finit par s'écrier comme Mascarille : « Ouf ! ma gloire m'accable…. Je mériterais bien d'appeler cette femme-là ma bru » — un mot tant soit peu risqué, mais qui prouve la haute opinion que Dubois a de lui-même, et l'importance croissante du valet dans la maison.

Ici d'ailleurs, comme dans le *Legs*, tout le monde lutte de finesse et de duplicité. Dubois ruse avec Araminte, en faisant semblant de dénoncer et de combattre l'amour de Dorante, dont il sert les intérêts. Araminte ruse avec Dubois, en ne lui confiant pas ce qu'elle pense au fond, ni ce qu'elle dit à son intendant ; elle ruse avec Dorante en lui faisant écrire au Comte une lettre pour lui annoncer qu'elle est prête à l'épouser. Dorante ruse avec elle en jouant l'innocent, l'amant rêveur et mélancolique, possédé d'une passion sans espoir pour une beauté inaccessible, incomparable, dont il n'ose prononcer le nom.

A la fin pourtant, Marivaux, voulant à tout prix sauver sa réputation de galant homme, lui fait réparer par un aveu loyal les supercheries de Dubois :

Dans tout ce qui s'est passé chez vous, Madame, il n'y a rien de vrai que ma passion, qui est infinie, et que le portrait que j'en ai fait.

(Un portrait qui a joué un grand rôle, grâce à Dubois)….

J'aime mieux regretter votre tendresse que de la devoir à l'artifice qui me l'a acquise : j'aime mieux votre haine que le remords d'avoir trompé ce que j'adore [1].

Au point où en sont les choses, le pardon est inévitable, et le mariage suit de près, malgré l'opposition de Mme Argante, qui s'en va maugréant contre un pareil gendre.

Dans cette pièce où il est avant tout question d'amour, le pathétique et la gaieté tiennent moins de place que la finesse et l'esprit. L'élément comique est représenté par des personnages secondaires, tels que Mme Argante, M. Remi et Lubin. Une scène assez plaisante est la dispute entre M. Remi le procureur et Mme Argante, à propos du neveu trouble-fête introduit dans la maison :

Mme ARGANTE. — Votre Dorante est un impertinent.

M. REMI. — Bagatelle ! ce mot-là ne signifie rien dans votre bouche.

Mme ARGANTE. — Dans ma bouche ! A qui parle donc ce petit praticien ? Monsieur le Comte, est-ce que vous ne lui imposerez pas silence ?

M. REMI. — Comment donc ! m'imposer silence, à moi procureur ! Savez-vous bien qu'il y a cinquante ans que je parle, Madame Argante ?

Mme ARGANTE. — Il y a donc cinquante ans que vous ne savez ce que vous dites [2].

La niaiserie de Lubin se trouve mêlée de raffinements et de subtilités. Le rustre ne peut se résigner à devenir le serviteur de Dorante, étant celui de Madame et payé par elle, et Dorante ne lui paraissant qu'un domestique comme lui :

C'est Madame qui donnera ordre à Monsieur de souffrir mon service, que je lui prêterai par le commandement de Madame [3].

1. Acte III, scène XII.
2. Acte III, scène V.
3. Acte I, scène VIII.

Il est atteint, lui aussi, de la monomanie raisonnante. S'adressant à Dorante :

Or çà, Monsieur, nous sommes donc l'un à l'autre, et vous avez le pas sur moi. Je serai le valet qui sert, et vous le valet qui serez servi par ordre [1].

C'est l'éternel conflit des domestiques aux prises avec l'intendant, le précepteur et l'institutrice, dans les grandes maisons. Marivaux excelle à peindre ces petites nuances et ces petits froissements de la vanité.

III

Le *Jeu de l'Amour et du Hasard* nous offre encore des maîtres et des valets associés dans une entreprise amoureuse des plus délicates. Cette pièce ressemble assez à ce qu'on appelait un *jeu-parti* (jocus partitus) sur notre ancien théâtre ; car on revient ainsi bien souvent à des formes passées et oubliées, sans le savoir. Nous l'avons vu à propos de La Chaussée. Ce nouveau jeu, véritable partie carrée où la mascarade se joint au dialogue, est regardé à juste titre comme le chef-d'œuvre de Marivaux. On y retrouve toutes les qualités et les défauts brillants de l'auteur, avec une pointe de verdeur et de gaieté qu'il n'a pas toujours. Un maître peu indulgent pour la littérature facile et frivole, M. Nisard, oublie son rigorisme devant ce qu'il appelle *un jour de veine heureuse.*

Il s'agit, cette fois encore, d'un mariage concerté par des parents, entre leur fils et leur fille qui ne se connaissent pas. Mais les amants de Marivaux ne sont pas si naïfs ni si simples que ceux du temps passé. Ils

1. Acte I, scène ix.

raisonnent et discutent sur le parti à prendre. Ses jeunes veuves et ses jeunes filles ont déjà de l'expérience ou tout au moins de la réflexion, sans échapper pour cela aux surprises de l'amour. Mais enfin elles veulent savoir où elles vont, et ne donner leur cœur qu'à bon escient.

Telle est la jeune et belle Silvia, un nom cher à Marivaux, car il lui rappelle l'admirable artiste qui fit en partie la fortune de ses pièces au Théâtre-Italien. Silvia s'entretient avec sa servante Lisette du futur époux qu'on lui destine, de l'aimable Dorante. Tout le bien qu'elle en apprend ne peut vaincre son scepticisme à l'endroit du mariage et des maris.

SILVIA. — Il est bel homme, dit-on ; c'est presque tant pis.

LISETTE. — Tant pis, tant pis : mais voilà une pensée bien hétéroclite.

SILVIA. — C'est une pensée de très bon sens ; volontiers un bel homme est fat, je l'ai remarqué.

LISETTE. — Oh ! il a tort d'être fat, mais il a raison d'être beau.

SILVIA. — On ajoute qu'il est bien fait ; passe.

LISETTE. — Oui-da, cela est pardonnable.

SILVIA. — De beauté et de bonne mine, je l'en dispense : ce sont des agréments superflus.

LISETTE. — Vertuchoux ! si je me marie jamais, ce superflu-là sera mon nécessaire [1].

Silvia, la belle dédaigneuse, en sait long sur l'histoire des ménages. Elle connaît Ergaste, un mari charmant au dehors et insupportable à la maison ; Léandre, une âme glacée et insensible, une figure qui sort de son cabinet, vient à table, et fait expirer de langueur, de froid et d'ennui tout ce qui l'entoure ; Tersandre, un brutal hypocrite, qui vous accueille le sourire sur les lèvres au moment où il vient de mal-

_____

1. Acte I, scène I.

traiter sa femme. Aussi, avertie par de tels exemples, Silvia veut prendre ses précautions et a formé le projet de se déguiser en soubrette, pour apprendre du valet de Dorante les défauts secrets de son maître. Or il se trouve que Dorante de son côté a conçu la même idée : il va revêtir le costume de Pasquin comme Silvia celui de Lisette. Les valets et les maîtres ne connaissent qu'une partie du complot. Orgon, le père de Silvia, un de ces pères indulgents comme les aime la comédie nouvelle, et Mario, son fils, sont informés à l'avance de la double supercherie.

Le comique naît d'abord de la situation embarrassée où se trouvent Silvia et Dorante sous leurs costumes d'emprunt. Pour qui n'en a pas l'habitude, une livrée n'est pas plus facile à porter qu'un habit de marquis. Orgon et Mario prennent un malin plaisir à les pousser l'un contre l'autre, en riant de leurs politesses timides et les forçant à se tutoyer. L'amour joue son jeu sous cape et s'introduit tout doucement dans ces deux cœurs, malgré les protestations de la fausse Lisette, à laquelle on a prédit qu'elle n'épouserait jamais qu'un homme de condition, et celle du faux Bourguignon, qui ne voudrait pour femme qu'une fille de bonne maison. Ce valet a tant d'esprit et tourne si bien un compliment que Silvia ne peut se défendre d'une certaine émotion. « Quel homme pour un valet ! » Dans ce dialogue, demi-tendu et demi-précieux, où l'on se renvoie les mots spirituels, Dorante n'est pas moins surpris des répliques de la servante, et s'avoue vaincu : « Voilà encore de ces réponses qui m'emportent : fais comme tu voudras, je n'y résiste plus[1]. »

1. Acte I, scène VII.

Heureusement Pasquin arrive pour mettre fin à ce duel d'esprit embarrassant. L'idée du valet prenant la place de son maître comme aspirant conjugal est un procédé de l'ancienne comédie. Scarron en a usé avec Jodelet, Molière avec Mascarille, Le Sage avec Crispin. L'art nouveau, c'est d'avoir étendu ici le travestissement aux deux parties, et replacé sous les habits du grand monde la soubrette en face du valet, s'ignorant également l'un l'autre, et faisant effort comme leurs maîtres pour se trouver de pair dans leurs allures, leur langage et leurs affections, mais restant au fond ce que la nature et l'éducation les ont faits.

Ce rôle de Pasquin est un des plus vifs et des plus gais que nous connaissions dans Marivaux. Ce n'est pas un politique comme Dubois : il rappellerait plutôt Jodelet. Son ton, ses manières et son langage contrastent avec la distinction tant soit peu précieuse et raffinée de Dorante sous son habit de laquais. Silvia s'en est aperçue du premier coup : « Que le sort est bizarre ! aucun de ces deux hommes n'est à sa place ». Pasquin s'annonce en effet comme un malotru parlant grossièrement de sa femme et de son beau-père, et de la cérémonie du mariage qui n'est, dit-il, qu'une bagatelle. Ses politesses sont encore pires que ses impertinences et son style, émaillé d'un heureux choix d'expressions triviales comme celles-ci : « Je serais d'abord venu ici avec Bourguignon ; mais quand on arrive de voyage, vous savez qu'on est *si mal bâti* ; j'étais bien aise de me présenter dans un *état plus ragoûtant*. » Quand M. Orgon lui propose de se rafraîchir, il laisse échapper ce mot parti du cœur : « Oh ! je n'ai jamais refusé de trinquer avec personne[1] ».

1. Acte I, scène x.

Les plaisantes confidences de Lisette nous tiennent au courant des deux amours parallèles qui se déroulent. En honnête fille, Lisette croit devoir prévenir Orgon des terribles ravages qu'elle a faits dans le cœur de son futur gendre. Orgon, qui sait à quoi s'en tenir, et qui n'est pas fâché de prolonger la comédie, engage la soubrette à user de tous ses avantages : « Renverse, ravage, brûle, enfin épouse : je te le permets, si tu le peux ».

L'embrasement des cœurs continue sur toute la ligne. Les amours facétieuses et gaillardes de Pasquin et de Lisette, courant la poste et ne marchandant pas les avances, contrastent avec les amours discrètes, respectueuses et mélancoliques de Dorante et de Silvia. D'un côté, le valet et la soubrette se croient en passe d'une haute et brillante fortune, qui les étonne, les ravit et les effraye :

PASQUIN. — Eh bien ! Madame, je me meurs : mon bonheur me confond, j'ai peur d'en courir les champs ; vous m'aimez, cela est admirable.

LISETTE. — J'aurais lieu à mon tour d'être étonnée de la promptitude de votre hommage : peut-être m'aimerez-vous moins quand nous nous connaîtrons mieux.

PASQUIN. — Ah ! Madame, quand nous en serons là, j'y perdrai beaucoup : il y aura bien à décompter.

LISETTE. — Vous me croyez plus de *qualités* que je n'en ai.

PASQUIN. — Et vous, Madame, vous ne savez pas les miennes ; et je ne devrais vous en parler qu'à genoux.

LISETTE. — Souvenez-vous qu'on n'est pas les maîtres de son sort.

PASQUIN. — Les pères et les mères font tout à leur tête.

LISETTE. — Pour moi, mon cœur vous aurait choisi dans quelqu'état que vous eussiez été.

PASQUIN. — Il a beau jeu pour me choisir encore.

LISETTE. — Puis-je me flatter que vous êtes de même à mon égard ?

PASQUIN. — Hélas ! quand vous ne seriez que Perrette ou Mar-

got ; quand je vous aurais vue, le martinet[1] à la main, descendre
à la cave, vous auriez toujours été ma princesse[2].

D'un autre côté, Dorante et Silvia s'épouvantent
pour d'autres raisons, en songeant que leur cœur se
laisse prendre à une passion malheureuse, indigne de
leur condition.

DORANTE. — Je n'ai fait qu'une faute, c'est de n'être pas parti
dès que je t'ai vue.

SILVIA, *à part*. — J'ai besoin, à tout moment, d'oublier que je
l'écoute.

DORANTE. — Si tu savais, Lisette, l'état où je me trouve !

SILVIA. — Oh! il n'est pas si curieux à savoir que le mien[3] !

Après bien des mots couverts et des circonlocutions,
la scène des aveux arrive enfin pour les valets et
pour les maîtres. Pour les valets, elle est d'un franc
comique, trop rare chez Marivaux :

LISETTE. — Ah! tirez-moi d'inquiétude : en un mot, qui êtes-
vous ?

PASQUIN. — Je suis.... N'avez-vous jamais vu de fausse mon-
naie ? Savez-vous ce que c'est qu'un louis d'or faux ? Eh bien ! je
ressemble assez à cela.

LISETTE. — Achevez donc, quel est votre nom ?

PASQUIN. — Mon nom ? (*A part.*) Lui dirai-je que je m'appelle
Pasquin ? Non, cela rime trop avec coquin.

LISETTE. — Eh bien ?

PASQUIN. — Ah! dame, il y a un peu à tirer ici. Haïssez-vous
la qualité de soldat ?

LISETTE. — Qu'appelez-vous un soldat ?

PASQUIN. — Oui, par exemple, un soldat d'antichambre.

LISETTE. — Un soldat d'antichambre ! Ce n'est donc point Dorante à qui je parle enfin ?

PASQUIN. — C'est lui qui est mon capitaine.

LISETTE. — Faquin !

PASQUIN, *à part*. — Je n'ai pu éviter la rime.

1. Bougeoir.
2. Acte II, scène v.
3. Acte II, scène ix.

LISETTE. — Mais voyez ce magot ! tenez !
PASQUIN, *à part*. — La jolie culbute que je fais là !
LISETTE. — Il y a une heure que je lui demande grâce, et que je m'épuise en humilités pour cet animal-là !
PASQUIN. — Hélas ! Madame, si vous préfériez l'amour à la gloire, je vous ferais autant de profit qu'un monsieur.

Lisette éclatant de rire lui déclare que sa gloire lui pardonne.

Touche là, Pasquin, je suis prise pour dupe : le soldat d'antichambre de Monsieur vaut bien la coiffeuse de Madame.
PASQUIN. — La coiffeuse de Madame ?
LISETTE. — C'est mon capitaine ou l'équivalent[1].

La reconnaissance des maîtres est plus longue et plus compliquée. C'est Dorante qui le premier, par scrupule d'honnête homme, livre son secret à la discrétion de la prétendue Lisette :

Sache que celui qui est avec ta maîtresse n'est pas ce qu'on pense.
SILVIA. — Qu'est-il donc ?
DORANTE. — Un valet.
SILVIA. — Après ?
DORANTE. — C'est moi qui suis Dorante.
SILVIA, *à part*. — Ah ! je vois clair dans mon cœur[2].

L'énigme de cette passion inexplicable se trouve résolue. Ceci se passe à la fin du second acte. Il semble que tout alors soit terminé. Mais l'auteur, avec une prodigieuse dextérité, reprend la balle au bond et la lance de nouveau. Dorante ne sait pas encore la vérité. Silvia, rassurée maintenant pour son propre compte, veut une victoire plus complète. Il faut que son amant l'épouse comme soubrette, malgré sa naissance, mal-

1. Acte III, scène VI.
2. Acte II, scène XII.

gré son père : dernier triomphe de l'amour-propre féminin.

Pour ajouter à l'épreuve, Mario se trouve un moment transformé en amant de sa sœur, et la jalousie s'allume dans le cœur du malheureux Dorante. Il parle de s'en aller, de s'exiler pour toujours ; mais ce n'est plus le compte de Silvia. Amoureuse elle-même, elle avoue à Dorante sa passion avant de lui faire connaître son nom, et lui arrache enfin cette offre de sa main qu'elle attend comme un trophée : « Quoi ! vous m'épousez malgré ce que vous êtes, malgré la colère d'un père, malgré votre fortune[1] ! » C'est alors seulement qu'elle se déclare la fille d'Orgon et la véritable Silvia. Tout le monde est content, même Pasquin, qui exécute une dernière cabriole en répétant le fameux : « Allons, saute, marquis ! »

Le *Jeu de l'Amour et du Hasard* a réussi cette fois au théâtre ; mais, en pratique, nous ne le conseillons à personne, malgré le succès de Marivaux.

IV

Qui se douterait que ce peintre de la société polie, cet auteur aimé des coquettes et des raffinés, se soit mis un jour en tête d'écrire une idylle démocratique, une pastorale anticipée de 92, intitulée l'*Ile des Esclaves* : petite comédie satirico-sociale, où sont décrits les abus et les mœurs du temps[2]. C'est un chapitre sur l'*Inégalité des conditions* avant Rousseau, sans haine, sans violence, avec une conclusion pacifique : chacun reprend sa place à la fin.

1. Acte III, scène ix.
2. 1725.

Nous sommes ici en pleine fantaisie, comme dans l'*Arlequin-Deucalion*, le *Tirésias* de Piron, ou mieux encore dans la *Tempête* de Shakespeare. Iphicrate et Arlequin ont été jetés par un naufrage dans une île, où les esclaves sont maîtres et les maîtres esclaves. C'est l'image du monde renversé tel qu'on le voyait jadis aux jours des *Saturnales* ou bien aux fêtes des *Fous et des Innocents* : cela s'est encore vu quelquefois, même dans l'histoire.

Arlequin émancipé prend sa revanche avec l'orgueilleux Iphicrate :

Dans le pays d'Athènes, lui dit-il, j'étais ton esclave ; tu me traitais comme un pauvre animal, et tu disais que cela était juste parce que tu étais le plus fort. Eh bien ! Iphicrate, tu vas trouver ici plus fort que toi. On va te faire esclave à ton tour : on te dira aussi que cela est juste, et nous verrons ce que tu penseras de cette justice-là ; tu m'en diras ton sentiment, je t'attends là ! Quand tu auras souffert, tu seras plus raisonnable ; tu sauras même ce qu'il est permis de faire souffrir aux autres. Tout en irait mieux dans le monde, si ceux qui te ressemblent recevaient la même leçon que toi. Adieu, mon ami, je vais trouver mes camarades et tes maîtres [1].

Trivelin, le grand justicier de la république insulaire, annonce à Iphicrate qu'il lui faut changer de nom, de costume et de condition : c'est lui maintenant qui va s'appeler Arlequin. Ce Trivelin n'a cependant rien de rébarbatif ni de cruel : c'est un philanthrope autoritaire, comme le seraient encore volontiers certains démocrates de nos jours. L'*Ile des Esclaves* est devenue pour les maîtres une sorte de pénitencier ou d'école de perfectionnement : on songe moins à les persécuter qu'à les guérir.

1. Scène

Quand nos pères, irrités de la cruauté de leurs maîtres, quittèrent la Grèce et vinrent s'établir ici, la première loi qu'ils firent fut d'ôter la vie à tous les maîtres que le hasard ou le naufrage conduirait dans leur île.... La vengeance avait dicté cette loi ; vingt ans après, la raison l'abolit et en dicta une plus douce. Nous ne nous vengeons plus de vous, nous vous corrigeons : ce n'est plus votre vie que nous poursuivons, c'est la barbarie de vos cœurs que nous voulons détruire.... Nous vous humilions, afin que, nous trouvant superbes, vous vous reprochiez de l'avoir été [1].

Du reste la république ne décrète pas de peines éternelles :

Votre esclavage, ou plutôt votre cours d'humanité dure trois ans, au bout desquels on vous renvoie, si vos maîtres sont contents de vos progrès : et si vous ne devenez pas meilleurs, nous vous retenons, par charité pour les nouveaux malheureux que vous iriez faire encore ailleurs ; et par bonté pour vous, nous vous marions avec une de nos citoyennes. Ce sont là nos lois à cet égard : mettez à profit leur rigueur salutaire. Remerciez le sort qui vous conduit ici [2].

En même temps qu'Iphicrate et Arlequin, le naufrage a poussé vers la côte une grande dame d'Athènes, Euphrosine, avec son esclave Cléanthis. L'enquête ouverte par Trivelin sur les mœurs, le caractère, les habitudes, la vie de la dame, les dépositions peu charitables de Cléanthis, ressemblent fort aux mémoires d'une précieuse ou d'une coquette de Paris, rédigés par sa femme de chambre. Nous avons là les secrets du boudoir et de l'alcôve, les manèges de la galanterie et de la toilette, toute une chronique dont Marivaux connaît et développe à plaisir les menus détails.

Cependant Arlequin revient ivre de joie et de vin et criant à tue-tête : « Que le ciel conserve la vigne, les vignerons, la vendange et les caves de notre admi-

1. Scène ii.
2. *Ibid.*

rable république! » Dans son allégresse, il veut faire danser son maître Iphicrate en le prenant par la main. Arlequin a toute la jovialité lourde et naïve de l'esclave à la fête des Saturnales, ou du nègre émancipé : il gambade, il chante, il babille, il s'amuse à faire le *monsieur*; il propose à Cléanthis de jouer avec elle aux airs du grand monde :

CLÉANTHIS. — Allons, procédons noblement : n'épargnez, ni compliments ni révérences.

ARLEQUIN. — Et vous, n'épargnez point les mines. Courage! quand ce ne serait que pour nous moquer de nos patrons.

Et comme sujet neuf de conversation, fort usité dans toute belle compagnie, il débute ainsi :

Remarquez-vous, Madame, la clarté du jour?

CLÉANTHIS. — Il fait le plus beau temps du monde : on appelle cela un jour tendre[1].

Marivaux s'amuse à parodier ici les scènes de galanterie et de déclaration dont il a si souvent usé dans ses autres pièces.

Au fond Arlequin est bon. Quand Euphrosine, révoltée de ses entreprises audacieuses et de ses galanteries déplacées, le conjure de respecter du moins en elle sa naissance, sa fortune passée et son malheur présent, le pauvre Arlequin reste coi et laisse tomber ses bras en disant : « *J'ai perdu la parole* ». Quand Iphicrate, désespéré, lui annonce l'intention de se laisser mourir de chagrin et de faim; quand il lui rappelle qu'il est né et a été élevé dans la maison de son père, qu'il l'avait choisi pour compagnon de voyage, et le menace de la vengeance des dieux; Arlequin attendri

---

1. Scène VI.

se met à pleurer, et s'écrie : « *Et qui est-ce qui te dit que je ne t'aime plus?* » Il lui adresse bien encore quelques reproches sur sa dureté d'autrefois, mais il lui pardonne :

> Tu veux que je partage ton affliction, et jamais tu n'as partagé la mienne. Eh bien! va, je dois avoir le cœur meilleur que toi, car il y a plus longtemps que je souffre, et que je sais ce que c'est que la peine.

Le maître et l'esclave se réconcilient.

> IPHICRATE. — Va, mon cher enfant, oublie que tu fus mon esclave, et je me ressouviendrai toujours que je ne méritais pas d'être ton maître.
>
> ARLEQUIN. — Ne dites point comme cela, mon cher patron : si j'avais été votre pareil, je n'aurais peut-être pas mieux valu que vous [1].

Aveu bien sincère et bien vrai. Comme gage de paix, il restitue à son maître ses habits.

Cléanthis semble d'abord moins disposée à pardonner : les femmes en effet se montrent souvent plus héroïques, mais aussi plus acharnées et plus vindicatives dans les temps de révolution. Elle se répand en invectives contre ceux qu'on appelle les *honnêtes gens*. Arlequin s'efforce de la calmer :

> Allons, ma mie, voyons, soyons bonnes gens sans le reprocher; faisons du bien sans dire d'injures [2].

Euphrosine reconnaît ses torts envers Cléanthis, qui lui rend alors sa liberté. Maîtres et serviteurs finissent par s'embrasser. Trivelin les embrasse tous à son tour, et leur permet de retourner à Athènes en

1. Scène IX.
2. Scène X.

leur adressant cette dernière leçon qui contient la morale de la pièce :

La différence des conditions n'est qu'une épreuve que les dieux font sur nous : je ne vous en dis pas davantage [1].

Conclusion pacifique en somme et conservatrice, puisqu'elle accepte l'inégalité des conditions comme une loi de la Providence, comme une épreuve imposée aux grands et aux petits, aux riches et aux pauvres, aux maîtres et aux esclaves, avec la responsabilité qui revient à chacun d'eux.

Marivaux reste encore ici dans la région moyenne de la sagesse et de la tolérance, à égale distance et des passions subversives et de l'oppression despotique. Engager les heureux du monde à faire un usage modéré de leur force, de leurs richesses et de leur autorité ; leur conseiller de compatir aux maux des faibles et des déshérités, même sans prévoir que les revirements et les représailles de l'*Ile des Esclaves* se reproduiraient un jour dans notre histoire avec une terrible réalité ; c'était montrer plus de cœur et de réflexion qu'on n'en prête d'ordinaire à Marivaux.

1 Scène XI.

FIN DU TOME PREMIER.

TABLE DES MATIÈRES

CHAPITRE XII

CHAPITRE XIII

CHAPITRE XIV

CHAPITRE XV

10034-87. — Corbeil. Imprimerie Crété.

www.ingramcontent.com/pod-product-compliance
Lightning Source LLC
LaVergne TN
LVHW010729060726

842527LV00002B/237